◎ 北京科技大学武装部　编

钢筋铁骨铸军魂

第一辑

北京科技大学退役大学生士兵成长纪实

北　京
冶　金　工　业　出　版　社
2025

图书在版编目（CIP）数据

钢筋铁骨铸军魂 ：北京科技大学退役大学生士兵成长纪实．第一辑 / 北京科技大学武装部编．-- 北京 ：冶金工业出版社，2025．3．-- ISBN 978-7-5240-0150-8

Ⅰ．K828．4

中国国家版本馆 CIP 数据核字第 2025TP6033 号

钢筋铁骨铸军魂——北京科技大学退役大学生士兵成长纪实（第一辑）

出版发行 冶金工业出版社　　**电　　话**（010）64027926
地　　址 北京市东城区嵩祝院北巷39号　　**邮　　编** 100009
网　　址 www.mip1953.com　　**电子信箱** service@mip1953.com

责任编辑 曾 媛　美术编辑 吕欣童　版式设计 郑小利
责任校对 梅雨晴　责任印制 禹 蕊
三河市双峰装订印刷有限公司印刷
2025年3月第1版，2025年3月第1次印刷
787mm×1092mm　1/16；16.25印张；284千字；249页
定价 75.00元

投稿电话　**（010）64027932**　**投稿信箱**　**tougao@cnmip.com.cn**
营销中心电话　**（010）64044283**
冶金工业出版社天猫旗舰店　**yjgycbs.tmall.com**
（本书如有印装质量问题，本社营销中心负责退换）

本书编委会

顾　问：于成文

主　编：赵　萌

副主编：王小宁

编　委：孔德雨　史立伟　刘　震　刘　晴
陈大鹏　郭　南　盛佳伟

FOREWORD
前　言

强国必须强军，军强才能国安。踏上新征程，人才强军战略迈入深入实施、体系推进的新阶段。北京科技大学始终牢记为党育人、为国育才的初心使命，落实立德树人的根本任务，坚持军民融合、为军育兵的学校国防动员建设传统，鼓励大学生积极追寻从“校门”到“营门”的别样青春，助力国防动员和后备力量建设。一身戎装、一生信仰、一股军魂、一面担当，当校服换成军装，当笔杆变成钢枪，北京科技大学青年用实际行动证明着他们在学校是“好学生”，在军营是“好战士”，未来走上工作岗位依然可以成为社会主义建设的中坚力量。

本书共收录了60位北京科技大学优秀退役大学生士兵生动鲜活的军旅故事和成长经历，旨在记录和展示其入伍之初的豪情满志，军旅生活中的蜕变与成长，以及退伍后精神的赓续与升华。他们的经历告诉我们，无论是在军营还是校园，责任与担当始终是他们的行动指南。

他们的故事不仅是个人奋斗的缩影，更是北科精神的体现。他们是新时代的楷模，是广大青年学习的榜样。我们希望通过这本读本，让更多人了解和关注这些优秀退役大学生士兵，感受他们的成长与变化。同时，期望能为向往军营的青年提供参考和启示，以此激励更多学子积极投身国防事业，展现新时代青年的责任与担当。

北京科技大学也将持续为国家和军队输送优质兵源提供有力支撑，为强军兴军贡献北科力量！

编　者

2024年12月

CONTENTS
目　录

1

宝剑锋从磨砺出

陌上花已谢

空遗缱情对斜阳

人生没有苦难，只有经历

总是在磨炼中成长

在激荡中前行

无论脚步是沉重或轻盈

只要前行，终会到达

永远不会忘记自己是一个兵

——记武警山东总队退役大学生士兵亓宗帅

亓宗帅，男，共青团员，服役于武警山东总队机动支队，担任副班长，参加机场巡逻、高考试卷印刷保卫、机动勤务等任务。荣获优秀团员、优秀士兵等称号。

座右铭 **世上没有不劳而获的奖赏，顺其自然是最阴险的堕落。**

退役一年多了，每想起在部队的日子，亓宗帅都记忆犹新，仿佛就在昨天。偶尔做梦梦见自己还在部队，醒来的时候有一种失落的感觉。有时候他在想：部队对自己来说是什么？在部队得到了哪些？军旅生涯对他的人生意义又是什么？这段铭刻在骨子里的记忆，三言两语又怎能道尽。也许真正回答这些问题的不是在只言片语中，而是在以后多年生活中的体会与回味之中。

参军的梦想

在入伍之前，对亓宗帅来说，军人是一个敬畏而又崇拜的称呼。每一个男孩子或多或少都会有一个军人梦，但对他来说，这个梦似乎是“蓄谋已久”。记得很小的时候，看到有拉练的士兵从家门口路过，统一的着装、整齐的步伐、响亮的口号令他感到振奋。那些士兵在不远处安营生火做饭的时候，不拒绝和好奇的小孩子交流，还会分享给孩子们一些战备食品吃，那时候能够得到军人叔叔的食物，别提多开心了。有一次，一个士兵送给亓宗帅一个弹壳，他特别高兴，就是这枚弹壳，在他幼小的心中种下了一颗参军的种子。高中的时候，亓宗帅学校旁边就是一个部队，每天都能够听得到旁边传来的军号和口号，更让他对军队充满了向往。直到大学里的某一天，看到学校的征兵通知，亓宗帅毫不犹豫地选择了参军，踏上了去往部队的火车。

新兵连的故事

亓宗帅去往的部队是武警山东总队直属支队，武警在他的印象里总是特别能打，在外执勤特别多。所以在去往部队的路上，他一边担心会不会训练太猛受不了，一边希望尽快能够穿上军装出去执勤，实现自己的价值。下火车分连队的时候，由于行李里有一些书，拎的包很重，走起路来有点狼狈。分完兵以后，一个老兵走过来要带他走，帮他拎包的时候一只手就把包提起来，亓宗帅跟在后面看着他的身影，觉得这个老兵真是厉害，这么重的包提起来感觉都不费劲。这个老兵，就是带了亓宗帅整个新兵连的肖班长。

肖班长脾气很好，带兵也很用心，没少为这群新兵蛋子操心。肖班长大专毕业就参军了，亓宗帅到部队的时候是肖班长参军的第三个年头，这是他第一次带新兵，所以格外认真。毫无疑问，肖班长是亓宗帅当兵路上的领路人。

经过了新兵连后，亓宗帅可以说是半个兵了，虽然有当兵的样子，但是并没有掌握很多的技能，体能也不够，也没有养成军人的职业习惯。刚下连队的时候，他还是有点不适应，体能训练的跑步从3公里增加到了5公里，和更多的老兵接触，他知道自己还有很多的不足，努力向优秀的老兵看齐。作为大学生，亓宗帅本以为自己一定会比别人学东西学得快，但是现实给了他一个教训，他开始发现，那些地方入伍的战友们虽然平时懒散，但训练的时候体能比他强很多。为了提高体能，只要有时间，每天晚上熄灯之后，亓宗帅都会先来三遍100个俯卧撑、深蹲起、仰卧起坐再睡觉。这样一来，他就能比别人多练一会儿。没过多久他发现，那些平常体能本来就不错的战友晚上也在各自的班里练体能，瞬间感觉压力很大。他唯有更加努力锻炼，不仅白天的训练不偷懒，晚上睡觉前必须锻炼一会儿体能再睡觉，就这样，亓宗帅的体能渐渐提高了。

成为副班长

2015年9月，老兵退伍，也就是亓宗帅参军第二年的时候，中队骨干调整，他被选为副班长，是同年兵中唯一一名副班长。得知自己被选为副班长，亓宗帅有些许的意外，虽然体能早已达标，但体能比较拔尖的有好几个战友，他想大概是因为指导员觉得自己是大学生入伍，在文化素质上会强一点，才在同年兵中选他做副班长。实际上，这个副班长带给亓宗帅很大的压力，任何事情都要做到表率，压力自然就大了。同年兵之间相互竞争，相互比拼，压力大的时候也是成长最快的时候。后来新兵下连，重新分班，亓宗帅被分在一班。原来的一班向来是标兵班，到了一班也不能丢了这个传统。副班长主抓内务，班里五个新兵，叠被子叠得特别差，豆腐块被子被叠成了名副其实的“豆腐渣”。每天看见新兵叠被子又慢又差，亓宗帅都特别着急。于是他定了一个规矩，中午吃完饭回班里面先叠被子，他不厌其烦地教叠被技巧和方法，然后让新兵们自己叠，检查合格的睡觉，不合格的继续叠，很多时候他也会亲自上手帮他们，没多久大家的内务就都变好了。

训练上，在班长教过单双杠一至三练习后，亓宗帅也会给教一些自己学的练习动作，他总是想把大家带成同年兵中出类拔萃的。亓宗帅有时候会对新兵们发脾气，他也没想到自己发起脾气来还挺严厉的，但是他的初衷是好的，那就是协助班长把班带好，尽好副班长的本分，把新兵往优秀的地方引导。那五个新兵虽然只带了5个月，但是感情还是特别深厚，今年听说他们也退伍了，亓宗帅的心里不禁一阵失落，真是铁打的营盘，流水的兵。支队练兵场背后的文山，走过一拨又一拨的兵，依然傲然挺立，像战士的信仰一样。

难道尽的故事

给亓宗帅留下深刻印象的还有一件事情，是关于射击训练。入伍第一年，大都是练习“卧跪立”三种姿势下静态射击。入伍第二年训练大纲改了，增加了应急射击科目，开始练习运动速射，每次紧张的实弹射击之后，感觉特别地爽。但是训练过程可以说很累，实弹射击前要完成大量的固定姿势定位和换弹夹练习，还有瞄准。大家在训练之余开玩笑说，如果遇到了危险情况，一定要把敌人打成“筛子”。指导员听到后讲道，军人手中的枪是在迫不得已的时候才会用的，练好枪法是军人的职责，但只有在万分危急的情况下，才会打出那颗子弹，因为子弹在象征着正义的同时也象征着死神。

在部队还有太多太多的事情难以忘记，亓宗帅怀念部队训练的势不可挡；也怀念千里拉练时喝着带冰块的水，吃着压缩饼干时的艰苦；更怀念和战友们一起吃苦、一起欢乐、一起训练、一起执勤。部队的一切，都将成为他一生的回忆。

复学以后

复学之后，首先是适应学校环境，毕竟学校不像部队里面环境紧张，没有人时刻督促着你做事情，学校的学习大部分取决于自己。想玩，有的是时间；想学，自然需要付出很多时间和精力。刚从部队回来，亓宗帅学习起来比较困难，后面渐渐好起来，不断复习一些过去学过的知识，从新的东西出发，哪里不会补哪里，慢慢地跟上了其他同学的学习节奏。

在去年10月份，也是亓宗帅复学1个月后，由于从小对机器人特别感兴趣，所以他报名参加了学校RM机器人队的宣讲会。没想到经过层层面试和培训，最后成了正式队员。实际上学数学，这么早就接触实际的工程是不太合适的，因为数学理论本身就比较难，要学扎实实属不易，而他本身刚从部队回来，当务之急本应是跟上学习要求。但是亓宗帅想，既然感兴趣，而大学这样的机会本来就少，何不尝试一下，于是坦然地报了名，最终进入了RM机器人队。入队以后，要学不少东西，非常耗时间，这样一来学习上的时间势必会减少，上半学期比较辛苦，既要在队里工作还要适应学校，又要补功课，每天过得都挺忙碌也挺充实。现在看来，虽然那半年过得比较辛苦，但也是回学校后成长很快的半年。后来，亓宗帅通过同学介绍，到中科院自动化研究所实习，合作方的项目正巧也和部队有关，所以很容易沟通，也是部队的经历给他潜移默化的影响。

部队的经历虽然只有两年，但已经刻进亓宗帅的骨子里，他永远也不会忘记自己曾经是一个兵。有人说“当兵后悔两年，不当兵后悔一辈子”，但他觉得，当兵的两年丝毫没有后悔，反而是人生中的骄傲的两年。部队让他知道军人的含义，部队教会他的东西，部队让他懂的道理，他一辈子都不会忘记。

千锤百炼是男儿

——记陆军原38集团军退役大学生士兵申超

申超，男，共青团员，服役于中国人民解放军陆军原38集团军。在部队获得优秀士兵称号一次、记嘉奖一次。参加了2016年“全军合成营示范集训”、2017年“东方17全军战略战役集训”“沙场阅兵”等任务。

座右铭 **男人，不能说不行。**

申超的军旅生涯不过两年，可是他却觉得流下的血水与汗水将这两年无限地伸长，在部队里经历的每一件事，参加的每一项任务，在自己心里都是一个个惊天动地的壮举。他眼中的部队，一年不是按月份来划分，而是按地点：团营区，训练场，野外驻训地，拉练路上。可以说申超的两年是完整而丰富的，尤其不乏演习朱日和、四天三夜野外拉练这样辛苦却值得回味的经历。

新兵三个月

申超知道，新兵三个月是地方青年向一名合格军人转变的必经过程，不经历这些，就不会懂得肩上的军衔所意味的责任。在新兵营，每一个人都渴望着自己的衣服也能变成班长那样沧桑的草绿，而不是新绿得连褶皱都显而易见；都幻想着肩上也能挂上那有一道黄色杠杠的肩章，因为那才是军人。成长路上的阵痛是可想而知的，申超记得第一次跑3公里时的筋疲力尽，第一次在单杠上僵持的疼痛，第一次战术训练的满腿淤紫，这都是成长路上不可磨灭的印记；可是，路上同样还有班长掖被角的关心，战友拖着拽着不抛弃的兄弟情。申超说，新兵时扔手榴弹，因为没有掌握技巧，成绩很不理想，他总以为是自己力量太小，班长对他说：“别人能行，你为什么不行，男人，不能说‘不行’。”这句话直到现在他还记得，每当事情棘手时，他就会在心里对自己说："别人做得来，他也能！"

当兵无论多少年，可终归来讲，只有两个阶段——新兵，老兵。兵之初，最难忘，忘不了学队列时顺拐的战友，忘不了战术场上摸爬滚打的土兄弟，更忘不了亦师亦友的新兵班长！

拉练在路上

拉练的正名是冬季适应性训练，是考验和磨炼官兵们的顽强意志的训练项目。申超的连队长期担负着战备任务，能得到一个这样磨炼自己的机会是很难得的，尤其是四天三夜的长期野外训练，更是几年难遇一次的大动作。因此，申超尤其珍惜这次机会。背着装满全部家当的行囊，走在华北平原冷寂的乡间小路上，村落如星罗棋布，申超心中既喜亦忧。喜在难得走出营区，感觉处处都是新鲜却又充满挑战的战场；忧于路无尽头，只有永远享不够的休息和调整。让他记忆最深刻的是第一天拉练宿营的夜晚，因为物资不足，申超所在连住的是夏季的四人帐篷，单薄得仅能防风防雨，毫无保暖效果，晚上班里四人便挤在一起取暖，帐篷外的冷风呼呼地透过门帘缝隙往里灌，他的班长却坚持睡在靠门帘的位置，为战友们挡风，从那时候，申超明白，班长是"刀子嘴豆腐心"。第二天起来的时候，班长头上戴的棉帽和大衣的毛领都结上了霜，帐篷里更是厚厚的一层，那时申超不觉动容：世间最温暖的就是战友情！

既然是训练，那就少不了各种模拟的战术背景：敌机空袭、小股敌军袭扰、侦察分队迁出侦察、化学毒剂……整个平原都是战场，野战十足。作为侦察兵，申超负责带着地图和望远镜寻找合适行军路线，勘探地形。

拉练途中，肩膀酸痛，脖子也因挂枪而僵直，每一个战友兄弟都咬牙坚持，在筋疲力尽之时，面对最后的五公里奔袭，仍然斗志昂扬，虎气十足；申超回忆起那时的口号："连旗在哪里，我们就往哪里冲！"

朱日和征途

2017年8月底，是申超从朱日和返营的日子，透过火车的窗户，欣赏着被称为大草原的地方，申超第一次觉得这个大漠孤烟的地方竟然这么美，留恋的感觉油然而生。2017年沙场点兵的朱日和，是个见证历史的地方。在这次十分重大的任务中，因为任务重而急，连队人才短缺，考虑到申超是大学生士兵，学习能力较强，临时决定将他的专业从炮兵侦察改为榴弹炮瞄准手，当连长询问申超的意见时，他脑子里浮现起班长的一句话：“男人，不能说不行！”无论是大学生的身份、连队的信任，还是肩上的责任，都不容许退缩。从上车到第一次实弹射击，申超只有四天时间，刚进入炮车时，他甚至连自己的站位都不知在哪，短短四天，却必须掌握别人熟练一年的东西，并且还要拿出和别人一样的水平和成绩。野外训练，内蒙古天气恶劣，地面温度近四十度，在密不透气的炮车里，大功率的仪表仪器都集中在瞄准手的位置，体感温度达到五十多度，一次合练下来，钢盔、弹袋、作战靴都会被汗水浸透。但每当想起班长的话，申超坚定自己千锤百炼是男儿的决心，即使在休息间隙，他坚持一遍一遍练习自己的操作。炮长恰巧是他的新兵班长，班长告诉他“实弹就是实战，快、狠、准，丝毫马虎不得”。每逢晚上休息、周六日，都是申超向班长请教的时间。射击效果不理想，就吸取经验教训在平时训练中学习改进，一天天训练，一次次射击，最终圆满完成了上级赋予的演习任务。申超所在的炮群也得到了上级的褒奖。

即使退伍了，他依然记得他在炮车上的站位，记得班长所讲的每一句话，记得自己在那个位置滴下的汗水和付出的努力，还有那草原远方地平线上的暖人夕阳。

学习成长在军营

部队也是一所大学校，要学习的东西有很多，很多战士都怀有一技之长，这是一个牛人汇集的地方。在专业上，申超虚心向老班长请教，在熟练掌握自己专业的基础上，还学会了其他许多专业的技能，几近覆盖榴炮连队的所有专业。在体能训练上，为了弥补自身的体能短板，他经常在晚上进行强化训练，同时向体能素质强的班长学习，掌握了引体向上的双力臂、腹部绕杆等多项技能。在兴趣爱好上，他也充分利用休息时间不断丰富自己：周末黏着老班长学书法和硬笔字，使自己的字变得好看了许多；平时翻看《读者》《青年文摘》《收获》等文学杂志，在紧迫的时间里提高了自身的文学素养，还养成了睡前读书的好习惯。在业余时间里学习速写和摄影，极大地丰富了自己的业余生活，虽然学的知识浅陋，但也明显地使自身能力水平得到了提高。这些学习的经历也同时启发了他，只有谦虚好学，虚怀若谷，才能发现身边隐藏着的“牛人”；尽管没有过人的天赋，只要肯努力，肯坚持，就能成功，时间会打败一切困难！

踏上新征程

在申超眼中，军营与社会就隔了一面墙，却仿佛是两个世界。在大学里，脑力劳动多于体力劳动，身体的疲惫没有了，替而代之的是头脑的疲乏。课堂上一条条乍看如天书的理论，一个个熟悉却又易忘的知识点，他在刚返校时觉得一切都无所适从。写作业到深夜，一低头一抬头夜已深变成了生活常态。学习效率低，申超就拿出比别人多的时间，“不行就练”是部队的箴言，只要态度端正，不怕苦累，就能慢慢追上别人的步伐——“5公里的路长着呢，学习也是！”申超如是鼓励自己到。同时他在部队也养成了虚心求教的习惯，遇到不会的难题不理解的知识点，就经常向同学请教，一改以前散漫畏难的学习态度，认真对待每一个学科课程，学习上的努力也确确实实得到了回报，许多科目都取得了不错的成绩，自己的加权成绩也明显提高。在面对英语这项人人皆畏的语言学科，申超拿出最大的努力去攻克。入伍之前他已顺利通过英语四级考试，但是由于两年入伍期间，从未接触过英语，致使知识遗忘了许多，甚至还达不到四级水平，但申超对自己的要求从未放低，退伍后又决心要考过六级，这种难度无异于徒手翻过一座大山。为此，他从退伍复学开始，每天早上五点半起床，六点准时到学校的五环广场去早读背英语，每天一个半小时。底子薄，就得拿出多倍的努力，最终申超也如愿以偿，通过了六级考试，在学业上丝毫不逊于同级学生。

申超在返校取得一系列成绩后不由得感叹道：“要说当兵最大的收获是什么，其实就是严格的军旅生活练就了我们强健的体魄、顽强的意志，最重要的是我们不再惧怕任何困难，我们懂得诚实、勇敢、善良是做人必须具备的美德。回头看看走过的路，也许经历坎坷仍没有达到理想的彼岸，也许努力拼搏却未完成胸中壮志，也许直到最后我们的档案袋里也没有辉煌的记录。这几年的军旅生涯或许只是我们人生中短暂的一页，但正是这短暂的经历，终于让我们百炼成钢，血与火的洗礼使我们底气十足，与众不同。生命里有了当兵的历史，脚步下便增添了一份大气和从容、执着和坚定，无论明天的路上是风是雨，是阳关道还是独木桥，相信我们都能从容走过，在新的征途上干出一番事业，创造一片辉煌。”

无悔青春在军营

——原广州军区某部退役大学生士兵丛卉

丛卉，女，共青团员。曾服役于原广州军区司令部某团。在服役期间荣获优秀士兵、个人三等功各一次，多次参与全军，军区重大演习保障任务、团通信兵军事技能比武等。在校期间曾任戎程研究会秘书长、心理素质教育中心学生助管组长，曾获“北京市优秀退役大学生士兵”“海淀区优秀大学生士兵”“优秀共青团干部”等荣誉称号。

座右铭 **有志者，事竟成。**

当兵两年，她曾感到过辛苦，感到过寂寞，也感到过无奈。然而从未后悔和放弃！回首望去，每一个脚印都是那样的清晰，每一步成长都浸满了汗水，每一份友情都弥足珍贵。她很庆幸自己的选择，也非常珍惜两年的军旅生涯。“当兵后悔两年，不当兵后悔一辈子。”两年青春，给了她太多的收获。

奉献，绿军装的本色

她永远不会忘记新兵授衔的那一天。当激昂的军歌响起，低头看到自己的列兵肩章时，她激动得热泪盈眶。在那一刻，她感受到了军人的神圣和光荣！“贪生怕死莫入此门，升官发财请走他路。”军人是个苦职业，但是没有军人，国家就难以安宁。她知道，既然选择了蓝天，就应不怕风雨闪电，牢固树立搏击长空之志，为捍卫祖国蓝天的晴朗尽自己的一份心力。

然而很多军人的神圣与光荣更多体现在平凡与奉献，对她来说就是如此。从新兵连叠被子、站军姿、打扫卫生，到下连队背号码、学业务，再到第二年带新兵，当理想和激情付诸平凡的工作时，就变成了一种坚持和责任。作为一名话务员，她的工作看似平凡，却担负着重大的使命。军区一号台，是负责大军区级别以上首长的电话接转。这就使她们的工作有着极其严格的要求。听音识人、快速背记、背记大量的部队编制、电话号码，接转时间都有着严格的时间限制。她明白，选择了这身军装，就选择了坚强、选择了隐忍、选择了奉献、选择了发展。而从这些选择中她得到的，是一辈子都受用不尽的财富！

适应与坚持，通往荣誉之路

在新兵营中，丛卉是全营年纪最小的女兵，班长和连队干部都非常关心和照顾她，但却不会因为她年纪小而放松对她的要求。刚刚从校园里走出的她，开始时并不适应部队紧张、辛苦且单调的生活，但是很快她就明白，这才是真正的军营，没有你想象的那样轰轰烈烈，也没有你想象的那样猎奇神秘。理想和现实总是有差距的，而她所能做的只有抛弃不切实际的想法，在新的环境中学会适应、学会自立，从一点一滴做起，才能早日完成从社会青年向合格军人的转变。

在班长和战友们的帮助下，她渐渐适应了军营的生活。被子叠得不好，就每天比别人早起半个小时叠被子，体能不达标，就主动申请加练，队列动作不标准，就反复练习。就这样，她成了内务标兵、体能标兵、队列标兵。经过这个过程，她明白了，每一个荣誉，都是由汗水凝结，每一次成功，都要靠努力坚持。

新兵生活结束后，由于她表现优秀，被分到了军区一号台，开始学习话务专业，开始每天要背记大量的号码、编制、条令条例。熬夜成了必修课，连续几个月没在凌晨两点前睡过觉。她也曾想过放松自己，但她更多的是告诫自己，再坚持一下，坚持就是胜利！终于她成为同年兵中第一个独立上岗的新兵，为此，她获得了三等功的荣誉。

在练就过硬的业务水平的同时，丛卉也充分发挥了特长与爱好为连队增光添彩。除了组织、参加每年的团级文艺汇演外，2014年10月，她还代表连队参加全团“中国梦，强军梦，我的梦”主题演讲比赛，取得了全团优胜奖的好成绩。在部队两年的时间，她不仅军事技能过硬，更是紧紧抓牢思想建设，认真学习党的理论知识，积极争取入党，在退伍前夕顺利通过了党员考试。

珍惜，愿走过就无悔

两年军旅生涯其实并不算长，当它悄悄溜走时，就会发现竟是那么短暂，短到来不及再细细品尝军营的饭菜，来不及再看一遍值勤过的机房，来不及再跟每一个战友仔细道别。珍惜，愿走过就无悔！

珍惜时光，时间是青春的能源，是成才的阶梯。紧紧抓住军营生活的每一天，刻苦学习政治、军事和各种科学文化知识，不断武装头脑，力求全面提高，才能有能力坚决完成任务。珍惜友谊，纯洁的战友情是军人生活的宝贵财富，也是克敌制胜的力量源泉。集体的战斗力从来不是集体中每个人战斗力的简单相加。团结的集体有无穷的战斗力，让集体团结起来，力量才会无穷。珍惜磨炼，吃得苦中苦，方能成英才。只有通过艰难困苦的磨炼，人的意志才能更坚强，思维锤炼得更缜密，体格锻炼得更健壮，本领训练得更高强。把每一次艰难险阻，当成是提升自己的难得机遇。

重回校园

从军营回到学校，虽然脱下了军装，但军营对她的教育和影响却是终生难忘！由于部队的经历，让她更加珍惜来之不易的学习时光，更加充分地认识到好好学习，努力成才，才能为祖国的现代化建设贡献出更多的力量，因此，她决定考研。

然而，两年的时间在让她学到课本外的知识的同时，课本上的知识却被大量遗忘。要想读研，她需要比同学们付出更多的努力。得益于部队的经历，较之从前，她有了更强的自控力和对学习计划的执行力，看待问题也有了更加全面的角度。依靠这些优势，她在学习上逐渐取得了可喜的进步。功夫不负有心人，2017年她成功被本校法律硕士专业录取。

得益于在部队学习、训练、带兵等方面的积累，在学生工作方面，她也有了新的视角。对于如何建设团队，如何更好地发挥团队作用有了自己的一些体会。回到学校后，在努力学习的同时，她担任了学校心理素质教育中心学生助管的组长，主要工作是协助心理咨询课程及咨询安排、管理学生助管团队并负责中心的日常事务。同时，还先后担任了学校武装部下属的退役大学生士兵社团“戎程研究会”的研究室主任、副秘书长、秘书长等职务。在学校征兵宣传、学生军训、国防教育及北京市大学生征兵研究等方面贡献了自己的力量。她与研究会其他成员致力于大学生应征入伍相关课题的研究工作。在校武装部老师的指导下，2015年研究室形成了研究成果《大学生应征入伍年级分布现状分析及对策研究——以北京高校为例》，并送交有关兵役部门用作参考。2016年暑假期间，她参加了研究会组成的五人调研小组，在武装部老师的带领下，赴辽宁沈阳、葫芦岛、阜新等地进行了实地的调查研究，将调查成果形成报告与视频，并报名参加了学校组织的“摇篮杯”大学生课外学术科技作品竞赛，荣获优秀奖。由于工作认真负责，她于2015年荣获了优秀共青团干部称号。

2016年9月，在武装部各位老师的指导下，她荣幸地参加了2016级本科新生的军训工作，主要负责军训期间所有的培训、讲座及比赛的安排和协调工作。9月7日，在清华大学举行的海淀区2016年送兵大会上，她作为在校退役大学生的代表在会上发言，通过分享自身真实的军旅感悟，给即将入伍的新兵们带来更多的帮助和鼓舞。在生活中，有了在部队集体生活的经验，她对宿舍与班级的集体有了更强的归属感。与同学相处也有了更多的方法和心得。从刚刚回到学校时同学们的陌生与拘谨，到同学们一声声亲切的“兵姐姐”，从形单影只到与同学互相督促学习，共同进步。军营是个神奇的地方，它造就了人的果敢坚毅，锻炼了强健体魄，磨炼了人的意志，培养了雷厉风行的作风，教会了许多书本上没有的知识。两年的从军经历虽然不算长，但对于她来说，却是人生中最宝贵的财富。

她衷心感谢学校和部队的培养，让她从懵懂一步步走向成熟。曾国藩说过：“小胜靠智，大胜靠德。”对于丛卉来说，部队和大学校园都是学校，大学校园给了她学历教育，让她学到了大量的知识和理论；而部队则完善了她的能力教育，也就是所谓“德”的部分，让她有了更开阔的视野。在通往未来的路上，她将会把在学校里学习的知识和部队里培养的素质充分运用在生活和实践中，为国家和社会贡献自己的力量。

热火青春，献给火热军营

——记陆军原38集团军退役大学生士兵刘冉

刘冉，男，共青团员，服役于中国人民解放军陆军原38集团军。在部队获得优秀士兵称号二次、记嘉奖三次，担任过炮手、通讯员等职务，参加了庆祝建军90周年阅兵等活动。

座右铭 **既然开始了，就做到最好。**

爱国情怀，坚定初心

在爱国文化的影响下，刘冉从小就怀揣着参军报国的梦想，渴望着有朝一日能在部队为国效力，并在纪律严明的部队打磨自己。或许这个梦想因为学业的繁忙而被暂时留在心底一隅，但它的火花一直在刘冉心中熠熠闪光。上了大学后，刘冉在无意中参加了一次参军的讲座，儿时的梦想重新被点燃，从此便开始为梦想准备，他给自己制订了两个100训练计划，即每天晚上做100个俯卧撑、100仰卧起坐，将近半年的锻炼使他拥有了强健的体魄，也为部队的生活打下了一定的体能基础。

初到军队，磨炼意志

2015年9月10日中午，刘冉根据通知来到武装部集合，乘上了赶往西客站的动车。刘冉迈步下火车时，夜幕已悄然降临，各个部队的大巴却早已在那里等候着新入伍的士兵们。刘冉所乘的车辆发动，缓缓驶离来时的火车站，一种孤寂的感觉浅浅爬上他的心头，在没有家人的叮咛、朋友的陪伴的未来里，自己将在一个新的环境中孤身拼搏，这是属于对未知的彷徨；可是信心和渴望却在他的心中熊熊燃烧，他将前往有着火热的意志、火热的忠诚、火热的奉献，还有一群火热的兄弟的地方，那是对青春的热血！他在心中暗自发誓："我要在军营中奉献自己，不畏艰苦，为了保卫祖国成为一名优秀的战士！"

新兵时期，军营却给了他当头棒喝，曾经想象的演习、射击、格斗……不见踪影，所有的幻想都被整日无休止地打扫卫生、叠被子、站军姿的枯燥现实给击碎，刘冉心中顿时产生了无力感。而体能训练则更是痛苦，从开始的100米渐渐地变成400米、800米、3公里。每一次跑步肺部的灼烧感都让他难受得无以复加，可是每当这个时候刘冉就会想起"为了目标，为了为人民服务的荣光，我一定要坚持下去"。就这样，一次又一次的磨炼之中，刘冉的体能成绩不断提高，一个月的时间，他已经在连队新兵中名列前茅，多次受到班长和连队领导的表扬。

在内务上，军队的被子要求有棱有角，要叠成豆腐块的形状。在最初的几个星期里，刘冉的被子就像一团倔强的棉花，总是不听使唤，费尽千辛万苦叠出棱角却又马上反弹成软塌的圆弧，为此刘冉还受到班长的几次批评。刘冉心中不服输的劲头上来了，看着班长床上那个标准的"豆腐块"，他就想："一定得叠好！"在此后的几个星期里，每到午休时间，战友们已然酣睡时，他就会把被子拿到网络学习室的空地上练习。晚上熄灯以后，他也会坚持来回拆叠几次被子再睡。苦心人，天不负，几个星期以后，刘冉在新兵营评比中的得到了"内务标兵"的称号。同时刘冉在其他方面的训练也齐头并进，各项训练成绩都名列前茅，在此后多次被评为"内务标兵""训练标兵""守纪标兵"等，受到领导和同志们的一致好评，并在新训结束时荣获新兵团级"嘉奖"一次。他通过自己的汗水和意志实现了由一名地方大学生到合格军人的转变。每每回忆到戴上军衔的那一刻，刘冉都自豪地说："那时我激动得泪水都停不住，当中国人民解放军的标志佩戴在我崭新的军装上时，感觉那么的自豪与光荣，我终于实现了我的梦想，我愿意为了祖国，奉献我的力量！"

连队锤炼，不断成长

结束新兵连，分配到连队之后，刘冉保持自己的初心不改，始终用保家卫国的参军誓言激励自己，并在军营生活中处处严格要求自己，为他热爱的军队贡献着自己的一份力量。

在政治思想上，服从命令，听从指挥，尊重领导，团结同志，作风正派，形象良好。纪律是完成一切任务的保证，没有严格的纪律就不会出战斗力，就不能按质按量地完成好各项工作任务。因此，刘冉在平时的生活中，始终带头执行部队的纪律，时刻用部队的条令条例和各项规章制度来规范自己的言行。从小事做起，从一点一滴做起，注重日常细微的积累。刘冉作为一名大学生士兵，在其他同志的眼里或许有一些别样的光芒，但他一直在向他们证明着：“高手并不是天生的，一个人只要努力再难的事也能做到。”在上级通知将要进行理论考核后，刘冉便发奋复习，三更的漆黑夜里，学习室的灯光仍在亮着；训练休息的松散氛围中，依旧有他背题的声音，最终在各项理论考核中，他多次名列前茅，为连队争得荣誉。

在军事训练上，刘冉刻苦训练。体能方面，有了新兵阶段打下的基础，他身体素质在同级中出众，各项体能考核项目均达到优秀，并多次在5公里考核中名列前茅，在各项军事考核中均取得优异成绩。在2016年年底总结表彰大会上，他被团评为优秀士兵，并记嘉奖一次。

接受检阅，无上荣光

大漠铸利剑，沙场砺精兵。2017年7月30日，庆祝中国人民解放军建军90周年阅兵仪式在内蒙古朱日和军事基地展开，习近平主席亲临检阅，强军口号威震大漠，刘冉站在整齐的方阵中，挺拔的身姿、坚毅的神情，其眉眼间威严庄重，俨然已不是那个刚入伍的青涩青年。

回想起2017年朱日和驻训，原本的计划是进行实弹射击，然后即可回营，但实弹射击完成之后，上级突然下令延后返营时间，并全天进行军姿训练。两个多月的严酷训练，每天头顶艳阳，身挺军姿，每天都要在地表五十度的地面上站立6个小时，站不好的还会被要求去拉线、站台阶。短短一个星期，一群白白的小伙子，全都变成了“包黑炭”。在提起那段时光时，刘冉这样回忆道“炎炎烈日阻挡不了我们训练的步伐，狂风暴雨消减不了我们训练的热情。我们那个时候，把站到晕倒视为自豪，就比谁站得久、站得好。没有一个人喊苦喊累，因为大家都知道，这一切都是为了前往军人的圣地：阅兵场”。经过层层选拔，他成功入选参加庆祝中国人民解放军建军90周年阅兵，并于7月30日上午光荣地接受了习主席的检阅，这是他两年的军旅生涯中留下最为浓墨重彩的一笔。阅兵结束后，刘冉在他的日记中写道：“当听到习主席宣布阅兵开始的命令时，我的心中非常激动，一想到两个月的辛苦终于实现了价值，自己此时正面对着全世界的关注，为扬我国威、展我军威做着切实的行动，我非常自豪！我想，这就是我作为军人的最高荣誉！我在心中呐喊：为人民服务！”同时由于阅兵期间优异的表现，他被评为阅兵优秀个人，并荣获优秀士兵，记嘉奖一次。

盛大的阅兵落下了帷幕，退伍的日期便进入了倒数，伤感的氛围萦绕在军营之中，对于每一个士兵来说，军营是一个朝思暮想离开，却在离开后又魂牵梦萦的地方。2017年9月5日凌晨，刘冉对着生活了两年的营房，对着朝夕相处、同甘共苦的战友们敬了最后一个军礼。回到大学，还有更长的路要走，还有更高的山峰要去攀登，刘冉相信自己会秉持着“一不怕苦、二不怕死”的精神，牢记部队的光荣传统和优良作风，永远保持一颗兵心、一颗赤诚之心，朝着更好的未来不忘初心、继续前进。

那抹绿色的回忆

——记原总后勤部某基地退役大学生士兵刘海峰

刘海峰，男，中共党员，曾服役于总后勤部某基地，曾被评为优秀士兵、优秀学生干部、优秀共青团干部，曾任军需物资主保管员、学校戎程研究会副秘书长。参加过新疆维稳物资大发放，连续两年参加基地年度业务对检、大小迎检、物资押运及物资装备解说等任务60余次。

座右铭 **谦谦君子，卑以自牧。**

2012年12月，刚刚体验了三个月大学生活的刘海峰一听说可以在大学生中征兵，想也没想就主动报名了，因为在他心中一直有那么一抹绿色吸引着他，本以为没机会实现这个梦了，没想到刚入大学就逮到了这个机会，刘海峰很开心。当时刘海峰顺利通过中关村医院的征兵体检及学校政审后，学校给他们这批准军人放了一周的假。刘海峰无比地激动，当时的他高兴地跑回了家里，谁知却迎来了村里多数人的责怪："好好的大学不上，跑去当什么兵，知道当兵有多苦多累吗？非要去受那个罪干啥呀！"当时面对长辈的责怪，一向沉默寡言的刘海峰也不知道该如何解释。他一直呆呆地听着，或许会有一些失落和动摇，但内心的渴望告诉他自己想成为一名真正的军人。当兵，他义无反顾。

在确定被分到的部队后，刘海峰便踏上开启其军营生活的旅途，他并不知道未来会发生什么，真的像大家说的那般苦吗？他并不确定自己能否经得起考验，但既然选择了，不管怎样只能一往直前。

"流血流汗不流泪，掉皮掉肉不掉队"

凌晨五点的紧急集合号将刘海峰从梦中拽了起来，他已渐渐地习惯了这样突发的紧急情况。刘海峰迅速打完背囊全副武装飞速下楼，因为他知道今天要组织一次三十公里野外拉练。快到楼下时，他不慎失足跌落，只是麻得没了知觉，一个战友扶起他后，他们就继续跟紧队伍行进。凛冽的寒风中，全团一千两百余人全副武装负重整整齐齐地伫立着，队伍前头翻动的连旗仿佛在低吼，团长激昂的动员让每个人的血液都在翻腾。虽然后来慢慢感到了手腕传来的剧烈疼痛，但刘海峰一直认为就只是扭了一下而已，脚扭了也要疼好久的呀。他一直咬牙坚持着，是军人就应该“流血流汗不流泪，掉皮掉肉不掉队”，半年来的训练已经让他学会了忍受疼痛。

当天中午就餐时是在一处废旧厂房空地，正午天气特别热，早上的风还刮得冻脸，这会儿却汗流浃背。水壶早已空了，好不容易找到了一个水龙头，虽然已是锈迹斑斑，但还好能放出水，只不过都是浑水，刘海峰还是高高兴兴地喝了个饱，又接了满满一壶，下午把这壶水喝完时，才发现里面能倒出泥沙来。一路上各种科目的演练，平时刘海峰都能轻松灵活地完成，但今天右手疼痛难忍，他的动作也都十分艰难，即便他努力想要抑制这种疼痛。比如在班长喊了声“前方发现原子闪光点”的时候，本该行进的刘海峰匍匐在地就动不了了，手腕疼得不行。在穿越毒区时，戴防毒面具、穿雨衣都是刘海峰一只手完成的。出了毒区，他一眼看见停在三岔路边的救护车，他很兴奋，仿佛看见救护车手就不会疼了，医生检查了好一会儿，眼睁睁看着离前面的战友脱了一大截，刘海峰就急着要走，他还没跑远，突然听到医生在后面大叫：“同志，你右手手腕已经骨裂了，不能再用手了”，他先是一惊，而后是一阵奇怪的喜悦，他想：说明不是我意志力不够啊，好小子，自己骨裂了还训练了一天。也许这只有军人能忍受得了吧，通过这件事，刘海峰看到了自己在部队的成长，虽然受伤了，但他很开心自己像个男子汉一样承受住了。

浸湿的迷彩

后来刘海峰进了总后某军需仓库保管队，当上了一名保管员，负责所管库房物资的收发管控，开始的时候他是2号楼库的副保，带刘海峰的班长是个三期士官——候班长，他平时对刘海峰要求非常严格，库房各类物资共20多个品名，每个品名平均20个号型，记账时要求文字不超过格子的三分之二，数字不超过格子的二分之一，更不能写错哪怕一个数字。有一次刘海峰不小心将一个数字写错了，他很害怕，就用刀片将错字薄薄的墨刮去，小心翼翼地做成看不出来的样子，没想到班长一检查就发现了，直接换账本，重做！这样换过四本之后，刘海峰便再也没有换过账本了，军营里不管做什么都要一丝不苟，否则就可能酿成大错。

除了日常的训练和繁忙的业务工作，仓库还有自己传统的特色文化活动——舞龙，舞龙看似十分简单，其实它要求大家有良好的身体素质和团结一心的优良品质，刘海峰舞龙身第五棒，这一棒要起到承前启后，协调整条龙的作用，很多次片区里组织的仓库联合表演，舞龙都是毋庸置疑的开场秀。2014年新年之际，刘海峰仓库的舞龙表演又成为中心库的开场表演，蒙蒙的细雨中，这条长龙翻江倒海，气势如虹。看起来颇为壮观英武，而龙身下面的他们已经汗流不止，气喘吁吁了，需要躺下的动作时，他们只能将自己发烫出汗的后背浸在地面上的雨水里，一冷一热，很不舒服。但为了部队的荣誉，也为了更好地展现军人的气质和力量，大家都奋力表演着，那一场的掌声经久不息。

在刘海峰服役期间，他并没有满足于参加部队的训练，做部队分配给自己的任务。平常的时间里，他忙里偷闲，主动利用晚上的空余时间，自学PS、Flash、CAD、SketchUp、韩语等实用技能，并在队长的支持下，用CAD和SketchUp对各库房进行了三维模型的构建，以便打开电脑就能了解库内物资各方面情况，方便保管员合理利用空余面积及采用最科学的堆垛方法堆码物资。队长是武汉大学计算机专业博士，他十分赞赏刘海峰的做法，到刘海峰退伍时，他将六个库房准确的三维图交给了队长，内心充盈着满满的成就感。

服役期间，刘海峰先后完成了两次押运任务，一次去山东官桥，另一次去河北涿州。还记得七八月份押河北涿州的那一次，车皮在郑州编组站停了6天，那6天非常难熬，车皮白天像火炉，晚上像冰箱，白天还好，在车皮下的铁轨上躺着还不是很热，晚上就不行了，蜷在物资旁边难以入眠，有意思的是刘海峰所押物资是陆空棉被，他住的车皮里有400多包棉被，每包有5床，也就是2000多床棉被，那么多的被子，刘海峰却只能蜷在冰冷的角落里睡。有一次手电筒没电了，刘海峰让战友守着，他去铁道附近找到了一户人家去充电，当时穿着破烂的短袖，没有军衔配饰，刘海峰从户主异样的眼神中明显看出，他以为刘海峰是乞丐，极其不愿理他，最后没办法出示了士兵证和押运证他才相信。押运任务完成后回到连队，战友们都说刘海峰成了“碳人”，这么多天没有洗过衣服，没有洗过澡，一直跟着车皮风吹日晒，刘海峰常常自嘲“能认出来是个人儿就不错了”。

部队里有句话叫“革命军人一块砖，哪里需要往哪儿搬”军营里的故事远不止这些。刘海峰还记得当年的紧急集合，野外拉练；还记得新兵连的紧张兮兮、战战兢兢；还记得队列会操的军容严整、整齐划一；还记得体能训练的精疲力竭、挥汗如雨；还记得班长老兵的悉心照顾、关怀至微；还记得紧急收发的团结一心、组织严密；还记得很多很多大大小小的激情与感动，往事历历在目。

他也曾后悔害怕，思念家乡，憨然大笑，失声痛哭。部队留下了多少成长的足迹、汗水、欢笑、努力，还有青春。如今刘海峰已返校，记忆深处的感动不应该频繁揭开，他担心自己些许的坚强难以掩住盈眶的泪水。希望刘海峰在接下来的生活中不忘初心，继续前行，将部队带给他的精神力量扎根于心，在学业上学有所用、学有所成！

有志者事竟成

——记陆军原14集团军退役大学生士兵李永杰

李永杰，男，中共党员，北京科技大学高等工程师学院机械工程及自动化（卓越计划）专业2013级学生，同时修读北京科技大学工商管理双学位，现已保送至清华大学机械学院攻读机械工程硕士学位。曾获全国部分地区大学生物理竞赛三等奖、校优秀三好学生、优秀学生干部、优秀共青团干部等多项荣誉，连续两年获得国家奖学金。曾服役于中国人民解放军陆军，任校戎程研究会秘书长、院学生团委副书记、MEI机器人队预备队员、“卓越团队”成员、班级团支部书记等。

座右铭 **风雨过后有没有彩虹我不知道，但我知道太阳一定会出来的。**

那一抹鲜红的绿

2011年，十七岁的他怀揣着青春的梦想考入了北京科技大学高等工程师学院，当年背着一个双肩包迈进大学校园，抬头仰望毛主席雕像的场景还清晰印刻在他的脑海中。人们常说，趁年轻时，要有一场说走就走的旅行。就这样，他刚刚一只脚踏入校门，一个转身，另一只脚便迈进了军营。

从首都北京到红土南疆，从青春校园到热血军营，从柔弱书生到真正一兵。还记得当年的紧急集合、野外拉练；还记得部队的“两眼一睁，干到熄灯”；还记得队列会操的军容严整、整齐划一；还记得体能训练的精疲力竭、挥汗如雨；还记得老班长的一丝不苟、音容笑貌；还记得同年兵的同甘共苦、亲密无间；还记得太多太多。两年的时间里，有过欢笑，有过泪水，有过荣誉，有过伤痛，但就像那句歌词里唱的“生命中有了当兵的历史，一辈子也不会后悔”。铁打的营盘，流水的兵。部队是个大熔炉，将无数的热血男儿百炼成钢；部队是本无字书，教会士兵最纯真的道理。从此，他的生命中便增添了那最动人的一抹绿色。

雄关漫道真如铁，而今迈步从头越

2013年12月4日，迎着冬日温暖的阳光，乘坐着仿佛开往一个新世界的列车，他回到了不知多少次出现在梦里的大学校园。看着陌生而又熟悉的校门，他抬起头，望向主楼上的大红字及楼前的毛爷爷，仔细确认了一遍，是的，他回来了。两年前按下的暂停键，现在终于又按下了继续的按钮。

大学，学习是一切的基础。书山有路勤为径，重拾笔杆子，注定要付出更多的努力。白天上课学习新的课程，晚上复习被自己遗忘掉的知识。李永杰渐渐地跟上了班上同学的步伐，大一全年加权排名第九名，大二全年综合排名第一名，大三全年专业第一名。为了拓宽自己的知识面，他修读了东凌经管学院工商管理专业的双学位，每周20节到30节课，充实着周一到周日的课程表，从此过上了不是在上课就是在换教室路上的生活。其实大一下决定修读双学位时，他的想法很简单，退伍费还剩了一些，做理财搞投资不如把它投资在自己身上，趁年轻，多学点知识。经济学和管理方面的知识不论在自己以后的工作还是生活中多少都会有一些帮助的，无非就是课多些，辛苦一点。但是李永杰想想部队里面常说的，“苦不苦，想想红军二万五”，这又算得了什么呢。

利用课余时间他参加了多项学科竞赛，取得了全国部分地区大学生物理竞赛三等奖、北京科技大学数学竞赛三等奖。大二期间他加入了学校MEI机器人队，成为一名预备队员，每周末参加队内组织的机械相关培训，既学习了专业知识，又增加了专业兴趣。参加MEI机器人队组织的机器人校内赛，虽然最终没有取得名次，但在比赛机器人的制作与调试过程中他也收获良多。与此同时他作为队员参与了“履带式搜救侦查移动平台”的SRTP项目，大三期间作为项目负责人参加了钢铁冶金新技术国家重点实验室的“82B帘线钢凝固组织与夹杂物高温原位分析”的SRTP项目。通过大三的这次本科生创新项目，让他从真正意义上走进了实验室，了解了做科研的流程及方法，也使他第一次意识到自己是喜欢搞科研的。从项目初期的资料搜集、实验方案制定，到制样、利用超高温共聚焦显微镜和扫描电镜等大型仪器设备进行实验，他全程参与。记得实验初期时他每天中午吃了饭就跑去冶金楼磨样，看到实验室里许多研究生学长也在加班搞研究，也曾连续几天遇到同一个博士生学长抱着一个钢块制样，一脸自豪地说这是他的钢，元素成分啥都是自己定然后炼出来的，准备取样测试一下性能如何。虽然当时不太懂，但他想这就是搞科研的样子吧。他还向博士学长请教了不少制样方法，当制作出来的第一批试样被老师夸赞时，他心里越来越喜欢这种搞研究的感觉了。同时这也为他接下来决心推免读研究生奠定了基础。

学习之余，他积极投身学生工作，服务同学。在高等工程师学院团委，他从干事到部长，从部长到团委副书记，尽心尽力，配合校团委、学院老师完成党团工作，一丝不苟，认真完成好每一项工作。他也身在由学校退伍大学生组建的戎程研究会，辅助学校武装部进行征兵、军训、迎接退伍老兵等相关工作，并在暑假期间代表学校前往武汉、南昌、葫芦岛等地看望北科大在役大学生士兵。正所谓每个男孩子小的时候都会有一个军旅梦，如今北科大每年都会有几十名同学携笔从戎，投身火热军营。作为退伍大学生，每年征兵开始时，他都会耐心地为有参军意愿的人答疑解惑，讲解政策，带领他们参加报名、上站体检及入伍前军事训练，看着那一队队的小光头，李永杰仿佛看到自己当年的模样。在他退伍刚满一年时，不知是否受他的影响，他对床的舍友也报名参军，成为一名光荣的海军战士。

作为一名退役大学生士兵，他时刻保持着部队艰苦朴素的生活作风，不攀比物质享受。虽然已不再像部队中说的那样“新三年，旧三年，缝缝补补又三年”，但是部队的优良传统还是应该秉承，如规律的作息，李永杰为每天的生活提前安排好时间表，虽然学习、社团、竞赛、SRTP等事情较多，但提前规划，按部就班的努力倒也从容。生活中他乐于助人、团结同学，尊师重教。乐观开朗、真诚自信的他在大学生涯里建立了比较好的人际关系，与舍友、同学、同事关系融洽。他认为，人永远生活在一个群体里，必须要学会如何做人、如何处理人际关系。刚去部队时班长就曾教导他说要“低调做人，高调做事”，与人交往要保持谦卑，低姿态；有任务时要勇于担当，敢为人先，站出来接受任务。

“平凡的大学生有着相同的平凡，不平凡的大学生各有各的精彩。”每个人心中都有着自己的目标、自己的坚持，俗话说有志者事竟成，只有一次次的不妥协，才能铸就一个人的不平凡。如果路全是平的，那人生的味道也就寡淡了。入伍前学校武装部老师曾送给李永杰一本书《苦难辉煌》，历经苦难，成就辉煌。“风雨过后有没有彩虹我不知道，但我知道太阳一定会出来的。”

退伍不褪色，心中的迷彩依旧

——记武警原120师退役大学生士兵杨雪

杨雪，女，共青团员。于2015年9月入伍，服役于武警原120师，服役期间，随队参加了2016年武警部队正规化建设着装规范科目演示、2016年新兵军事训练等任务。在队期间，因思想及表现突出，连队推荐担任2016届新兵班长职务，在队期间荣获优秀士兵称号一次。

座右铭 **不驰于空想，不骛于虚声。**

每一支部队，都是经历过战火的英雄部队；每一个楷模，都是在枪林弹雨中为理想信念不断前进的勇士。在中国人民武装警察部队原120师这个光荣的集体里，杨雪感受老一辈革命先烈的英雄壮举，体验那个时代的信仰和坚持，给了自己更加坚定的信念和向往。

作为一名当代大学生，正值青春年华，杨雪的心中充满了报效国家的豪情壮志。在她的心里，军人是一个神圣的名词，铁骨铮铮坚毅刚强。因为敬仰英雄所以选择了军装，因为渴望燃烧所以扛起了钢枪，因为不甘平淡所以走进了军营。从踏进军营的第一天起，杨雪就一直认真地思索着。她把所有的精力都集中在这块圣洁的绿色方阵里，珍惜着每一个故事的细节。迎着火红的朝阳，踏着英雄的足迹，每时每刻用自己的心去感受作为一名军人的光荣与神圣。在充满阳光和希望的军旅岁月中，她一直如痴如醉地迷恋着这片托起和平的绿色天地。

2015年9月27日，从熙熙攘攘的帝都，一路向北，越过高楼山丘，来到辽宁兴城。刚刚踏上高铁时止不住的眼泪也在轰隆隆的列车前进声中慢慢消失。窗户外面一闪而过的高大树木，并没有告诉她即将去一个怎样的地方。部队到底是什么样子的？她将要面对怎样的生活？所有的一切都是未知。

走进部队后，杨雪才知道，所有美好的表面都光鲜亮丽，背后是汗水和苦累的付出。军人的血性刚强都是在一次次的锤炼锻造中磨砺出来的。每一天，从叠被子开始，到熄灯后的三个“三百”结束。不断加强的训练强度，让她的脑袋里没有任何其他想法，她只是不断地告诉自己：只有真正的强者才能成为最终的王者。而她，希望自己能是一个真正浴火而生的战士！训练最累的时候，膝盖疼到上楼梯下楼梯都要手脚并用。神经和身体高度紧张，但是她从来没有因为训练的艰苦而抱怨。

在部队的日子里，有永远不服输的劲头和勇往直前、不怕吃苦、不怕流血流汗的杨雪，逐渐成长为所有女兵里最优秀的战士。虽然不善言谈，但每一次体能，每一次训练，她总是最认真、学得最踏实的那一个。当兵不习武，不算尽义务。武艺练不精，不算合格兵。虽然是一名女兵，但她的身上看不到一丝女生的娇气；作为一名女兵，她更希望自己能是一名有血性有斗志的合格的军人。爬战术的时候因为方法不对，身上时常青紫破皮，晚上有时候疼得睡不着觉，但她一声不吭，一直咬牙坚持参加训练，后来的训练也没有落下一点。或许对于杨雪来说，最怕的不是伤痛，而是屈居人后，失去了斗志。正是凭借着这样的努力，杨雪的军事技能突飞猛进，逐渐成为女兵中的佼佼者。训练中肯吃苦，生活中热爱战友，无论是什么时候，只要有人需要帮助，她总会第一时间放下手里的事情去帮助战友。也正是因为暖心的性格，杨雪逐渐成为同年兵里一个不可或缺的存在。战友们都说，只要有杨雪在的地方，就是最心安、最温暖的地方。终于，在新兵连结束前的考核中，杨雪所有体能和军事训练科目均达到优秀。

然而，女兵的军事训练随着新兵连的结束，强度也慢慢降低了很多，开始转向通信专业的训练，枯燥无味的号码背记逐渐成为她生活的主题。当初吸引着她走进部队，更多的是冲锋在硝烟里、涂满油彩看不清面容但眼神坚毅的迷彩，现实与梦想的巨大差距让她严重地怀疑自己参军入伍的意义。当初选择入伍虽然遭到了父母的反对，她也没有改变坚定的决心。但是就在那一刻她突然觉得迷茫，怀疑自己的选择。

即使做好了所有的准备，但面对真正的现实，还是觉得不甘心和失望，一度很颓废。一直很看好她的排长看到这样的她，告诉她：术业有专攻，岗位无大小。真正有血性的战士，无论怎样的岗位都能创造价值，取得成就。想起之前自己对部队的渴望，对军人的向往，又看看自己的状态，在之后的专业训练中，杨雪开始改变自己的想法。可能自己的岗位没有当初想象中的轰轰烈烈、荡气回肠，但把每一件普普通通、简简单单的保障任务做到最好也是一种不平凡。有人在战场冲锋陷阵，总要有人要去做后方保障。面对自己的失落，她这样安慰自己。收拾好心情，她告诉自己，保障也要做业务能力最好的那一个。面对自己对数字的不敏感和落后于人的劣势，她开始利用所有的时间去背记专业知识。每天她成为班里睡得最晚、起得最早的那个人。终于，功夫不负有心人，在最终的专业考核中，她取得了第三名的好成绩。

没有一个人的生活中永远是晴天，同年入伍的女兵因为身体伤病被送回地方，在为战友惋惜的同时，她感恩生活，至少自己还能够穿着军装。再一次走队列的时候，她开始去发现路两旁白的紫的粉的小花开得格外鲜艳，有时候看见胖胖的小鸟蹦蹦跳跳，她也会跟着开心，她渐渐地开始享受部队带给她的喜悦和感动。生活里每一个经历，每一个荣誉，她都尽自己最大的努力去争取去奋斗。得之坦然，失之淡然，她的心态逐渐变得平和。远观部队的新奇慢慢褪去后，她终于适应部队的棱棱角角和条条框框，也终于理解这支英雄的部队。人民军队从诞生到不断地发展壮大，经历过炮火硝烟，在战斗中建立起来的铁一样的制度才是人民军队不断打赢、克敌制胜的关键。唯有绝对地服从和坚决地执行才能创造出屡战屡胜、越挫越勇的人民军队。

2016年的夏天，杨雪所在的部队承接某重要任务。从5月到9月中旬，一直在团下训练。为了提高训练的质量，达到整齐划一的效果，武警总部专门委派了国旗护卫队的男兵班长来训练队列。动静分明、出腿生风、落地砸坑……与阅兵同样标准的要求。虽然新兵连就经历过队列训练，但与国旗护卫队的标准相比，还是会有很大的差距。为了短期内出现训练效果，男兵班长们不断提高训练的要求和强度。四个月里，女兵和男兵同样的要求，一样的训练。严苛的队列标准，酷热的训练场，有时候穿着高跟鞋站军姿，一站就是一个多小时，脚已经完全没有了知觉，站完军姿后，整个人不能动弹，想活动也活动不了。三十七八度的暴晒，胳膊和脖子都被太阳晒得生疼，最严重的时候，很多人的脖子和胳膊都晒起了起了水泡，涂完药之后所有人继续参加训练。晴天暴晒，衣服全是汗渍；雨天浑身浇得湿透。女孩子都爱美，那段时间，听得最多的就是“哈哈，长这么大都没有这么黑过”。虽然这样说，但没有一个人退出训练。

军大衣、毛衣，各种各样的薄的厚的军装，挺拔的军姿，咸咸的汗水，昂扬的正步，黝黑黝黑的皮肤，组成了那年夏天最深刻的回忆。

在训练的同时，女兵参加建师七十周年文艺演出，白天训练，晚上排节目到深夜，身体极度疲倦，有时候坐在地上都能睡过去，她和所有女兵们一起咬牙坚持。终于科目完美演示，节目顺利演出。那一刻，内心里的骄傲和自豪让她觉得一切都是值得的。

2016年12月，带新兵的士官退伍，连里推荐她去接替新兵班长职务。作为义务兵担任班长职务已经是很大的挑战，又是半路接手新兵，无疑是一个更大的挑战。作为一个入伍一年多的义务兵，她完全没有带兵的经验和方法。硬着头皮接受任务后，她每天晚上睡不着觉，黑眼圈重得像是被人打了，上火到嘴唇上的泡起了又起。为了能够使自己短期内能有提升，她跟在连里的士官班长后面各种问使劲学，她没日没夜地背完了厚厚的一本训练纲要，学习了所有新训大纲要求的新训内容。她说，自己感觉在部队压力最大的阶段就是带新兵的时候。

作为新兵班长，要了解所有新兵的情况和想法，看起来很简单，实际做起来却十分困难。新老交替，新兵内心会不会排斥她？半路接手的新兵，怎样才能让新兵接受自己？有能力者众多，又怎样让其他人服气？这个职位给杨雪带来的巨大压力，让本来就事事力求做到最好的她，更加希望自己能带出来一群出类拔萃的兵。都说兵怂怂一个，将怂怂一窝，她不希望自己带的兵被人说这不行那不行。新兵最后两个月的新兵连里，她带着班里新兵利用休息时间练体能、讲技巧、学习条令条例。找所有新兵聊天，了解所有人的想法，用自己最大的努力去融入新兵的生活，把自己学会的和感悟到的东西完全地教给新兵。新兵下连考核，她带的新兵所有科目均在同届兵中遥遥领先，受到了新兵团首长的一致好评。

她始终相信唯有用心、用情带兵，才能当好新兵的引路人；只有把新兵当成自己的责任，承担起责任才能带出好兵。当成为一个团队领头人的时候，自己就得承担起让这个团队变得更加优秀更加荣耀的使命。对荣誉的激情和渴望，在使命与担当的撞击下产生迷彩青春的风采，那就是军人的责任、军人的使命担当。使命，是一种庄严的承诺、一份厚重的责任。军人的使命，用血与火来熔铸，更是高于生命的荣誉。每一次的跌倒，都是一次历练，每一次勇敢的站立，都是新的洗礼。

两年的部队生活很短，短到退伍了，杨雪依旧记得初进警营的无措。两年的部队生活又很长，长到叶子绿了又黄，大雪纷飞，依旧穿着橄榄绿的军装奔跑在熟悉的大院里。如今的她，脱掉了军装，却总不愿梦醒，想一想从军的生活，仿佛心中有了精神依托，生命中有了一段当兵的历史，成了她一生受用不完的动力。如果时光重新来过，她依旧坚定当初的选择。

虽然已经回到学校，但每次听到军歌她都会觉得心潮澎湃；每一次看到国旗，她都会驻足；每一次看到巡逻的士兵，更是会觉得亲切和温暖。曾经的她是一名武警战士，现如今只是一名普普通通的大学生。部队的历练让杨雪从懵懂走向成熟，从柔弱走向坚强。虽然已经离开部队，但她依然有梦想、有追求，退伍不褪色，尽管脱下了军装，但心中的迷彩依旧。

军人的烙印

——记武警原120师退役大学生士兵肖翔

肖翔，男，中共党员，服役于武警原120师。被评为团“五一”军体运动会训练尖子、团2017年优秀士兵，在校期间被评为北京科技大学优秀三好学生、优秀共青团干部等。在部队担任团司令部通讯员，在学校任过北京科技大学南国茶社社长和北京科技大学机械工程学院宣传部部长。参加了“卫士”系列演习、辽宁省葫芦岛市首望山灭火及辽宁省朝阳市抗洪救灾等。

座右铭 **我只是讨厌屈服。**

芸芸众生，每个人生命之所以不同，不仅仅是因为样貌的差异，更多的是每个人生命中会被烙上形形色色的印记。你或是一名医生，救死扶伤悬壶济世一种仁心；你或是一名教师，教书育人桃李天下一种慈心；你或是一名军人……

2015年9月，肖翔离开了北京科技大学，参军入伍，成为一名光荣的武警战士。武警机动师，一个他从未接触过的名词从此进入他的生命中，并深深地打下了烙印。

军人的烙印是雷厉风行，时间分秒必争，动作干脆坚决。在部队生活好像永远离不开表，几乎人手一块表，讲求的是“到什么时间干什么事情”每天都有基本上固定的作息，六点起床短短五分钟内穿衣叠被，出早操，半小时后带回宿舍，收拾卫生到七点钟开早饭，整齐划一，就像编好程序的机器人一样。部队生活也离不开哨，值班员才有哨，哨声也是命令。每当下达全体命令的时候，先来一声哨音，战士不管从事任何活动，只要听到哨声，都会全体“断电”，侧耳倾听“指令”下达。各色各样的短长急缓哨声组合，听不到口令的时候，哨声也可以传达指令，那是军人的“语言”。

肖翔印象深刻的是听老班长讲的一个故事：从前团下有个指导员，每当他值班的时候，每周六晚上十一点到十二点必然会有紧急集合，部队的紧急集合可不是小打小闹大家都出来报个名字就可以的，十一二点正是大家都在梦中和周公畅游的时间，此时，三长两短的哨声一响，连队全体人员以最快的速度穿好衣服，将被子、褥子、洗漱用品、生活用品装到背囊中集合，最晚的二十分钟，连队一百多人整齐划一地在宿舍楼门口集合完毕，等待命令，最后大家干脆在那个指导员值班的时候，衣服也不脱，盖上被子就睡了。肖翔本以为这是老班长经历的趣闻，可老班长说，有一次半夜一点多，团周边辖区大雨暴发洪水，团接到命令后紧急集合出发，他们连是最快的，也是救人最多的。那时，肖翔突然感觉军人的时间可能是世界另一维的时间，因为军人时间里的两分钟，就能在危急时刻救出两条鲜活的生命。

军人的烙印是崇尚荣誉，军人的荣誉感是健康向上的荣誉感。肖翔所在的连队是团标兵连，他们的连魂是永争第一，从他进入连队那一刻起，老兵们就给新兵传授，当兵就要当最好的兵，装甲连的兵都是好兵！为了自己，也是为了装甲连这个家的荣誉，大家敢拼。很多时候，士兵们会比一比拼一拼，这是一种良性的比拼，每当拔河比赛、长跑接力比赛、篮球比赛这些团体比赛的时候，别看大家在场上为了荣誉而战，拼命夺第一，可是每当比赛一结束，赢的一方会大喊，“向××学习，向兄弟连队学习！”记得入伍前的一次大学篮球比赛，肖翔在的班对机械班的国防生，国防生虽然赢了比赛，但他们喊着“向××学习，向物流二班学习！”那一瞬间看着一双双真诚的眼睛，一张张青春活力的笑脸，那种健康向上的劲儿让心中输掉比赛的不快一下释然。入伍之后，肖翔对荣誉感有了更深切的体会，成为军人就要完成属于自己的任务、行动，荣誉只是一种嘉奖。

军人的烙印是奉献牺牲。哪有什么岁月静好，只是有人替你负重前行。入伍七个月后，因能力突出，肖翔被选调至团机关作战勤务值班室担任通讯员。在那里，他看到了军人的另一面。团机关作战勤务值班室可以说是整个团的大脑，上通军委指挥中心，下达团内各个连队，大脑指挥作战。因为他就是团发生紧急突发事件时的“大脑”，是永远在位的“大脑”，没有周六日，更没有节假日。在大年三十的晚上，团里都看春晚，给家人打电话，他们还时刻保持清醒地端坐在摄像头下坚守着自己的岗位。

大年三十，团下的炊事班都是晚饭时候一起包的饺子，半夜看完春晚再去食堂吃。可是机关炊事班因为绝大部分干部放假回家了，没有人做半夜十二点这顿饭。那年，肖翔下午从炊事班取的面、盆儿、擀面杖还有一个小电磁锅，他记得那天晚上他一个人包了很多很多的饺子，值班的四个人一起吃的年夜饭。总值班员很平淡地说：

这些年第一次在年三十晚上还能吃顿饺子。说得是那么平淡，近似于调侃，仿佛这顿饺子本应该没有。那天晚上肖翔哭了，这是他在学校时从来没有体会到的一种滋味，哪有什么岁月静好，只是有人在你不知道的地方默默付出。汶川地震那一个个逆行的军绿色身影；南方大水，泡烂脱皮的一双双大手；森林火灾，一张张从大火中救人回来的黑黝黝的笑脸。就是这些可爱可敬的军人，没有和家人团聚的节假日，只有日日夜夜地坚守，守卫着人民的安全。

人们常说“当兵后悔两年，不当兵后悔一辈子”，夜深人静的时候肖翔常常思考，生而为人，这一生要怎样度过。人们很多时候愿意给自己画一个框框，生活就在这个框之中，可很多时候，生活并没有答案，生命更没有框。当兵回来，军人的烙印刻在了肖翔的身上，紧张的时候他会把手扣紧站立，不自觉地排队走，见到脏的地方就去打扫，做事雷厉风行，时间观念更强，敢想敢做更愿去闯。两年当兵的故事还有很多很多，肖翔感谢生命中这段经历，更会带着在部队中学到的精神走好自己的人生路。

浴火蜕变的逆火英雄

——记武警原北京市消防总队朝阳支队退役大学生士兵陈星翰

陈星翰，男，共青团员，服役于原北京市消防总队朝阳支队。被评为优秀义务兵一次、记嘉奖一次。曾在北京科技大学材料科学与工程学院学生会任干事、部长助理，在北京市公安消防总队朝阳支队望京特勤中队任战士、火场文书。两年累计参加灭火抢险及社会救助500余起，2016年参加北京“7·20”特大暴雨洪涝灾害、“3·4”来广营家具市场特大火灾、“5·1”蟹岛4度假村停车场火灾等救助任务。

座右铭 **体验更多，领悟更多。**

一次选择　一次蜕变

到现在陈星翰都时常问自己，当初为何选择走上当兵这条路？许多正能量的词汇在脑中旋转：梦想、抱负、责任、担当……但似乎，没有一个是准确答案。最后猛然发现，平常心或许才是最准确的回答：“去体验一种生活罢了。”两年军旅生涯，谈不上大彻大悟地领会了什么，但对他个人成长，尤其是在那段朝气蓬勃的岁月，绝对起到了引航和推动的作用。每每想起，陈星翰都会感谢两年前决定踏入军营的那个自己。人这一辈子，能多多少少做几件未来不会后悔的事情，就已足够充实。

当兵之前，对部队了解不多，只知道当兵苦，怎么苦，当时也没个概念。军训其实已经让陈星翰对部队有所了解，但在军训中对于军训学员，教官不会像对新兵那样苛刻。即便是那个程度，他便感到自己有些精疲力尽招架不住了。可是陈星翰也没想到，到了大一的末期，在看到征兵宣讲的时候，他还是产生了当兵的冲动。“心里有种说不出的感觉，总想着去尝试一下，去历练一次。当时家人也是非常鼓励我去当兵。”现在想来，当时也许只是脑子一热，也是这股热，帮助陈星翰书写了人生一段不一样的篇章。

那是一个懵懂的“新兵蛋子”

初入军营，最大的感受就是落差。新兵的三个月是煎熬的，身心俱疲，过惯了大学相对自由的生活，各方面的不适感如同山一般地压在陈星翰身上。来之前他认为也就苦点呗，高中在寄宿学校一样管得很严。但来了之后他才发现自己还是低估了部队的辛苦。在部队，每一个细节都有一种“鸡蛋里挑骨头”式的认真。第一次查卫生，阅兵式用的白手套，连每一个缝隙都不放过。思想上的颠覆带来的是从身体和心理上的不适应。尤其陈星翰作为大学生士兵，若做得好被认作是理所当然，稍有差错便会遭到首长的严厉批评。常年在北京生活的他，竟成为了那个冬天班里最先一个上火流鼻血的人，也成为了为数不多的发热病号。时间总会打磨一切的，渐渐地，也许是适应了，也许是看开了，陈星翰开始意识到这种种困难不正是自己想要的吗？不就是要来部队锻炼自制力的吗？那如果一切都顺风顺水又何谈锻炼？自己又怎会突破？那是他在思想上的第一次蜕变，也许是苦中作乐吧，之后面对每一次挫折他都会变得兴奋，而不是沮丧和恐惧。每次挑战都是一次锻炼自己的机会，正如“天将降大任于是人也，必先苦其心志”。

对于新兵来说，另一个印象深刻的东西肯定就是被子了。一床军被，陪伴陈星翰走过匆匆的两年军旅时光。甚至回到学校之后，他还时常叠叠“豆腐块”，忍着头撞到天花板上的疼痛，忍着上铺空间狭窄的不适感，陈星翰依然能够静静地盘坐在床上，修整军被。一条条线，一个个棱角，在当初认为不可企及的高度，居然最后能信手拈来。班长说，叠军被其实是为了磨性子，唯有有耐心有毅力的人才能叠出一个成形的被子。两年下来，陈星翰似乎也与被子形成了某种默契，哪里最容易不平整，叠出来线最容易往哪歪，只有了解了自己的被子，才能将它修整好。这，离不开新兵时趴在地上用胳膊擀被子的努力，离不开午休时静静地一个人重复修整被子的付出，陈星翰想来，果然通过努力付出收获的回报才最踏实，最难忘。

新训的时候，不知不觉养成了一些独特的习惯：如原本大学一年没写的日记又捡了起来，虽然都是些流水账，但能记录下当时的点滴，现在看了蛮有意思；每天早上出来晨跑都会观察月亮，今天是什么形状，位置在哪里，旁边有几颗星星，回来也经常会记录在每天的日记中；会去背日记本后边记的每个人的电话号码；会在本子上默写高中学过的古诗词……现在想来，都是当时丰富生活内容的方式吧，也是属于陈星翰的一种战地浪漫吧。

那是一个无畏的“逆火战士”

在部队、班级里除了班长和副班长，其他人通常被称作“战士”，代表没有特殊岗位的普通士兵。有一次和大学朋友聊天，陈星翰说自己只是一名普通战士，结果看到朋友眼中闪烁着的敬仰和崇拜的目光。他这才发现，在部队看似最基本的词汇，在大家眼里却是有着此等不同的深刻含义。

做了两年消防员，大大小小的灾害现场陈星翰遇到了有近600次，他到现在都忘不掉在事故现场的那种感觉。第一次出火警的时候，看着周围群众无助和期盼的眼神，突然感觉自己头顶上好像有了什么光环，就什么也不怕了，只想着往里冲。但是进去之后，伸手不见五指，在正午时分他甚至看不见近在咫尺的战友，心中被恐惧和不安笼罩。刚开始出警的时候几乎每次都在这样反转的情绪之中来回切换。现在想来，恐惧的心理人人都有，尽管是出警多年的消防员，在孤立无援、濒临死亡的时候也会恐慌，这是人之常情。但是尽管如此，消防员依旧要冲进那浓浓的黑烟之中，完成自己救人救灾的使命和责任。一切的一切，都是本职任务而已。任务完成之后，大家都没有感觉自己做了一件多么了不起的事。因为这就是陈星翰和战友的家常便饭，也是义不容辞的责任。就是这样一个个无畏无私的消防战士，成就了如今一个个“救人民于水火，解人民于倒悬”的逆火英雄，又或是另一个更广为熟知的称号——和平年代“最可爱的人”。

两年的出警经历，也为他带来了许多的第一次。第一次见死人——一位跳河淹死的群众，刚刚捞上来的时候跟活人没什么两样，就像是睡着了。他和战友用尽了办法，都没有帮助他再次睁开眼来看看这个世界。那也是他第一次感觉到生命的渺小，人这一辈子，总得怕点什么，这样才会谨慎行事，而非狂妄自大。第一次彻彻底底地绝望——在一场家具市场火灾的作战中，整整两千多平方米的市场全部淹没在火海之中，从水枪射出的水柱显得那么的细小无力，经历了整整一个上午的时间，火势才基本得到控制，而后来对细节的处理又是花费了他们近三个小时的时间。从那时起，陈星翰也意识到，没有什么困难是克服不了的，只要有坚持不懈的毅力，有并肩作战的兄弟，任何困难都将荡然无存。

一个终点 一个起点

离开了部队，为两年的军旅生涯画上了一个句号，但是陈星翰的人生也开启了一个新的篇章。虽然说是回归校园生活，但此时的心态与之前大不一样，懂得对自己负责，懂得对父母负责。不会再像大一时那样无拘无束地放松和玩耍，开始懂得为以后着想，懂得为家里分忧……在陈星翰的巨大成长与向往进步的强烈意愿面前，任何文字都可能显得非常无力。

军旅生涯的这段时光对他大学生活乃至毕业之后的生活都是影响巨大的，有些习惯，有些规矩，养成了就很难改掉。不得不说两年军旅时光改掉了陈星翰很多坏毛病，同时也增长了见识，对个人在社会上的定位更加明确，自身也更加成熟了一些。同时，在中队从事文书工作的陈星翰，在处理文案、演讲、摄影、合理安排工作时间等方面的能力也得到了提升，这应该算是意外之喜吧，当初也没想到当兵还会对这一方面有所涉猎和学习，也是在机缘巧合之下承担了这份工作。作为中队的特殊岗位，除了正常的体能技能训练之外，文书还要处理大量的软件材料、撰写文字材料、火场摄影等工作，对陈星翰来说一个挺大的挑战。他也谦虚说“我没有成为一个非常出色的文书”，但是在工作的过程中还是收获颇多的。最后就是在人际交往中更加礼貌和得体，一个人的谈吐体现一个人的基本素质，礼貌是与人相处最基本的一点。在部队礼节礼貌是每一个士兵的必修课，也是每一个士兵持之以恒要保持的一项重要基本素质，这对他现在与老师同学相处，乃至以后投入工作之后与上级和同事相处都有帮助。一个好的印象对今后的各项工作都会起到推动作用。

在部队学到很多，也见到很多，这些都是陈星翰人生中最宝贵的财富。军旅生活虽然尽管已成历史，但这注定成为他人生中为数不多的璀璨时光。今后的生活还是未知，只愿他现在所努力而为的事，同样不会让未来的他后悔。

特战是怎样炼成的

——记武警上海总队退役大学生士兵钟文靖

钟文靖，男，曾就读北京科技大学冶金与生态工程学院。曾服役于武警上海总队某中队，服役期间曾参加亚信峰会安保、第23届上海国际烟花节安保、“上海武警魔鬼周”等训练任务，获得优秀士兵称号。在校期间曾获2015年北京科技大学定向越野普及赛公开组男子组第一名、2015年北科演讲赛十佳演说家等荣誉，担任戎程研究会副秘书长。

座右铭 幸福的永远是昨天。

初入警营

2013年9月12日晚上，钟文靖坐了十个小时左右的火车，从北京到了上海，从学校到了军营，从学生变成士兵。刚进新兵连的大门，他感慨万千。想想十几个小时之前，他还身穿学生装在校园散步，现在就换上迷彩服，成了绿色军营的一员。不到一天的时间，就彻底改变了身份和环境。那时感觉命运有时候真的很奇妙。

新兵连初期的训练跟军训差不多。第一堂课都是站军姿。那时，他还没有适应上海炎热的气候，站了不到十分钟，他就有点晕，有点恶心反胃。他就死撑着，没撑两分钟就坚持不住了，跌跌撞撞地跑到边上花坛吐了。那时他头晕眼花，恶心难受，班长就扶他到班里休息去了。当时他脑子里就三个字：真丢人。因为当他离开队伍的时候，有人在背后说了一句：大学生，真脆弱。所以从那一刻，他开始意识到：很多时候，他代表的是大学生这个群体，很多人会通过他去看现在大学生的一些素质，他丢不起这人。他下定决心，别人能做到的，咬紧牙，他也一定要做到。但是“想到”和“得到”中间，还要有个“做到”，真正要“做到”还是很难的。

当时他们班有个战友，俯卧撑一口气五十多个，双杠撑臂十几个，引体向上十几个。而他那时俯卧撑二十个都困难，双杠一两个，引体向上一个上不去。到了军营第四天，增加训练量，俯卧撑二十个一组，一共五组。仰卧起坐二十个一组，一共五组，蹲起三十个一组，一共五组，中间还穿插着冲刺，跑得慢的还有额外训练。他俯卧撑一组都做不下来，只能在那撑着，仰卧起坐第二组就做不了了，蹲起，做完第三组，腿都发抖。至于冲刺，排到了倒数，而且冲了两次他又吐了。可这次吐完，还要跟着练。第二天起床，全身感觉哪都疼，也不能跟在学校一样翘课，该训练还要接着练。疼，只能忍着。

每天训练，前几十分钟都是站军姿。有时候也会觉得晕，慢慢坚持，坚持时间也就能越来越长。他就这样慢慢习惯了部队生活，慢慢进步。新兵连最后一个月，增加了体能训练，开始三公里跑。第一次跑，就让他们四十个人来一场个人竞技。在校期间除了体育考试的1000米之外，他从来没有跑过步。他只想着尽力就行，别落后太远。开跑没多久，他发现前面的人越来越少，到第四圈他排第三了，再一圈，就已排到了第二,一直到保持到了终点。那时候他终于建立起了自信。

下连伊始

新兵下连，他成为了百里挑一的战士，很荣幸分到了反劫机中队。刚下连的新兵一共80人，是从今年的上千新兵中选出来，组成的一个特殊的队伍：反劫机预备队。预备队的意思就是，不是正式的反劫机队员，还要挑选。到了预备队，第一件事就是参观荣誉室。所有人一进去都是被琳琅满目的奖杯所震惊，而最让他印象深刻的就是一张版面上面所记录的在2014年，反劫机中队参加魔鬼周的过程。只要在百度输入：上海武警魔鬼周，就会出来历年来的新闻。很多场景只能用惨烈来形容。附着几张很震撼的图片，他的第一感觉就是：残酷！魔鬼！第一想法就是：他也要参加。

在预备队的训练要辛苦很多，单单说跑步，早晨5000米，下午5000米，还有不定数量冲刺。每天跑步的训练量在12公里左右，而且还不像我们平时锻炼身体慢跑，而是拼了命地练。就这样训练一个月，考核一次。再练一个月，再考核一次。当然随着训练的时间越来越长，强度也越来越大。跑步从一开始轻装不负重，到负重2公斤、4公斤、6公斤，攀登也逐渐增加负重。每天训练，睡觉，再训练，再睡觉，一天天过得也很快。而且最幸运的是，在整个预备队四个月期间，他没有受过严重的伤，小腿、膝盖都保护得很好，这样考核的时候也没出现伤病影响成绩，很顺利成为第一批预备队毕业的队员。

反劫机中队

正式分到反劫机，他很兴奋。一个班里不再全是新兵。不过考核也不再是一个月一次，而是不定时。没等缓过兴奋劲，他就又被浇冷水了。同一批兵中，他能跑第一第二，可到了这里，前二十名都没他的位置，每天跑步，他经常就是班里最后几个到终点的。所以他就加大训练量，别人负重4公斤他就负重6公斤，攀登别人爬一次，他就爬两次。那段时间他连吃饭都拿不住筷子。虽然难熬，好在成绩有了很大提高。

就在他为成绩提高感到高兴的时候，又一盆冷水来了。2014年8月底，来了一项考核任务，时间在9月初，有一项考核项目是：携带作战器材奔袭20公里。作战器材是指处理飞机劫持事件中要用到的装备。除去枪支弹药，还有梯子和各种电子设备，而这次考核是要过夜的，所以还要带上单兵帐篷等东西。平均下来一个人40多斤。有了任务就要训练。虽然是8月底，但是上海的天气仍是很热，那天每个人背着装备，从下午两点半就开始跑，一直跑到五点半。当20公里跑完，装备一脱，他还没喘口气，就直接晕了，不省人事。旁边战友赶紧抬到树下，撩衣服，擦酒精，敷冰袋，能降温的全用上了。最后考核只要32人，从第三年以上士官中选择，义务兵不在考虑范围，他也就是跟着体验，训练了一次。

魔鬼周

期待了快一年，魔鬼周终于到了。整个魔鬼周五天四夜。第一天第一个项目是从凌晨五点到中午十点，要背着背囊跑30公里。大多数人因为跑了太久脚掌和大腿都磨烂了，而且这是个人淘汰，没有在规定时间到终点的就淘汰了。终点是一个湖，如果提前到终点，就开始下一个科目——烤肉。每个人发了一个生的鸡腿，自己烤做午饭，但是没有调味料。在十一点半之前都是烤肉休息，十一点半开始绕湖跑，一圈8公里，也要按时到达。而且午饭是没调味的烤肉，甚至有些没烤熟，半路恶心吐的、中暑的都有，甚至还有去医院抢救的。这8公里淘汰的人比起最开始的30公里还多。

魔鬼周中有射击科目、反劫持演习还有海边泥潭训练。海水退潮后漏出淤泥，站上面慢慢就沉下去了，还要完成扛圆木、子弹箱等一些力量训练。结束了泥潭综合体能后就是整个魔鬼周最后一个科目，5公里武装越野，这最后的时候，就算再累也不能放弃了。跑的路线是一个很大的弧形，从起点就能看见终点的勇士之门，虽说能看到，跑起来真不容易，跑一会看一看，跑一会看一看，感觉终点就在眼前，但是怎么也跑不到。最后前三十个到达终点的，被授予勇士勋章，成为魔鬼周勇士，这真的是至高无上的荣誉。整个团参加魔鬼周在200人左右，最后只有30个合格，想想这个对比和过程，魔鬼勇士真的很让人佩服。

在整个过程中，除了去和回来时坐车之外，在任务之间的路程都是用跑的。一个科目结束以后，稍作休息，奔袭十几公里、二十几公里到下一个地点。每次奔袭都会有收容车，不想跑可以上车，算作淘汰退出。魔鬼周每个人的背囊都贴着自己的标语，他的标语是“天堂在左，战士向右”“只有达到极限，才能挑战极限”。魔鬼周五天四夜全部在野外训练，住单兵帐篷，没有洗手间，没有淋浴，也没有炊事班，整个过程中，每个人只有四瓶水，四袋压缩饼干，四个咸鸭蛋，而且是分两次发的。经常能看到新兵提前吃完干粮没吃的，老兵班长再把自己不多的干粮拿出来分给大家，也常有上甘岭战役中那种一个苹果怎么也吃不完的故事。他深切地明白战友情深，不是一起扛过枪那么简单，是一起吃过苦，所以才深。

特警学院集训

第二年最重大的一项军事任务是要在特警学院考核集训。他们中队接近150人，只能去50人，还要队长和几位排长，留给战士们竞争的名额只有四十几个。跟第一年一样，他每天都跟自己说，只要喘口气，就要抓住这机会。部队都是崇尚荣誉第一的，这就是个证明自己的机会，一个为中队，为自己争荣誉的机会。中队也是严肃对待，以前他们五点半起床出操，他们跑完一个5公里，别的中队刚起床。那个时候就是为了考核，五点十分他们就起床训练。而且首长提出战争不只有在白天发生，晚上也要训练。那个阶段是很累的，但是过去了也就没什么感觉了，现在他想起来就感到很充实。

最后一次考核，他还是很紧张的，毕竟这是为之奋斗了大半年的目标。去考核的车上他就在想：这次要是射击或者攀登出现失误，就彻底没戏了。当走上靶场接过子弹的一瞬间，他就没了紧张感，跟平时训练一样，很流畅完成了射击科目，成绩也都还不错。当听到自己在名单里的时候，他很是欣慰，大半年的努力没有白费。

置身于一个与学校截然不同的地方，过着一种从未想象的生活。如果不是每天能感到颈椎不舒服，或者经常跑完步的腰痛提醒着他，他可能会把过去的两年当作梦中的场景和经历。当他仔细搜寻记忆，他会想起那急促的枪声、令人生畏的大绳、紧急的集合，还有每天痛苦得不能再痛苦的体能。当兵时，他经常抱怨，为什么放着好好的书不读，跑来这种地方吃苦。昨天这么痛苦，今天还是这么痛苦，而明天或许比这更痛苦。可是当他退伍的时候，他开始思考，这两年获得了什么，是攀登训练爬废的一根又一根大绳，还是每天十多公里的体能？是每个月消耗的上百发子弹？还是那让他跑了无数圈的跑道？都不是。回到学校才发现，并不是所有人都经历过跑步跑到晕，做单杠直到手抽筋，带着伤病考核，结束后到医院打点滴。在这些背后隐藏着的，让他们心甘情愿的，就算拼了命也认为值得的东西，叫作集体的荣誉，军人的荣耀，以及身边跟他一起努力的战友兄弟。

踏上征程　不改初心

——记陆军原65军退役大学生士兵靳光胤

靳光胤，男，高等工程师学院机械工程及自动化（卓越计划）专业2012级本科生。2012年12月参军入伍，2014年12月复员返校继续本科教育。现已保研至北京科技大学工程技术研究院攻读硕士学位。曾获个人三等功、优秀士兵、北京市国际马拉松全程、体育先进个人、北京市第五届大学生工程训练综合能力竞赛二等奖等荣誉。

座右铭 **讷于言而敏于行。**

很多人都听过“当兵后悔两年，不当兵后悔一辈子”。但在靳光胤看来，当了兵就没有后悔。回头看这些年的经历，能够在北京科技大学读书他感到很幸运，更没有想到自己能够成功地参军入伍。对于过去岁月里家人和朋友的支持，还有自己不卑不亢、努力进取的生活状态，他很感动。

最初的选择

2012年12月14日上午，北京的雪绵密地下着，凛冽的寒风吹凉了人心。靳光胤和家人、室友们坐在去往北京站的出租车上。他们要送靳光胤一程，在未来很长的一段时间里，他们都将看不到这张熟悉的面孔。面对父母还有室友们别样的神情，靳光胤有点不自在，但并没有预想的那样离别的伤感，只是觉得这是他应该去的地方，仿佛自己活了二十多年就是为了投入军营事业的，又仿佛大学生征兵活动就是为自己量身定做的，冥冥之中仿佛都有定数了。

像一首歌里写的“从白天到黑夜”那样，坐着火车从大雪纷飞到阴雨绵延再到艳阳高照，再回到阴雨绵延，最后又是大雪纷飞，一天之内竟可以感受到几次四季变化。靳光胤想，不知道自己在军旅的生活会不会也像这变幻的四季一样丰富多彩，他期待着、憧憬着。晚上七点，靳光胤和一同前往宣化的未来战友们下了绿皮火车。这里的大雪让他感到了寒冷，在这里风度是要不得的，衣服穿得确实太少了。这里就是宣化，靳光胤在这里将开启两年的军旅生涯，也开始人生一段难忘的旅途。

铁血军营铸就钢的灵魂

兵，不是说进了军营就是兵。只有经得住，也必须要经得住考验，才能成为一名合格的军人。新兵训练100天是走向合格军人的第一步。初入军营的靳光胤处处小心翼翼，担心做不好会挨骂受批评，而事实是不管他再怎么谨慎小心，还是有可能做错事，惩罚是不可避免的，毕竟从以前安逸的生活带来的习惯并不适合军营。那时候的靳光胤有时挺委屈，有种受欺负的感觉。到现在他才明白，并不是老兵想欺负新兵，而是新兵有很多坏毛病让老兵看不过去才以体力劳动来惩戒新兵。体力劳动就是一种锻炼，对心性和身体的磨炼，没有他们，靳光胤不可能这么快就适应军旅生活。

两年的时间靳光胤和战友们东奔西跑，经常要在野外露宿，这也是野战部队的特点之一。现在靳光胤退伍已经有三年多了，但是对部队里的很多事情仍然记忆犹新。他在冬天入伍，宣化的冬天有时候会达到零下二十多度。新兵训练期间，即便大家都穿着厚实的衣服，也依旧挡不住肆虐的狂风。有一次靳光胤和战友在刷碗的时候把鞋弄湿了，还没来得及换鞋就要集合了，只得穿着湿鞋参加训练，光站军姿就得两个小时，鞋子和脚趾早就冻结在一起，脚早已失去知觉了，还一动不动地维持好军人的仪态。谁也没有向班长陈述这件事，在军营待的那些天，他们早已不是当初的那个自己了。对于他们而言，这两个小时他们得到了锻炼，军人就应该不断地磨炼自己，在困境中成长。只有这样才能在复杂的战场环境中发挥战斗力。最后两个人傻乎乎地给对方打洗脚水，甚至还高兴地比谁脚上结的冰形状比较好看。

严格的训练贯穿了靳光胤整个军旅生活，部队里也时时充斥着紧张的氛围，不管你上一秒在做什么，下一秒都可能紧急集合，并且只要接到命令必须马上服从。不管大家在干什么，哪怕是吃饭穿衣服，也丝毫不敢放松警惕。而且班长大人也不会在训练的时候照顾任何人，所有人都必须经受住部队的考验和磨砺。战术训练是另一件令靳光胤刻骨铭心的事，零下十来度，以规定的动作趴在地上爬行，感觉自己都与冰冷的泥土粘在了一起，爬过的地方都结着冰，硌人的石子就在裸露的皮肤上磨过来磨过去，即便已经磨破了也要继续爬行，伤势加重。每个人都几度想要放弃，但神奇的是，这么想着想着所有人都顺利地完成了任务。寒冷的冬天更加锻炼了他们极强的忍耐能力，只有更加火热的锻炼热情才能战胜寒冬。100天的艰苦训练让他们迈出了军旅生活的第一步，同时也让战友们更加地团结，更加地了解军营其实并不枯燥乏味，其中充斥着外面想象不到的开心快乐。

良好的身体素质是军人的基本素质。在进行思想、技能教育的同时，部队很注重身体素质的训练。在新兵训练100天里，组织了大大小小的各种竞赛，靳光胤他们班为了给连队加分，先是被逼着每天加班训练体能，时常还抱怨几句，而后变成了不由自主地给自己加练，生怕自己拖累整个连队。三个一百已不能满足靳光胤的要求，把三个一百做好几遍，力求成功率百分百成为他每天睡前的基础训练。每次训练汗都滴湿了地板，浸透了衣裳，可他竟然觉得心里甜甜的，那些日子至今想起都很怀念。四枚奖牌，两个金牌、一银一铜，综合分数第一。靳光胤获得了团比赛第一名的同时立下了个人三等功。他开心极了，单个人给连队加了10分，当时连队总分不到20分，能为连队争光是他一直以来的心愿，苍天不负有心人。

新兵连的日子着实是最令人难忘的。有过孤独，有过绝望，有过厌烦，但最终都被熟悉的气味所代替，那就是军营成了靳光胤的家。以后的日子发生了很多事情，这些都为军营生活增添了色彩，也成了回忆的点滴。他至今仍记得在渤海边驻扎期间，当时他们住在帐篷里面，那晚狂风暴雨、电闪雷鸣。在凌晨两三点的时候，狂风瞬间掀翻了帐篷的两边，他们迅速起床，拽着、拉着，努力不让自己倒下……坚持了将近一个小时风才变小，这时才发现靳光胤的眉心处已经鲜血直流，这是被帐篷杆打到的，所幸没有打伤眼睛。虽然在狂风骤雨面前他们是弱小的，但是他们并没有胆怯，也从未想过要放弃，而是和战友们共同勇敢面对狂风和闪电，他们都感受到了内心的成长，那股坚韧劲儿是他们当兵前所没有的。那个时候靳光胤心中的战斗欲望很强，始终坚信自己能够保护好营地，现在想想，也不知道哪来的自信。

靳光胤常常想：在和平年代，作为一名军人如何彰显爱国精神？他给出的答案是认真对待每一次训练，不被恶劣的环境打倒，细微处见真情，太大太空的话语反而会让这种情感变得虚幻。

班长的教诲

靳光胤所在排的卫生区有一间小黑屋，就在宿舍旁边，是放置打扫工具用的，只有一平方米这么大，关上门后伸手不见五指。新兵下连前的比武竞赛整个班就只有靳光胤报名参加，当时对于什么都不懂的他来说，还不知道挑战意味着机遇。是班长推荐他报的名，靳光胤对班长为他做的一切非常感动，虽然很多时候班长对他很严格，但靳光胤知道班长都是为他好。下连前的比武，靳光胤综合拿到了第一名，综合评价后通过审核，被批准获得个人三等功。此后，靳光胤的内心有些膨胀，锻炼也不再似以前用功，平常做事也飘飘然，偶尔也会冒泡被值班人点名。

靳光胤立功后的变化，班长看在眼里，很多次他想说教靳光胤，但都忍住了，似乎不忍心责怪他最得意的下属。而那段时间靳光胤一直走在突破纪律的边缘，似乎找到了班长爆发的边缘点，班长一忍再忍，这样的游击战持续了一个月之久。

靳光胤还正为自己的小聪明洋洋得意时，班长把他叫到了宿舍旁边的小黑屋里面。沉默持续了两分钟，黑暗中看不见对方脸上的表情。两分钟后班长开始说话，说了很多，以至于他什么也没记住。班长的文化水平不是很高，但他很努力地学习部队所有的知识，各种考核都很优秀，还被评为优秀士官。班长很给他面子，没有在班里直接批评他，班长说的话虽然很平常，但靳光胤感受到了班长的批评、鼓励和期望。

之后，靳光胤和班长虽然偶有磕磕绊绊，但是他始终作为班长的左膀右臂，完成所有任务，和班长相处很融洽。严师出高徒这句话一点没有错，正是大家都严格要求自己，他们班的综合成绩始终排在前列，即便是吃了很多苦，始终冲在前面，但是却收获很多。

牢记使命

2014年12月1日靳光胤返回学校。没有选择转到其他专业，他依旧在高等工程师学院学习机械工程。或许是性格使然，并没有像其他返校的战友那样选择担任一些职务，他选择做一名普普通通的学生，一名大学生士兵。

时间观念是靳光胤在部队学到的一样很重要的东西。不习惯让别人等待，但同时也养成了不习惯等人的习惯。在部队大家都是按点按时，不过在经历很多次别人开会迟到后他才接受了这一事实。有任务倾力完成是靳光胤在部队里养成的习惯，部队交代的任务是不能拖延，只准提前，而且完成的效果要好。虽然回到学校后没有人给他下达任务，但有时因为一些重要的事情，他会给自己定下目标，这样会让自己完成得更有效率。

靳光胤回校后继续保持锻炼的习惯。体能是部队每日都要进行的活动，回学校后他也坚持每天锻炼一小时，每周总有三四天要锻炼。身体强健能为做其他事情打下良好基础，也能在危急关头保护他人和自己。

作为一名大学生士兵，身兼两个身份。虽然退出现役，但是靳光胤依旧积极努力地用他在部队中学到的精神去感染周围的人。相信在未来的人生道路中，他会一直不忘初心地走下去。

2

千秋家国梦

家国情怀

扎根心灵

家是最小的国

国是千万的家

民族伟大复兴中国梦

在拼搏中燃烧

在奋斗中澎湃

蜕 变

——记原总装备部某基地退役大学生士兵王丽娜

王丽娜，女，共青团员。曾服役于中国人民解放军原总装备部某基地，服役期间曾担任班长、新兵营班长、高中军训教官等职务，曾获两次“优秀士兵及嘉奖”、“优秀话务员”、基地英语演讲竞赛三等奖、话务技能竞赛二等奖、新兵营“优秀新兵班长”等荣誉。在校期间曾担任过班长，获得研究生二等奖学金、连续两年人民二等奖学金、三好研究生、优秀学生干部、优秀团员、三好学生等荣誉。

座右铭 **踏实、低调、始终如一。**

高中紧绷的学习状态像是一个不断被吹大的气球，到了大学“嘭”地一下就泄气了，所以刚到大学时的王丽娜十分迷茫，上课的时候浑浑噩噩，没有明确目标，有些荒废时间。大一时，王丽娜就了解大学可以参军入伍，但是因为对情况的不了解和自己的犹豫而没有报名。第二年的时候认识了一些退伍大学生，王丽娜在与他们交流后，便毅然决定报名。在当兵前，她性格虽然活泼，但并不擅长与人交流，而十余年的学习也让她与社会严重脱轨，充满了学生气。现在想来，她十分感谢那时的选择，让她的人生发生了巨大的变化。

叠被子的奥秘

2011年为了响应国家强军计划的号召，王丽娜赴河南省洛阳市总装备部某基地参军两年。刚到部队的时候她十分木讷，内务和训练表现都不佳，尤其是叠被子。班长检查内务常常把她的被子扔到地上，或者直接扔到厕所，她成了挨批评的常客。在新兵营想崭露头角往往需要内务做得好，她开始每天比别人早起半个小时，同年兵躺在被子上懒床时，王丽娜便开始十分用力地推被子，每天五点钟起来叠被子，把被子摊开在地上，用小板凳沿着一个方向推，边推边用力。通过近一个月的努力，她的叠被子技术越来越好，成了标兵。被子是诚实的，推被子用多少力气，棉花就会变得有多紧，叠出来的效果就完全不同。因为被子叠出了良好的效果，王丽娜被班长推荐到排长屋，这也是她在部队两年里所有机会和荣誉的起点。排长对王丽娜有着较好的印象，下了连队每次发言露脸的机会都会想到她。叠被子这件事也让她体会到了踏实的可贵，给了她一条宝贵经验：要把本职工作做到极致。在班长的带领下，王丽娜踏实努力，凭着一股韧劲，在新兵时期被第一批授予工作代号，评为“优秀话务员”，并在话务竞赛中获得第二名。

重返新兵营

因第一年表现出色，王丽娜经过领导选拔，代表单位赴训练基地，作为新兵营班长训练下一批新兵。在此之前她没有任何管理经验，当时她的压力非常大，那段时间也锻炼了她较强的抗压能力。王丽娜的外表似乎并不符合班长的特质，她的身高不足一米七，和很多同年兵相比算是较矮的，并且她的性格非常温和。和她搭班的都是士官，她这个上等兵资历最浅。当时的王丽娜特别害怕辜负单位对她的信任和重托，单位选拔她就是希望能带出一批作风严谨的好兵。

在新兵营培训期间，王丽娜经常睡得很晚，在睡前梳理白天面对的问题和应该采取的措施，反复思考如何带兵。身高改变不了，她就努力增强自己的气场，因此每次白天训练喊口号的时候，她都声嘶力竭地喊，嗓子很快就哑了，但是她仍然坚持。她在日常工作训练中采取“以身作则”和“不苟言笑”来加强威信。针对资历浅的不足，王丽娜经常向老兵请教借鉴他们带兵的经验，向他们问一些方法和技巧。王丽娜在每天晚上也会回想她的新兵期间，她的班长是怎么培训她们的，在这个过程中有什么经验和教训，总结注意事项，然后对照自身。最终，第二年单位所有的班长都是出自她所带的班，事实证明她做的带兵工作是成功的。如果说第一年密集而紧张的业务训练中王丽娜学到做事要做到极致，那么在第二年带兵的过程中她更领悟到沟通的必要性和管理的一些方法。

回连队后，领导选派她参加基地英语演讲，成为基地该比赛第一个获得奖项的士兵。9月，她完成了当地高中带领新生军训的任务，连续两年均获得“优秀士兵及嘉奖”荣誉称号。两年的部队生活培养了她令行禁止的执行能力、踏实严谨的工作作风、较强的抗压能力和坚韧不拔的意志。这些特殊而又深刻的经历，使她在部队这个大熔炉中得到了全新的塑造。

新的开始

退伍后王丽娜积极地规划大学生活剩余的两年半时光，初步把目标设定为丰富大学的“简历”：在每个暑假做一次时间较长的实习，每个学期多参加讲座和校外活动。她主要完成了三份实习，第一份是在世界五百强公司的第七名香港安盛公司进行金融实习，主要是使用模型和数据分析方法，对上市公司进行估值、策划基金组合、撰写研究报告等工作。第二份是在北京小桔科技有限公司（滴滴出行）实习，主要做运营管理，负责运营数据的整理和分析，管理运力结算单证，并跟进扣车返款的付款进度，协助上级完成相关工作。第三份是贝壳青年社工新生成长适应小组工作负责人，主要负责材料学院某班级的新生成长适应活动的策划、宣传、组织、反馈等工作。在学业方面，她获得人民三等奖学金，而根据学校对退伍大学生的优惠政策：奖学金会上提一个档位，她便连续两年获得人民二等奖学金。同时在担任班级班长、生活委员等职务期间获得优秀学生干部、三好学生等荣誉。2014年10月她获得赴台湾东海大学交流学习的机会，在台湾度过了充实的大三下学期，并进行了12天的台湾环岛骑行。对大学时光的积极把握得益于她当兵时对性格的不断磨炼，她已不再像以前那样“娇滴滴的玻璃心”，做事“磨磨蹭蹭”。

从台湾回来后，王丽娜于2015年9月中旬刚结束在滴滴公司的暑期实习，正在考虑人生方向问题时，恰好在9月末，国家出台了大学生士兵退伍专项计划，这对于考研大学生来说无异于单独划线，优惠力度十分大。于是她在十月开始着手复习考研，并且是由社会工作跨专业考会计专硕。她每天去图书馆复习，有的时候碰到几个战友结伴在自习室复习，彼此聊聊考研心得，共同进步，那种部队的战友情又延伸到了学校。2016年2月国家公布了初试分数，再加之专项计划的保障，王丽娜成功被本校经管学院会计专硕专业录取。在关键的人生抉择时，又是当兵使她受益，获得比一般大学生更多的政策优惠，影响了她的人生方向。

研究生的两年紧张而充实，由于在部队养成了专攻本职的思维认知，王丽娜在专业方面对自己要求很高，为了弥补专业上的不足，王丽娜每天学习八个小时左右，最终期末专业加权成绩第一。这期间她在海淀区地税局第四所实习，负责为纳税人办理各种涉税事务，包括税务变更申报、跨区预缴、源泉扣缴等工作。同时，她一次性通过四门注册会计师科目及三门注册税务师科目，通过了北京市公务员专项岗位的笔试，可以说大学生参军政策在学业和就业上都给她提供了极大的助力。

一切都是最好的安排

——记武警原187师退役大学生士兵白加发

白加发，男，共青团员，能源与环境工程学院学生。2014年9月入伍，服役于原中国人民武装警察原187师。参加过上海海关监管缉私执勤、湖北抗洪抢险、卫士-16演习、防卫作战演习、维稳处突演习等任务。担任连尖子兵集训队队长、副班长、戎程研究会宣传部副部长。获得优秀士兵一次、个人嘉奖一次、全师队列会操第一名、营嘉奖一次。

座右铭 **所有好与不好的经历，都将是最美好的回忆，一切都是最好的安排。**

白加发有很多梦想，当兵是其中一个。当兵后悔两年，不当兵后悔一辈子，所以当学校征兵宣传开始，他毅然决然地选择了当兵。军营是他一生中最难忘的旅程，一辈子的骄傲。再给白加发一次机会，他说他还是选择参军。

寻寻觅觅，兜兜转转，终来到军营

那一年，白加发记得很清楚，他不顾家里反对，固执地报考了解放军理工大学。接到体检通知，他连夜去了贵阳，走在凌晨一点的林城，微风惬意，心中甚喜，多年从军的梦想，马上就实现了，一切仿佛都是那么的美好。可是，体检结果给了他当头一棒，视力检查没有达标。就这样和军校擦肩而过，和军营越走越远，白加发孤身一人，来到北京科技大学。

进入大学之后，白加发心中一直有莫大的遗憾，难以释怀。两年过去了，不仅没有磨灭那颗悸动的心，悠闲的大学生活反倒是更点燃了“好男儿就是要当兵”的热血。一天，辅导员告诉白加发，大学还可以去当兵，而且条件放宽了许多，当时他整个人都僵住了，暗下决心，要去参军。

武警原187师是白加发要去服役的地方。2014年9月5日，同学们都还没有回到学校，白加发一个人离开五斋，走出校门，踏上火车，前往距离北京1000多公里外的山西。北京绚烂的霓虹越走越远，山西太原随着黎明，慢慢地出现在了视野里。太原下着小雨，滴滴答答，白加发用手摸一下，凉凉的，很舒服。白加发就这样开始了他的军营生活。

初心易得，始终难守

回首两年的军旅，最难忘的还是在新兵连的日子。第一个月基本都是训练队列。那个九月，白加发每天六点起床，叠被子。六点十分出早操，团里的跑道一圈是1公里，五圈恰好5公里，新兵连只跑三圈。路旁有很多梧桐，有时有战友跑不动了，白加发就去帮助他。白加发从小就很能跑，他最开心的就是可以拉着跑不快的战友往前冲。回学校后，每当跑步，他的脑子里总是浮现出梧桐树下喊“一、二、三、四”的日子。新兵二连五班的班长很严厉，刚开始，白加发总感觉班长一直在针对他。记得一次背理论，说好了背完就可以睡午觉，白加发第一个背完了，班长却不让他睡觉，“一个整体，有苦一起吃”。白加发一直没能理解这句话，直到新兵五班解散。

团东操场，记录着白加发的点点滴滴。到了军营，白加发才意识到自己的身体不那么协调，耸肩、八字脚、臂腿不一致、左肩高右肩低，训练时这些问题都显现出来了。每天背着一个十字架，绑在肩上，太原又多是烈日就是不喜欢下雨，一天下来出的汗都可以装满整整一盆了。所幸还有一个邯郸的战友与他不离不弃，两个人相互鼓励，互为精神支撑。晚上，背包绳绑了一天，浑身酸痛，白加发本以为可以美美地睡上一觉，殊不知还有体能项目。八个人围成一圈，做蹲起最有意思；而三分钟端腹，最是煎熬的；俯卧撑最轻松。不过还好，新兵连不用站岗，夜晚都是自己的时间。

付出都是值得的，付出总是有回报的，白加发所在的五班参加全师队列会操，拿了第一名。至今他还记得，在靶场，副团长为他整理着装，心中的泪水不争气地落下来。凯旋而来，趾高气扬，青春洋溢，俨然一副高高在上的姿态。在部队只拿本领说话，跑步快就夸，单双杠厉害就常常作示范，打枪准偶尔偷偷懒也是可以的。在新兵连，孤独的时候、委屈的时候、想要放弃的时候、想要逃避的时候、坚持不住的时候，白加发总是告诉自己，再坚持一下。初心易得，始终难守。那些日子苦，但是乐也不少，他和战友经常去踢球，他经常当守门员；偶尔一起打篮球，仿佛又回到了校园，唯一不同的是树下没有了乘凉的女生，换成了战友。

下连后，白加发被分到了三班，这时候他才知道，新兵连真的很幸福。因为叠被子，他被批评很多次，每次午饭回来，总是在地上捡起被子，午觉不睡了，他默默地叠被子。白加发比较喜欢去靶场，一身武装，步伐整齐，穿过闹市，高歌嘹亮，唱的是《打靶归来》。他至今还记得，西沙沟扔手榴弹，出手后想抬头看看那爆炸的场面，连长直接把他按在地上，吃了一脸的土，却咯咯地笑。

副班长对白加发特别的好，鼓励他去参加5公里越野比武。后来5公里他也跑到了十八分半，两年来，白加发几乎每次都是全连第一个回来，400米障碍，也是同年兵里第一。老兵的时候，连尖子兵集训队也是他去带。白加发特别感谢副班长，至今还记得他说过的话："那些一起受苦的日子，那段让我们流浪让我们成长的岁月，也终会是难忘的回忆。"

无悔青春，报效祖国

四月初，离开山西太原，包下一列火车去上海，执行海关监管任务。这是白加发第一次到上海。他被借调到六连，在吴淞港区、张华浜码头，东临黄浦江，夜晚还能听到江水的咆哮。每天早上出早操，经常是一趟5公里，然后吃完早餐，坐车去监管区。白加发和战友负责在卡口监管或是与海关人员一起查验货物。执勤的时候，团领导严于平时、严于营区，特别是十月份回到连队。运气好的话，团主任会带他们一起跑步，绕着松江出口加工区一圈，那速度也不快，跑回来了，偶尔还可以打篮球，滑旱冰。

回到松江以后，白加发开始准备考军校。连长安排他们上夜勤，在二号卡口一号入口，他和一个叫吴瑞的战友吃喝住行都在一起，整整到第二年四月，甚至除夕之夜，也是他俩执勤。一年后回到太原，正是夏季大练兵，武装5公里、400米障碍、掩体、防爆弹、手榴弹实投，一个月两到三次步枪实弹射击。那个时候，白加发基本都是头碰着东西就能睡着，就连拉动的时候，在车上都会抽空睡一会儿。七月份去湖北抗洪，他和战友们坐着运兵车，连续三十多个小时才到了湖北洪湖。湖北很热，每天上车前身上是干的，下车全身湿透了，下车干会儿活，又热到出汗。很多战士浑身都是痱子。即使是这样，每个人干活浑身都是劲，总是超额完成任务。白加发记得有一次暴雨，他们出去抗洪，浑身都湿透了，营长坚决不让他们打扰百姓，但是热情的百姓直接把他们拉进家里，给他们倒热水，特别地感动，走的时候，人们夹道欢送。白加发突然觉得自己做的事情特别神圣，骄傲之情油然而生！

不忘军人本色，矢志前行

回到山西营区，睡着自己舒适的床没几天，又去演习了。两年的时间短暂而又漫长，七百多天平淡的日子，数不清的慷慨热血，青春燃烧。白加发想离开的时候，不能离开；不想离开的时候，就要必须离开了。回首往事，没有虚度，他学到了太多的东西，成熟了很多。两年来，白加发参加了执勤处突、防卫作战演习、执行上海海关监管缉私任务、去湖北抗洪……如果再给他一次机会，他还会毅然决然地选择参军！

2016年9月，白加发回到了校园。岁月如歌，匆匆离去，不带一丝波澜。仿佛一切只是在昨天，曾经那个不懂事的少年，不知道哪里去了，自己在那一瞬间就忽然长大了。

大学的生活变得很充实，白加发再也不逃课了，上课认真听讲；不打游戏，去图书馆的次数多了。每天晚上坚持跑步，保持着一颗积极的心态，让自己的大学生活充满色彩。当兵的人，退伍不褪色，不管到哪里，都要让自己变得优秀起来。聚是一团火，散是满天星。

守万家灯火　护祖国平安

——记武警原120师退役大学生士兵李天

李天，男，共青团员，曾服役于武警原120师，在部队获得训练尖子、营嘉奖、优秀学员等荣誉，在学校获得SRTP校级二等奖、智能车节能组二等奖。在部队担任副班长，在学校担任台球社社长。参加过卫士-16军事演习、两项集训、2017武警工化力量集训。

座右铭　**生命很短，你不必活在别人的梦里。**

投身军旅的萌芽

一身橄榄绿，严肃的表情，挺拔的身躯，在关键时刻义无反顾挺身而出，保卫人民安居乐业和生命财产安全，这就是小时候的李天对军人这个特殊而又神圣的职业的全部印象。也许从那时起，成为一名军人，就成了他内心深处的一个梦想。时光荏苒，李天从一个调皮捣蛋的小子长成了一个十八岁的大小伙子，但是他想要投身军旅的梦想从未改变。于是，在大一学年结束，李天毅然决然地响应国家号召，履行服兵役的义务。当然，他也慢慢了解到，军队也有不同的兵种，每种士兵都担负着不同的职责，经过了解资料和一番思想斗争后，李天最终决定成为一名光荣的防化侦察兵！

防化侦查的奉献

最终让李天选择成为一名防化兵的，是2015年夏天的塘沽事件，网上流行的那张“最美逆行”的图片带给李天的感动，让他立志成为一名防化侦察兵。

其实防化兵种人数很少，全军不过1%，在各个部队更是寥寥无几。然而，正是这1%的人担负了军营特殊的战争和非战任务。防化兵是一个战斗保障兵种，由防化、喷火、发烟等部（分）队组成。防化兵以核生化防护装备为基本装备，担负核生化防护保障、烟幕保障及烟火支援等任务，是战时核生化防护及平时处置核生化突发事件的骨干力量。

而在李天日常训练中最难忘的训练内容是穿戴防毒面具和防毒衣，在烈日下进行毒剂侦检。穿戴好防毒面具以后只能依靠防毒面具进行呼吸，在六七月份，防毒衣内的温度高达三十几度，呼吸受限，并且要不穿鞋进行奔跑并使用侦毒器对各项不同的未知毒剂进行侦检，在这种环境下作业时既要忍受高温的环境，又要保持冷静头脑对未知的毒剂进行最快速的侦查检测，准确判断出到底是哪一种毒剂，并在得出结果后快速奔跑回后方部队进行报告，对后续部队给出合理有效的防护指导，保护有生力量。在这两个月的专项训练中李天的身形也因疲劳而快速消瘦。除此之外，还有依托喷洒洗消车对道路、武器装备进行专业的消毒消除，保证了受核或毒剂污染的装备的再生使用。与侦查的高温不同的是，洗消要求较高的判断和计算能力，判断受染对象所需要多少消毒液，调制合适浓度的消毒液，并按照规定步骤，对武器装备进行洗消，这个过程中衣服几乎一直是湿的。还有喷火手的训练，在喷火手的训练中只有一把喷火枪，但是喷火枪是单兵后坐力最大的武器装备，在喷火过程中其后坐力高达几十公斤，只有保持身体的固定才能较好地抵御后坐力，避免造成身体损伤。

在训练中还有很多令李天难忘的经历，如武警两项集训演习和卫士–16演习等，战场上的准确无误来自于日常高标准高要求的实战化训练，只有以练为战，才能打得赢。在实战化演习中，为了贴近实战化演习标准，在未进入演习区域李天与战友们就已经全身防护完毕，他们顶着三十多度的体表温度，负重20公斤，携带战斗器材徒步前进至演习地点，而二者之间的距离就有将近2000米。到达演习地域后，面对的情况首先是化学危险品泄漏造成的气体污染，其次是仍有未知位置数量的毒剂处于敏感状态，而且毒区路况复杂，喷洒车难以进入，只能进行人工作业。经上级研究决定，战士们采取编组作业，轮换轮休的方式进行消除。李天和另外两名洗消员为第一组进入毒区，主要进行侦察路况，检测毒剂种类的作用。在对有毒气体进行侦检时，他使用侦毒器对气体实行侦检，确定气体中含有大量某类有毒气体，并且采取三角阵形与另外两名组员进行勘测，在距离起始位置大约300米的地方发现第一处泄漏点，但是由于空气呼吸器气体供应报警，只能选择撤退，在到达安全区之后，小组迅速进行汇总报告，向上级陈述侦检结果，对下一小组进行情况传递。等下一小组确认之后，任务才算结束，那一刻紧绷的神经总算得到了放松。虽然李天没有再次进入毒区，但是在第二组侦检后毒区情况已经摸清，在实时洗消并进行整体评估检测、确定毒剂计量达标、向演习导调员报告之后，整体任务行动评估优秀，并由于行动中动作准确，判断方向合理受到了上级领导的好评，他个人也因此被评为训练尖子。

经过这次演习，李天充分认识到在现代战场中不仅情况较传统战场更为复杂，在处理类似的民事化学危险品事故中，他们的专业技能也是行之有效的，只有不断地掌握最新技术，并相互比较提高作业速度水平，才能在未知的行动中做到准快稳的行动要求，真正成为一名合格的防化兵，保卫人民生命财产安全，为祖国在未来可能出现的化学战场中贡献自己的一份力量。

复员返校的感悟

在新兵连训练快结束的时候，部队统一给李天这一批新兵举行了授衔仪式，那一刻，他热泪盈眶，因为经历了艰苦卓绝的训练项目，他成为了一名真正的军人，有领章臂章，实现了从社会青年到普通一兵，从普通一兵到合格战斗员的两个转变。两年的军旅生活如白驹过隙，转眼李天已经脱下戎装回到学校近半年，但是他褪下肩章臂章的那刻仍然历历在目：党和军队的谆谆教诲、领导班长的无私栽培、战友之间的相互友爱……一幕幕如同电影画面从他脑海中闪过，无悔军旅生涯，忠于党和人民，坚守岗位，牢记职责。

李天在返校时无不动情地说道："军人也是一种特殊的职业，由于其特殊性，我们要远离亲人，与自己的孤独为伴，在孤独的时刻和平凡的生活之中百炼成钢，我们要珍惜每一天的生活，保持积极的心态，无论是军旅生活还是大学生活，这段时间都是我们最美丽短暂的青春，我们要抓紧时间，不断努力，超越一个又一个自我，在不断地自我超越中找到自己热爱的事业和想要实现的梦想，实现自己的人生价值，把正能量带给身边的每个人！就像习主席提出的有灵魂、有本事、有血性、有品德的四有革命军人一样，我们也要做新时代的四有大学生，为实现第一个百年奋斗目标不断努力。加油！"

部队的生活锤炼了李天的意志，让他明白了什么是使命和责任，什么是国什么是家，什么是国家形象和领土完整神圣不可侵犯，什么是人民生命财产安全高于一切。而更重要的是他在平凡的生活中，坚持一种高标准，在冗长的生活和繁多的课程中保持本心，认真对待每一件事情，保持旺盛的求知欲和高度的执行力，认真生活，认真学习掌握专业课的内容，努力克服两年军旅生活带来的学习上的困难。李天每天都仍然像在部队中一样，保持良好规律的生活习惯，友善对待老师同学，虚心请教学习上不懂的问题，经过不懈地努力，在各科的期末考试之中他也取得了令自己满意的成绩。他也会继续坚持下去，珍惜大学里同样宝贵的时间，努力充实自己，实现自己的目标。

认认真真做人，踏踏实实做事

——记武警原187师退役大学生士兵李帅

李帅，男，共青团员，服役于中国人民武装警察部队原187师，担任组织委员、连队通讯员、戎程研究会秘书长。参加上海海关监管执勤、2016年湖北洪湖抗洪抢险、卫士-16系列演习、防卫作战演习等任务。曾获优秀共青团员、优秀士兵两次、连嘉奖两次、优秀执纪监督员等荣誉。

座右铭 **认认真真做人、踏踏实实做事。**

2014年李帅无意间看到中央电视台的新闻，关于征兵工作的内容，学校也有征兵的宣传，从小就喜欢军人的他，毫不犹豫地选择了参军。体检后，他被分到了武警原187师。坐上去部队的军列，一路同行的同学有说有笑，都为自己能够成为一名军人感到骄傲，大家脸上洋溢着对未来的憧憬。当要到太原站时，列车上放起了《军中绿花》，大家开始沉默不语，李帅把眼光转向窗外，看着路边的白杨树，他陷入沉思，既有两年不能回家对家人的思恋，也有对部队生活的向往……

当兵就不能说自己不行

怀着对部队的无比向往，李帅进了军营。新兵班长接过他的拉杆箱，一边介绍部队的光荣历史，一边介绍部队的营区情况。第一次进军营，看到道路两旁垃圾桶摆放得非常整齐，而且垃圾桶外侧特别干净；看到其他的同志走路都是齐步走，两臂来回摆动，昂扬挺拔，特别精神。李帅眼前一亮，他知道，他来对地方了。“新兵连的生活真难忘，严肃活泼团结又紧张”，新兵生活，每天要军事训练，要背各种理论，每一分每一秒都是有安排的。在训练快一个月的时候，李帅有一次因为过分紧张，做错了动作，班长狠狠批评了他一顿。李帅觉得十分委屈，不禁想起了以前的生活：在家可以睡懒觉，想怎样就怎样；在大学校园里可以加入各种社团，和同学们一起做自己喜欢的事情，自由自在，想起了家人，想起了同学，瞬间他的眼泪充满了眼眶，脑子里满是对父母的思念和对校园学习生活的向往。班长看出了李帅的心思，给他讲了自己的故事。班长的一条小腿在训练时受过伤，但是这丝毫不影响班长做任何事情都是积极上进、勇争第一，班长语重心长地说：“一个男人既然选择了做军人，就不能说自己不行，任何困难都要想办法解决。”李帅在那天晚上辗转反侧，他暗下决心，既然选择了从军，就要克服一切困难，以一名军人的标准严格要求自己。从此，在中午战友们睡午觉的时候，他去连队的图书阅览室看军事理论，练习早上的各种动作；在跑3公里的时候，他一直跟着比他快的人跑，每一次都给自己定一个小目标，一定要超越别人，一次次地努力，在最后3公里考核时，他是全连第一个回到终点的；在战术训练的时候，虽然非常疼，但是他知道大家都是这么过来的，为了赢取时间，他不顾疼痛往前爬，到了终点才发现满手都是血，自己都不知道什么时候刮伤的。付出与收获成正比，在最后战术考核的时候，他的战术得到了新兵营教导员的点名表扬，并在大家同年兵中作了示范。

军号吹响看我的

2016年的夏天，安徽告急、湖北告急，李帅所在部队收到上级命令赶往湖北省洪湖市进行救灾工作。他所在的部队第一时间紧急结合，装载好物资，部队从山西太原星夜兼程直达洪湖市。根据上级指示，各个营被分开，他所在的部队去了一个小镇。在短暂地卸载物资后，部队就集合，带上救生衣等物品，组织登车。湖北夏天的温度特别高，一直被晒着的车内更是如此，跟蒸笼一样，在前往大堤的路上，很多战士在车里出现了反应，有的战士甚至脱水，大家靠喝藿香正气液缓解。李帅全身被汗水浸泡，像洗了个澡。这是第一天，之后的一个月天天如此。到达目标地域后，战士们立即投入到抗洪中。受上游的暴雨影响，洪湖市湖、河水位上涨，多地水位全线超警戒，加上大风的影响，土筑起的堤坝很容易被打软出现溃堤。记得有一天晚上，营里提前点名，讲到今晚预测有大风，可能会晚上紧急出动，所以请大家做好准备。那一夜李帅彻夜未眠，因为他知道这段大堤是战士们的责任，更是人民的生命大堤，无论怎样也不能出现溃堤，如果溃堤，就是用身体去堵也要堵上，正如口号那样“人在堤在，誓与大堤共存亡”。经过一个月的努力，他们的任务完成。为了不扰民，他们在凌晨三点离开洪湖市，本以为老百姓都不知道，但是当车队从驻地出发后，发现当地非常多的百姓自发站到了街头欢送他们，战士们开始眼泪打转。抗洪的这一个月，李帅感觉自己一下子成长了至少五岁。在这个过程中，他深刻体会到了什么叫军民鱼水情深，什么是泥巴裹满裤腿，什么叫责任重于泰山。再泥泞的道路也阻挡不了战士抗洪的脚步，再大的风浪也阻止不了抗洪的决心。

当好国门卫士，做好卫士传人

李帅所在的部队曾奉命到上海海关监管执勤。他和每个战友每天会接触上百万的货物单子，有些货车司机有违规操作想通过关口，战士们都严格按照规范执行，做到了拒腐防变，坚守底线。坚守在海关监管执勤的岗位上整整一年，战士们做到了两人成行，三人成列，从来不走没有规定的路线。尽管身处花花世界，但是战士们坚守着一名军人的原则，是卫士团的传人，走在哪里都要发扬好卫士团人的精神。海关执勤让李帅懂得，军人的价值不是追求荣华富贵，而是恪尽职守、报效国家、服务人民。

“你问我什么是战士的生活，我送你一枚小弹壳，它曾经历过风雨的洗礼，也吹响过一支短歌，战士的生活就是这样，有苦有乐有声有色。”《小弹壳》是对军旅生活最好的诠释。

2016年9月，李帅服役期满，回到了久违的校园，一切是那么熟悉，看到了他久违的同学、老师，给他们的感觉是，小伙子变得有精气神了。以前不认为他自己有多喜欢这所学校，当再次回来却发现是那么热爱，在这里有知识渊博的老师，有特长各异的同学，也有各种特色的社团，真是一个美丽的地方。

刚回到学校，李帅换了专业，转到了自己小时候就喜欢的土木工程。毕竟两年没有接触书本知识，刚刚回到课堂，怕自己跟不上现在的同学，就每堂课提前到教室，上课时认真听讲，跟着同学一起学，每天坚持自己的作息时间，很快他就跟上了同学的步伐。

接触的人多了以后，李帅开始动员同学们去参军。他以前的一个舍友，和他的关系非常好，曾经劝李帅别去参军，因为当兵太苦，可能坚持不下来。李帅坚持了自己的选择去参军，两年后，李帅回到学校，给那位舍友描述军旅生活，军营中的战友兄弟、抗洪经历、海关执勤、演习等经历，告诉他好男儿应该要到军营去锻炼自己，大学生应该到军营去发挥自己的光和热。在李帅的说服下，那位舍友也入伍了。尽管不能说服所有的大学生参军，但李帅尽力去说服身边有意向的大学生参军报国。

回到学校，李帅就加入了戎程研究会，这是学校的退伍兵社团。在这期间他先后参加了戎程五周年活动、调研看兵活动和组织学校47名新兵训练活动。在工作一年后，他有幸成为了戎程研究会秘书长，协助学校人民武装部老师征兵工作，和协会战友一起服务退役大学生士兵。在他的提议和老师的指导下，协会设立了“戎程日”活动，让退役学生在每个月最后一个星期日做公益，让每一个在校的退伍学生发挥好作用，将他们在部队所学所用服务于社会，发扬退伍兵退伍不褪色的优良作风，展现学校退役大学生士兵的风采。其中“香山公益行动”被中组部共产党员网报道，得到社会各界人士高度赞扬。

有人说：“当兵后悔两年，不当兵后悔一辈子。”李帅想说，没有经历过风雨的青春是不完美的青春，没有经历过磨砺的人生是不完整的人生。当兵两年他不后悔，当兵的经历是他一辈子的财富。

青春正当下

——记武警原山东边防总队退役大学生士兵李蒙蒙

李蒙蒙，男，中共党员，曾服役部队于武警原山东边防总队。2010年入学就读于经济管理学院经济学专业，2011年12月参军入伍，2013年11月退伍复学就读于国际贸易专业，后研究生就读于中央财经大学经济管理学院。在部队期间曾获优秀士兵，任职副班长。在校期间曾获国家励志奖学金、孙富奖学金、人民三等奖学金、优秀共青团干部、校三好学生，曾担任戎程研究会常务副秘书长、经济管理学院经济1501小班主任。

座右铭 **慎终如始，则无败事。**

在北科的校园时光是他最美好的大学生活回忆，这里他遇到了太多优秀的老师、可爱的同学们，他们一起为各自的梦想奋斗，这是一件让人无比兴奋的事情。大学给了他们许多选择的可能，去任何一片自己喜欢的领域里探索生活的美妙与精彩。当回想起那段时光时，他总是无比地怀念，因为他真切地付出过，所以也会格外地有归属感，还有一年他的研究生生涯也即将结束，而此刻他还是想说："青春正当下，这是属于我们的时代！"

入伍——青春最佳的选择

那年是2010年，他刚入学。那时很少会有人将大学与部队联想到一起，得益于北科在征兵方面细致全面的工作，让他有了参军入伍的想法并真正地进入了军营。

后来，当他退伍后一个人散步在这熟悉的校园时，每每听到国防生训练喊"一二三四"时，他都会想起那段阔别已久却记忆犹新的时光。部队是与学校不同的另一个世界，在部队能学到许多不同的东西。当兵遇上一个好班长可以说是军旅生涯最大的幸运。班长是兵头将尾、军中之母，一个好班长会教会你如何把兵当得明明白白。作为学生的他在问题面前习惯的是说出来，而军人在问题面前最擅长的却是做下去，因为军人都明白只有脚踏实地地做才能将事情解决，而教会你如何去做的恰恰是班长。班长是新兵军旅生活的引路人，犹如幼儿园的启蒙老师一样，他的一言一行事实上塑造了一个兵行为的灵性。

他犹记得新兵连时训练场上整齐的呼号声，伴着“一二一”的步调他和战友们不知不觉间走过了两年；他记得战术训练场上大家端着枪在雪地中摸爬滚打的难忘场景；他记得打靶归来时他们迎着西沉的落日一路高唱着《打靶归来》那愉悦的时刻；他也记得战友们一起在黑夜中巡逻，站岗执勤的记忆；他更记得退伍时大家面对分别时的依依不舍，眼角闪动的泪花融化在寒风中。太多太多难忘的回忆，这些经历只在军营！生命中有了当兵的经历，一辈子都不会后悔，这是一个军人永恒的信念。

不当兵他或许永远体会不到来自天南海北的人聚在一起，彼此之间没有利益之争，而只以兄弟相称的战友情谊；不当兵他或许永远体会不到面临困难时相互间的协作竟会达到传说中的默契；不当兵他或许永远体会不到军人的铮铮铁骨里蕴含的那份细腻的柔情；不当兵他或许永远体会不到彼此间完全陌生的人会因穿着同样的衣服，相遇时彼此间敬的一个军礼而有那样多共同的话题，仿若分别多年的知己。

学习——学生时代的主题

大三学年涉及的课程主要是专业课，这是增长专业知识最好的时机，因此大三学年他努力打好坚实的专业基础，为将来进一步学习更深厚的专业知识打好铺垫。大三学年他的加权成绩93.76，排名专业第三，相比起退伍回来的第一年有了很大提升，成绩也在大学里呈现出不断上升的态势。

当然学生时代的学习不仅仅局限于本专业的知识，现代的大学教育已经成为了通识教育，走进任何一个课堂都可以坐下来听一听，不同方面的知识塑造的是人的不同的思维方式，因此他对于这类知识的学习从未间断。退伍复学后的第一年里他强迫自己养成了阅读的习惯，现在已经保持得很好，不管有多少事情都要抽出时间来看书，并将他读书的感悟放在简书网上，算是对他生活和感悟的一个记录。他喜爱读书，大三这一年里自己读了将近四十本不同方面的书，平均下来每周算是读一本书，读书被称为最廉价的旅行，这句话他深深地认同。

学习的过程中经常会听到的一句话就是“授人以鱼不如授人以渔”，学习能力的获取比知识本身更重要，在这样一个知识剧增的时代里，掌握学习的方法尤为重要。为了检验自身对于知识的学习掌握能力，他选择了报名参加全国大学生英语竞赛，由于自身的英语基础并不是特别深厚，加上在部队的两年里基本上没有接触，英语一时间成为了被他遗忘的一项技能，他花了大概一个月的时间来准备这个英语的竞赛，买来了竞赛历年的真题，同时为了有所提高他甚至做起了英语专业的四级题，那个时候的他奋力去完成厚厚的竞赛真题册和专业四级的真题，一切的付出都是值得的，五月份成绩出来的时候他获得了全国大学生英语竞赛的二等奖，这个自己从未敢去想的成果。获取知识的能力当然比这个结果重要得多，而这个结果却成了检验学习能力的工具。

工作——锤炼德育的良机

一位大学老师曾经对他说过，现在的学校教育一直以来解决的都是智的方面的问题，然而人的发展光有智的因素是不够的，还需要德育的培养。曾国藩曾经说过“小胜靠智，大胜靠德”，德育的培养不能从书本上获得，就必须从实践中来。

大三学年里，他担任戎程研究会的副秘书长，期间组织策划了2014年入伍大学生欢送大会、退伍学生欢迎大会、参与策划了2015年戎程研究会毕业生欢送会、参与2014年和2015年北京科技大学新生军训工作，并在军训期间结识了许多优秀的老师和同学，自身的实践能力不断地提升。在欢送2015年毕业生的活动中，他们研究会请来了自2001年高校征兵工作开展以来入伍的学长学姐们，组织了一次北科退伍军人的大联欢，他和同事们提前一个多月准备这个事情，戎程研究会的高效率团队为这次活动的圆满举办提供了坚实的保障，也是这次活动让他再次认识到团队合作分工的重要性。在连续参与了两次的军训工作之后，他觉得军训工作对一个人成长的促进作用是非常大的，两次军训从事不一样的工作，所以学到的、感受到的东西是不一样的，但是两次军训都是与一群优秀的同事一块参与工作，从他们每个人的身上都能学到不少东西。军训的工作中不但有组织能力特别强的人，也有各学院的学霸来参与工作，而他在15年的军训工作中则带领了管训组的学生队伍，对于学生工作有了一定的了解，也理解了当初入学时导员的工作。

大三这一年他在校心理素质教育中心做了一年的助管，主要负责接待来做咨询的同学，协调他们和咨询师的时间，这个平台需要有一个与许多陌生人沟通的过程，他觉得这个平台给他提供了一个与陌生人沟通联系的机会，现实社会的生活已不可能离开人与人的沟通，锻炼这种能力对于人际关系的处理，对于自身的成长是非常有益的。

大三临近暑假的时候，他看到了招聘东凌经济管理学院15级新生小班主任的通知，当时他就果断地报名参加，因为他喜欢与这些新入大学的学生在一起，那感觉就像是自己又重走了一遍大学路，现在与他们在一起最深切的感受是新生们带给自己的东西，远比他给予他们的要多。刚入大学的他们都有着拼搏的朝气，那么热心于大学生活里的点点滴滴，对大学里的一切都充满好奇心，那么努力奋斗，他真的被新生们感染到了，这个过程自己也成长了许多。

在实践的过程中因为需要考虑方方面面的东西，需要应对可能存在的各种突发的状况，这个过程中对人的忍耐力、意志力、协调能力、心理素质都是不小的考验，总之在实践的过程中对自身的成长，他是非常认可的。

生活——培养兴趣的必需

生活中不是每时每刻都会觉得充实，肯定会有一些时间是一个人在成长，当必须去面对那些不得不一个人走的路的时候，自己的生活就必须要有兴趣的陪伴。

学习和工作不是生活的全部，在学校很大的好处就是有许多的空余时间，可能也是离开学校后难以获得的闲暇时间了，所以这段时间他选择了培养个人的兴趣，除了读书外，还可以是健身，或者写文章等。这一年他在宿舍里养过花，体会过生命一点点长出来的惊奇；尝试过学习一种乐器，虽然后来没能成功学会，但因此结识了一些另一个圈子里的人；试过跟着宿舍的朝鲜族同学学习一门新的语言，也有一些语言上的收获。

写在最后

大学生活是非常丰富多彩的，除了学习、工作、培养兴趣之外还有许多值得探索的东西，因为大学里的青年正年轻，青春正当下，还有许多可能去塑造自己，只要相信这将会是属于他们的时代。

那段时光，我们一起走过

——记原总后勤部某基地退役大学生士兵肖敏

肖敏，女，预备党员，曾服役于中国人民解放军原总后勤部某基地，曾获优秀士兵称号，曾任戎程研究会文艺部部长，参加过总后武汉片区比武。

座右铭 **永远年轻，永远热泪盈眶。**

当兵后悔两年，不当兵后悔一辈子，肖敏以前听多了这句话，只是当笑话听，并没有深刻体会过。直到自己当了兵，才发现这句话形容得特别贴切，当兵的时候，会很辛苦，难熬的时候也会后悔为什么自己要来找虐，受这份罪。但是想想如果自己没去当兵，也许永远不会知道军营是什么样子，人生中将会少了一段灿烂的旅程，心里会充满遗憾。退伍了，连班长跟肖敏说过："享福是中年以后的事，两年只是人生列车上的中途站、经停站，我们很年轻，就要追随内心，去体验一种不同于常人的生活，人生不要一直风平浪静。那些苦和累都是对你的一次次考验，最后化成我们前进的动力。"

温暖，让我们把冬天过成春天

军营生活或许并没有别人想象中的那样浪漫，有时会感到枯燥乏味。刚从大学进入新兵营，肖敏特别不适应，一下子由松散自由要变得高度紧张，又远离亲人和同学，格外地思乡。但是在这里肖敏体会到了一种特殊的情感——战友情。她们和你同进退、共吃苦，是一个不可分割的整体。

直到今天，肖敏对第一次"挨骂受罚"的情景依旧记忆犹新，就像是昨天刚发生过的事情一样。那时班里一名战友生病了，成了病号没有去训练，病得比较严重都不能起床，因此也没跟着大部队去开饭。而其他人都训练得又累又饿，饥肠辘辘，一到食堂就像饿狼扑食，回到宿舍才发现那个生病的战友没有去吃饭，有些愧疚但又不知道该如何弥补。班长知道了这件事后，所有人都被罚做俯卧撑一中午，因为大家只顾自己，没有为战友考虑。肖敏自己也深刻反思了，好像在学校里学习的时候很多时候都只顾自己，其实是自私的表现，很少会为别人着想，更别谈主动关心帮助别人了。

肖敏清楚地记得班长那晚和她们聊了很久，说在部队不仅是教给你军事技能，更多时候教会你怎么做人。就算以后回到学校也一样，你对身边的朋友一个小小的细节，可能会让对方感受到温暖和爱，感受到尊重。班长说着说着动了情，泪水盈满了眼眶，她还说："其实大家都知道，部队生活是多么地苦，多么地艰辛，如果没有战友们彼此的爱和关心，这些日子真的不知道怎么挺过去，虽然部队的生活让大家的身体每天都要承受超强负荷，如果没有心灵的慰藉，可能在部队的经历就会显得很单调。就是战友情，这股人情味儿，把我们所有人凝聚在一起。"那番话对肖敏触动很大，很多心里的感受都被班长说出来了。在以后的日子里，肖敏更懂得了怎样做一个温暖的人，即使在寒风凛冽的冬天，只要一点爱的关心，也可以温暖如春。

苦乐交织地成长

肖敏的手腕一直留有一个疤痕，这是她在新兵连战术考核时留下的，但她从不会努力掩盖它，反而很愿意时刻看见它，也让别人看见它，它见证了肖敏的热火青春，见证了她是怎样勇敢而坚韧地为祖国的事业奋斗着。肖敏为了能够突破自己，拼命地加快匍匐前进的速度，由于地上不是很平整，手早已擦烂了，但她一心想要争取速度，一直没注意到手腕的变化。在连队带回的时候，肖敏后面的战友才看到她拿着的步枪在往下滴血，往上一看，才发现肖敏的手腕流了很多血，顺着枪都滴到了地上，而肖敏竟一点感觉都没有。到现在她都很佩服那时的自己，要是在当兵前，娇小姐早就哭天喊地了。巾帼不让须眉！女兵一样可以做得很出色！

下连之后，肖敏被分到了某仓库，仓库位于一个比较偏僻的村庄。在这里训练量相对减少，每天的工作也很单一，根本没有电视里看到的那种热血沸腾。肖敏做的大部分是体力劳动，她干过保管员、开叉车、装卸物资、打扫卫生、砍树拔草、种菜帮厨，这些她觉得女孩子"干不来"的事儿，竟也被她处理得井井有条。从那以后，肖敏学会了放低自己的姿态，多吃点苦，吃苦是福。即使到现在，肖敏也没觉得有什么是女孩子做不得的、女孩子就该怎么怎么样。这种不怕吃苦的精神是能陪伴她一生的宝贵品质。

部队用它特殊的方式使她们成熟，每一次惨痛的经历都会有刻骨铭心的教训，每一次欢笑的背后都有努力的付出。

作为一名战士，无论面临什么困难，都得担当，无论过得多么艰辛，都得忍耐。正如肖敏的新兵连班长曾经说过的一句话：如果你觉得这种生活让你很痛苦，你要记住一点，至少你学会了如何承受。在肖敏以后的学习生活中，总避免不了遇到各种困难，在部队的经历让她有了一颗勇敢的坚强的心，兵来将挡水来土掩，永远积极努力地面对所有困难。以后步入社会，抗压能力也是十分重要的，经常听到别人说进入社会才知道校园生活是多么单纯美好，经过了部队的磨炼，肖敏相信自己能够以更加饱满的姿态胜任未来的工作。

从一名新兵转换为老兵，肖敏自然要当起管理者，出现问题的时候最需要的就是认识和处理的能力，这样才能带领大家顺利渡过难关。肖敏当兵两年来，从事过多个岗位：保管员、录票员、叉车手。其中没有一个是能脱离群体独立完成的，每名战友各司其职，又共同协作，组成完整工作体系，只有这样，才能圆满地完成上级交办的各项工作任务。

另一件令肖敏记忆犹新的事，是在第一年当新兵时，曾经因为进食堂没有为身后的人掀门帘、抹桌子没有朝着自己的方向、倒茶水的时候没有放到右手边等这些统称为没有“眼色”的表现，受到班长的提醒，班长告诉她，“眼色”就是对上级的尊敬、对同级的尊重，回到学校后，就是对身边朋友的帮助和体贴。现在的肖敏在和同学相处时，心态多了几分平和，多了几分包容，能和大家互相帮助，这相比两年前的她，成长了不少。回到学校之后，以前的同学都说肖敏的变化很大，跟变了个人似的，以前的她内敛、害羞，夸张点都可以说有“社交恐惧症”，人多的时候讲话都是紧张的，跟陌生人也不敢说话。而现在的肖敏更加外向活泼，更懂得怎么与人打交道。

在部队的每一段经历，都能让人深刻体会到很多做人的道理和精神内涵，学到很多有用的东西，不再是那么懵懂无知，不仅让人成长，也收获了满满的战友情。

如今，两年军旅时光已成为过去，拿起书本，肖敏看着熟悉的校园和青春洋溢的同学们，倍感亲切。回望来路，她能清晰地看到整个心路历程。两年军旅生涯，使肖敏有更加清醒的头脑来规划自己的大学生活，有更加坚强的意志来专注于自己的学业，有更加沉稳的心态来处理生活中遇到的困难和挑战。经历了部队的磨炼，她早已不是当初稚嫩的少年，相信在接下来的时光里，肖敏也会利用在部队里学到的点点滴滴面对生活的每一件事，让自己的生活更加有趣和快乐。无论走到哪里，都保持一颗进取的心，保持一名军人的作风；无论面对什么样的艰难险阻，都不会忘记自己曾经是个兵。

苦难后才有辉煌

——记武警河南总队退役大学生士兵张飞跃

张飞跃，男，共青团员。曾服役于武警河南总队，担任文书职务，服役期间荣获优秀义务兵称号一次。

座右铭 **只要思想不滑坡，办法总比困难多。**

军营是一所大学校，在这里张飞跃经历了痛苦与磨砺，付出了辛苦与汗水，实现了成长与进步。

苦难成才

参军入伍，一开始张飞跃对军营的认识有些许不足，对要面对的苦难和挫折缺乏足够的思想准备。新兵连第二个月的时候，他不小心把脚踝扭伤了，导致行动非常不便，每天起床时都能感觉到钻心的疼。而在训练场上，脚伤使得各种训练很不理想，一天天下来，他的内心深处累积了很多失落与难过。终于有一天，正在训练时，他受不了了，大喊起“我要回家”。排长闻声把他叫了过去，问过情况后，告诉他中途退伍的后果及继续坚持下去的意义和收获，让他坚信任何事情终会有峰回路转。回到宿舍后，班长也把他叫过去聊天，跟他说的两句话，他一直牢记在心：“苦的时候，想一想父母；累的时候，想一想前途。过程是艰辛的，前途终究是光明的。”现在回头想起，他深感庆幸，在军营之中，遇到了好前辈，让他在最迷茫的时候看到了光明，找到了前进的道路。

一起同过窗，一起扛过枪，这种感情是一生都难以忘怀的。如今部队要求新一代革命军人要争做四有军人，要有灵魂、有本事、有血性、有品德，思想政治工作处处抓，写思想汇报，写心得体会。经常有战友抓耳挠腮找张飞跃来询问如何下笔，他很乐意跟战友们讲解要领。每次思想政治教育，一旦看到旁边的战友打瞌睡了，他赶紧提醒：用胳膊顶、用手掐、用脚踩，帮助战友保持清醒状态。为了中队的荣誉，为了战友的思想教育能跟上，他下手绝对不能“客气”！他也经常听到爱打瞌睡的战友说：使劲点儿掐，用力掐！可能他们未曾经历枪林弹雨的战斗，但这阵阵的肉痛与咬牙坚持，也算是一场又一场艰苦卓绝的战斗了。

荣誉从何而来?

对于单位领导安排他当文书，回想起来，张飞跃总是心存感激。文书的经历让他学到了很多，有了极大的收获。只不过在上任之初，张飞跃的文书工作确实有些被赶鸭子上架的意味。那一天，上一任文书对他说：“好好学，我马上就调走了。”当时张飞跃没放心上，以为是战友间的玩笑，但在一星期后，上一任文书真的走了。领导把他叫了过去：“好好干，从今天起你就是文书了！”就这样，他开始了文书生涯。

当时张飞跃作为第一年兵，初来乍到，很多工作不好开展，想找个人帮忙都难。而且刚接手工作的他业务也不太熟练，那时每天都要加班到凌晨，有时甚至加班到夜里两三点。休息？对他来说只有干不完的活。但是前辈也告诫他，苦和累及干出的成绩，是摆在所有人的眼前的。为了干好本职工作，他开始学习处理与战友之间的关系。班长和战友也主动配合他的工作，在他受打击的时候陪他聊天，安慰他，让他更加坚强地继续投入到工作中。后来，他慢慢地适应了文书的工作，越来越得心应手，领导的夸赞也越来越多，与战友们的关系也越来越好。在中队全体官兵的努力下，他所在的中队也被评为“先进中队”。而在优秀官兵评选中，有着坚实的群众基础，得到连队全体官兵的认可的他，以绝对领先的最高票数，被评为“优秀义务兵”。知道结果的那一刻，他感慨道：“荣誉，终究都是建立在踏实地工作上的。”

全新的自己，全新的生活

入伍的第二年，张飞跃原本想留在部队提干。后来，武装部郭南老师到中队看望他，跟他讲了最新的政策，国家有退役大学生士兵硕士研究生专项计划，专门面向退役大学生，是一个很好的机会。听了老师的详细讲解，张飞跃决定考研，虽然知道退伍后离考试只剩两个多月的时间了，但是经过了部队洗礼，他已经不再害怕挑战。

九月份退伍回到学校后，张飞跃专心复习备考，他的学习劲头比入伍前还要好，每天到自习室去学习，按时作息。日子虽然枯燥，因为心中有梦，也是乐在其中，津津有味。

学习之余，他也偶尔和老同学们聚会。在讨论政治、经济、科技等话题时，同学们发现他的言谈举止和以前差别很大，纷纷感叹道：“你现在真是又红又专啊！”确实，经过部队两年时间的磨砺，张飞跃的精气神得到了全面提升，而思想和认识上的进步则更加明显。不再像以前那样急躁冲动，而是能够冷静分析、理智判断，努力看破表象去挖掘深层次的真相，能够正确评价历史人物，设身处地立足实际思考问题。人生的经历就是一部教科书，善学善用就可以引导自我不断迈上新的台阶，去追求更高的人生价值。

为了体验不同的生活，张飞跃找了一份快递兼职，从每天早上九点工作到晚上九点，午饭靠外卖，边吃边干活。工作的地方有一个棚子，下雨了地面就会出现一片泥水，下雪的时候更是冻得人受不了，一旦起风，雨雪都会被吹进棚子。每天连续奋战十二小时，抽个空坐下来歇息一下对他来说就已经是莫大的满足。一个多月如此的连续工作，在以前根本是他无法想象的。经历过更苦更累的，便觉得没什么接受不了的，这便是一个大的进步。

由于在部队养成的标准意识和强烈的责任意识，张飞跃工作的时候脑子里从未产生消极怠工的想法，而是尽力去把工作办好。一次下雪，棚子上积了厚厚的雪，雪停后的几天非常忙碌，白天根本顾不上去清理。天气转晴后积雪融化，导致棚子下都是积水。在晚上下班后，他就主动留下来，用自制的工具，踩着桌子一点一点把4米高棚子上面的积雪扫下来，足足花了将近一个小时才把积雪基本清理完。尽管累得满头大汗，但心底涌起的阵阵成就感，就是最大的酬劳。

部队是一个神奇的地方，能够让大家心悦诚服地进行着艰苦的训练。一开始张飞跃不明白，后来他开始意识到部队无处不在的思想工作的重要性。一切活动开始前要动员；活动中从未间断地鼓劲、表扬；活动结束一定会有的总结。一节课、一场比赛、一次包饺子，思想工作都贯穿始终。思想一旦发动起来，人就拥有了无穷的动力和澎湃的激情，就能够连续奋战，将工作高标准完成。

两年军旅峥嵘岁月 挥洒汗泪诠释青春

——记武警原187师退役大学生士兵张征东

张征东，男，于2015年7月毕业，就读于机械工程学院热能与动力专业，同年9月参军入伍，服役于中国人民武装警察部队原187师，在部队里曾获得过优秀士兵，担任过连队的新闻员、广播员和板报员。

座右铭 **勤有功，戏无益，戒之哉，宜勉励。**

兵之初 懂得规矩

部队对于没当过兵的人来说都是神秘的，当兵苦、当兵累，只是嘴上说说，没有亲身体会过就不知道。对于当兵来说，只有自己亲身去部队体验、去吃那份苦、受那份罪，才知道一个兵的感觉。张征东在当兵前想好了部队如何如何，但身在其中才发现想象和现实完全不一样。

刚到部队的时候，张征东有点儿兴奋，也有点儿担心，到部队已经是夜晚十二点了，接兵的干部说晚上有夜宵可以吃，这句话让大家兴奋了起来，想象着有什么样的火锅、什么样的好菜。当真正看到夜宵时，所有人都傻眼了，只是普通的面条，略显粗糙，还很难吃，对于当时的张征东来说有点难以下咽。吃罢夜宵，大家被带到营房准备就寝，看到了和和气气的班长们，还有稍显严肃的排长。

“呜……呜”随着一声熄灯号响起，张征东上床睡觉了，懵懵懂懂的他没有把拖鞋摆好，排长进来查铺的时候看见了，大声地斥责班长，班长便以最快速度过来摆好拖鞋，这情景让张征东有点儿懵。那一晚夜深人静，他却难以入睡，不免有点想家。他知道，今天只是万里长城的第一步，陡坡还在后面。

新兵的生活只有内务和队列两项，高标准的内务卫生是为了锻炼士兵的日常品行，也是为了标准划一。队列是当兵的基础内容，也是一切的根本，好看的动作、整齐的步伐，是连队作风的体现。刚到部队就得练队列，通过队列的训练过程也收拢人的心，锻炼新兵的作风。

张征东发现在部队很少有属于自己的时间，写日记的习惯也很难坚持。大部分的时间都用来训练，一个内容没练好就一直练，有时中午的时间也拿来训练，顶着烈日不断跑来跑去，每个人的精神意志不断被消磨。有时休息时间也会用来训练，特别在队列会操之前，为的是得第一名，看第一就争，见红旗就扛，这是部队的规则。

部队里常常唱道：练练练，练为战，练成了精兵才是好汉。训练基本上是每天的主要内容。张征东最怕的是训练，特别是体能训练。新兵连从3公里到5公里，短跑从100米到400米再到1000米，每次都是在挑战他的极限，班长也会通过体能锻炼的方式历练新兵，一到下午，不断地冲圈，做高负荷的无氧运动，那时候的他觉得在哪都能变成体能的训练场，哪怕在厕所里也能蛙跳。晚上熄灯后也会加班，从50个俯卧撑，到100个俯卧撑，再到最后的“做到窗子上起雾”。当兵前张征东是180斤的大胖子，到部队不到两个月就瘦到135斤。临近冬天了，手上十指因为天气干燥全出现了裂口，能看见肉，一碰就痛，钻入心底，在这种情况下还要练枪械结合组装，稍微不小心就得十指流血，还得照常干活。山西的冬天特别冷，凛冽的强风吹在脸上就像尖刀割在脸上，大家练狙枪，练战术，趴在地上冷得让人心痛，手脚麻木，握东西握不稳，冷得没知觉了。

那时是张征东最想家的时候。妈妈给他寄了家乡的特产，还有一封爸爸写的信，他好想回家，家离他是那么遥远。家乡的食品吃在嘴里让他充满幸福感，也很满足。父母寄来的包裹里不仅有食物，还有过冬用的护肤霜，儿行千里母担忧。晚上张征东在被子里哭得稀里哗啦，以前不懂事，现在才知道自己的生活是那么幸福，父母是那么疼爱自己。有时他看着窗外，心里万般感慨，思绪就如树叶随风飞舞、飘忽不定，深秋时节让人多愁善感，再配上这样“凄惨”的生活，心里更恋家了。

有时候张征东觉得自己陷入了疲惫期，没有刚来部队那种干劲了，每到这时他总会拿三字经里“勤有功，戏无益，戒之哉，宜勉励。”这句话来勉励自己，告诉自己不要懈怠，要坚持。

兵之中　丰富经历充实军旅岁月

2016年的6月，南方多地大规模的强降雨连续不断，很多地区遭受了洪灾。张征东所在的师收到上级命令后立马千里奔驰赶赴湖北抗洪救灾。人民的生命财产安全是第一位的，作为汽车兵的他连续十几小时驾驶汽车没有间断，困了就吃辣椒、吃洋葱、喝风油精，更有甚者，掐自己大腿、扇自己巴掌，为的是保障部队安全抵达受灾地区。从白天到黑夜，再从黑夜到白天，这样的驾驶经历此生难忘。

在驶过河南几座山脉后，天气明显有了变化，热了起来，闷得让人难受，到达湖北后，天气热得每个人都适应不了。战士们都觉得头昏脑涨，空气就如火一般，烧得人毛毛躁躁。张征东和战士们在当地的一个小学入住，打扫学校，布置驻地，同样地整理内务。到了晚上，蚊子漫天飞舞，仿佛“三月不知肉味的饥汉”，见人就咬毫不留情。洗澡条件也困难，每天流的汗就像在泡澡，在那一个月，衣服基本没干过。

让张征东遗憾的是，他没有去抢险一线，而是留在驻地准备迎接上级的检查。在一线的战士安全转移受灾群众，加固湖泊堤坝，切切实实给当地的百姓吃了定心丸。

2016年8月，张征东参加了“卫士-16”的联合演习。连队不仅负责部队的机动保障任务，同时也担负着红蓝对抗中蓝军的角色。不要小瞧敌军，在这场联合演习中可发挥着重要的作用，因为得设身处地去想真正的敌军会怎么做、会采取什么样的手段，只有想在前，才能预防在前，才能真正发挥武警部队维护社会稳定的职责。

为了锻炼实战能力，加强部队行军素质，张征东所在的师于冬季展开了为期七天六夜的野营拉练。白天行军，晚上在当地小学或乡政府住宿，这七天六夜共行军280多公里，其中有普通的公路，有陡峭的山路，甚至还有寸步难行的雪地。

山西的冬天十分寒冷，零下二十度加强风，这样的环境让人难以忍受。但军人不一样，别人办不到的事，军人能办；别人不敢做的事，军人能做。每天天没亮便出发，天黑了也没停下行走的脚步。每个人身背沉重的背囊、带挎包水壶，再扛着一把95-1步枪，一步一步不断坚持。饿了就吃口袋里的压缩饼干，累了就和战友说说话转移注意力。有时走到天黑每个人都疲惫不堪，盼望着目的地就在前方，甚至连说话的力气也没有了，只能听见细细碎碎的脚步声，还有寒风呼啸而过的恶奔之声。沉重的背囊压得张征东喘不过气，双肩疼痛不已，当时的他真希望自己有双铁肩膀。

在拉练的最后几天，天气越来越恶劣，下起了大雪，山上的雪越积越厚，稍微一不注意就滑倒了，而且越往后走路越陡，不小心的话有可能坠身山崖！拉练结束回到营区后，张征东第一次有种回家的感觉，还是营区好。

通过这次拉练，他真真实实地体会到长征精神，长征不容易，革命前辈们值得赞扬，值得每个人学习。

兵之末　走好军旅最后一步

在快退伍的那段时间，张征东并没有放松对自己的要求，相反，在那个时候他认为退伍之后真真切切能带走最实在的东西就是自己强健的身体，所以他每晚都会主动地去俱乐部锻炼身体，进行体能训练。

作为连队的板报员，他精心地做好每一次板报工作，他相信，现在部队的战友们一想起他就会想起他的板报。

坐在班里的床头，再修一次他心爱的被子，看着窗外，和来时已是两种风景。两年的军旅生活就是一瞬，正如那首歌所唱：当兵的来时夜夜梦家乡，当兵的走时魂也绕营房。当张征东最后一次踏上熟悉的军车时，他哭得像个孩子，这里是他吃苦成长、与战友共同奋斗的地方，是他永远也忘不掉的地方。

退伍之后

部队让张征东懂得什么是苦，也教会他甜的珍贵。当他从部队出来的那一刻，已褪去一身娇贵之气，变得踏实、自信。由于军队改革，他所在的大功团已经不在了，一种亲人逝去的感伤情怀油然而生。

张征东已经毕业了，退伍回来之后他选择去考北京公务员，同样是服务大众的身份。生活中总有这样那样的困难，没有一劳永逸的事情，在面对这些困难的时候，他会想到部队的时光，那么苦都挺过来了，这些又算什么？在自己迷茫无助的时候，他也会想起部队里练倒功时班长对他说的话：“你不要怕，你心中要想着‘我不惧他，尽管来吧’。”是啊，人生短短一瞬，何惧之有？未来尽管来吧！

幸运如斯

——记武警原120师退役大学生士兵张宗琪

张宗琪，男，共青团员，服役于武警原120师。参加过团五一单双杠比武、卫士-17演习、葫芦岛某公园灭火行动。荣获师优秀共青团员、优秀士兵等称号。

座右铭 **事，想着最难；路，看着最长。**

当兵回来，很多人都会问张宗琪感觉怎么样，他最大的感受是：当兵两年，没有电视剧与电影里那么多的激情时刻，更多的是烦琐的、重复的，甚至无聊的小事。军营生活给他留下深刻印象的不是舒服、自在的事，而是让他“最痛苦”“最难受”的事。军营生活也让他对个人与他人、集体、国家有了更深层次的思考。

2016年的夏天，张宗琪所在的部队因任务在一个废旧的弹药库驻训，一百多人就住在一个只有一个门和四个小窗户的大仓库里，即使在白天大家也不愿意在里面待着，仓库里又闷又热。一天晚上下着大雨，张宗琪刚睡下没多久就感觉有凉凉的东西掉在脸上，打开手电筒一照，原来在他头顶上方的屋顶漏雨，他急忙把自己的被子褥子拿开，这才发现好多战友和他一样抱着被褥坐着，一会儿就有人把屋里的灯打开了。房顶一直漏着雨，大家拿盆的拿盆，挪床的挪床，好热闹，半个小时之后世界稍微安静了，只剩下雨滴落到盆里与落到水里协奏起的一曲交响乐，累坏了两个站岗的战友了，每隔几分钟就需要把十多盆水倒到外面去。

部队里有“午夜惊魂哨”“追魂夺命表”一说，每当到训练场，听见班长一句：谁有电子表？这时大家都会用眼神警告身边的人赶紧把电子表收起来，当没有人拿出电子表时班长就来一句，正好我这有一个，鉴于你们的表现不够积极，加两圈。当大家还在感叹的时候，秒表已经开始跳动了。有一次，张宗琪穿的是棉衣、棉裤，还加了保暖内衣，鞋子虽然暖和，但是太重了。听到哨声，说好一起跑的战友已经跑出去老远了，张宗琪赶紧追。就这样，一早上下来大概需要跑十几公里，每一次都感觉自己在经历劫难。

俗话说，累不累想想革命老前辈，苦不苦想想长征两万五。长征时那种饥寒交迫以及战火纷飞带给红军战士们身体与心理双重的压力，是现代军人很难体会到的。2016年冬天，部队组织了为期七天的野营拉练，寒风肆掠着一片枯黄的大地，那些没有了树叶的枝干虽然坚挺，但是仍然给人一种萧瑟的感觉，行走在这一片天地之间，迈步于丘陵沟壑之上，有一股豪迈之感油然而生，但是还没有等你酝酿出来，就被突然到来的一句敌机侦察给打断了。张宗琪和战友赶紧找一个土坡或者小坑把自己塞在里面，尽管天气寒冷，但是衣服都湿了。过一会儿，身体感觉越来越冷，实在冷得受不了，几个人就挤在一起，相互取暖。到了吃饭时间，和乒乓球一样大小的羊肉全是肥肉，让人难以下咽。张宗琪想："算了少吃一点吧，等晚上好好吃一顿，赶紧刷碗然后找地方歇会儿。"可是天气冷得，水一滴到碗上就结冰了，根本没法洗碗。到了下午，肚子里老是传来咕咕叫的响声，看看手表才三点多，肚子饿得撑不到晚上。这时的张宗琪真想停下来不走了，躺在地上躺会儿也很舒服，在这一刻他才知道小学语文考试那道问人最幸福的事是什么的题的最佳答案，那就是在你最渴的时候有水喝，在你最饿的时候有东西吃，在你最想躺着的时候有一张床。

路边最美的风景对张宗琪来说都是那样的索然无味，旁边战友再搞笑的笑话也难扯动他僵硬的面颊露出一个笑容。累了，饿了，这时候寒冷也会袭来，简直让人不知所措，或许这就是大自然与军队给他上的最生动的一节课吧。最后张宗琪坚持到了宿营地，虽然连他自己都不知道是怎么走到的，只记得虽然那天晚上特别拥挤，也有点儿冷，但是他却睡得特别香。而后几天的环境更加恶劣，给每一个战士上了生动的人生课，也让他们体会到了长征是一件多么伟大的事情，前辈创造了伟大的传奇，给后人留下了巨大的精神财富。张宗琪和战友们秉承着长征精神，克服了一切困难，坚持到了最后。

如果你问张宗琪，哪一件事是他当兵两年七百三十多个日升日落每天都会坚持干的，他的回答肯定不是训练、吃饭、睡觉、抑或者跑步，而是打扫卫生、整理内务。春天的花、夏天的草、秋天的叶子冬天的雪，不是扫来就是割；床的缝、窗的槽、墙的脚来门的顶，不是掏来就是擦；刷牙的缸子洗脸的盆、擦脸的毛巾摆放的鞋，横平竖直不是垂直就平行。擦的擦、洗的洗、要问咋样才算干得好，班长来句：木见本色铁见光。可能有人会问，部队整天都干这些会有战斗力吗，那么张宗琪会告诉你：金一南将军的《心胜》里有答案，但是你要读懂了吆。

这里不得不说一说被子的事，每一个当兵的人都会对被子有不一样的感情，又爱又恨又不舍，无论面前放了多少个一模一样的被子，他们只要摸一摸就能找到自己的被子，即使退伍了，好多人也想把自己的被子抱回家，如果你要问为什么，张宗琪会告诉你，当兵的都懂。其实张宗琪更想说的是部队的床单，至于床单你不得不感叹它功能的强大与多样，第一个功能，大家估计都知道，方便清洗，能够保证床垫床褥子的长期干净，这个和普通的床单没有区别；第二个功能，就是体现部队统一、平等及整体性，一个班级一个屋，一样的被子一样的床，再加上平平整整白洁如雪的床单，难道不是一道亮丽的风景线吗？无论你是连长、排长，还是班长、战士，都用一样的床单，正好是部队官兵平等的一种表现；第三个功能，就是一种作战工具，看过军队题材电视剧的人肯定都觉得脸上涂了伪装油彩身披伪装网手拿狙击枪的狙击手特别酷，可是大家想过吗，在冬天的大雪天怎么伪装，这时就不得不提一提我们的神奇的床单了，这个时候它就是一种既实用又经济而且还能普及到每个人的伪装工具了，因为它的存在无论敌方侦察机什么时候来，都能保证我军在极短的时间内消失无踪；第四种功能，就是一种自救工具，当你在战场上多处受伤流血不止，不能及时得到救治时，撕成一条一条的床单无疑是最好的包扎工具；第五种功能，对于这个功能每一个人都不希望它发挥出来。只解沙场为国死，何须马革裹尸还。军人战死沙场是对他们最好的褒奖，对于中国军人有这样一句话，活着躺在床单上，死了躺在床单下，这个功能可能大家都猜到了，对，那就是裹尸布。如果战争真的爆发了，许多人都没有机会躺在国旗下，而那张洁白的床单会给他们最好的庇护。以前的张宗琪也不知道白色的床单下曾经躺过多少年轻的生命，他们为共和国的领土完整与尊严献出了自己宝贵的生命并为这些后来者作出了最好的表率，张宗琪很幸运他没有躺在那张洁白的床单下，但是从此他对那张床单有了不一样的情怀。

要说部队什么最迷人，什么最让人不舍，张宗琪认为不是那一幢幢住宿楼，也不是留下了足迹与汗水的跑道，而是一个个和自己一样来自天南地北的战友们。是谁让大家对部队从一无所知到渐渐以连为家？是谁让大家爱着并恨着、痛着并乐着，盼着他早点休假回家离开，又盼着他早点回来带点好吃的？对，是班长。是谁在你犯错误后，陪你一起蹲墙角、做俯卧撑，还互相偷偷搞鬼脸？是谁在去买东西时，不管自己有多少钱兜里都有你的一份吃的？是谁在你跑5公里跑不动时，拉着你的手一起跑？对，那就是战友。忘不了曾经一起吹牛说大话，忘不了曾经一起接受惩罚，忘不了曾经他为我背起过背囊，忘不了曾经彼此的恶搞，忘不了曾经彼此交给对方的后背，愿班长和战友一切安好。

已经不记得多少次为了扛着那面旗冲过终点而疯狂，也不记得多少次在连队门前一起吼出那首团结歌，也忘了多少次因为连队没有露脸而黯然伤神，多少次为了没有给连队扬名而后悔不已，曾经以为很傻的自己，现在看来是那样的可爱，那样值得现在的自己去尊重。

一身橄榄绿，参军报国，无上光荣。然而他细细想来，自己给予国家的哪比得上国家给予自己的。青春报国，无怨无悔。只恨此生从军无法为国杀敌护边，开疆扩土，只能在平淡中感悟军队魅力，体会军旅情怀。

张宗琪的军旅生涯并没有弹雨纷飞的场景，也没有声势浩大的演习及战争场面，更不是电视剧或电影里面自带主角光环的不死传奇，更多的是一些平平淡淡及普普通通。但就是这些平淡与普通让他真正知道了中国军人能够捍卫祖国领土领海完整的原因，每一个人并不强大，但是每位战士都有一腔报国热情，都有坚韧不拔的品质，都有不怕苦、不怕累的精神，都有坚持到底的执着，都有精益求精、追求完美的操守，这铸就了中国军人强大的战斗力。如此两年，幸运如斯！

参军三部曲

——记火箭军某基地退役大学生士兵陈英

陈英，女，共青团员，2014年9月入伍，服役于中国人民解放军火箭军某基地，专业为报务员。服役期间表现优秀，两次被评为优秀义务兵，记嘉奖两次。2016年9月退伍，系北京科技大学土木与资源工程学院土木工程系2015级学生。

座右铭 **生活不会将你压垮，只会使你变强。**

入伍前

当兵的时候陈英刚满19岁。在那之前她的生活就是学校家里两点一线，除了学习什么也不用想。她的父母都是农民出身，没读多少书，对她所有的要求就是考上一个好的大学。但是当陈英终于顺利考上北科大，过上了父母眼中前途一片光明的生活的时候，她却感觉人生一下子失去了方向。她一边消极一边心里焦躁，不知道怎么摆脱这种状态。就在这个时候陈英注意到了大学生征兵的消息，她马上意识到自己的机会来了。那时的陈英就像一只在笼子里关了很久的鸟，渴望自由，渴望冒险，渴望去体验不一样的生活。而当兵更是她心底曾经幻想过无数遍的事情。陈英是看着各种红色影视剧长大的，军人英勇伟大的形象自小就刻在她的心上。她想象中的军旅生活虽然辛苦，但会伴随着新鲜和刺激，军人是英姿飒爽的、笔挺帅气的。当终于有一个当兵的机会摆在她面前的时候，她义无反顾地踏上了征程。

参军时

理想是丰满的，现实是骨感的。陈英真切地体会到了这句话的意思。第一天到军营，班长们的答到声就震惊了她：声音短促有力，尖锐高昂。一下子就把她拉入一个紧张快节奏的氛围。直到这时候，陈英才感到自己真的是来当兵了，一路上飘忽的心终于落到了实处。班长虽然面无表情但是却默默拎过了她手中最重的包，带她去食堂吃了面，先到的两个战友悄悄给她说注意事项，一切新奇而美好。然而仅仅过了一周，每天五点多起床在地上叠被子、一天打扫十几遍卫生、不管干什么就连上厕所也要向班长请假、永远也背不完的条令条例、永远被“挑剔”的队列训练、跑到肌肉抽搐的体能训练、晚上紧凑的洗漱时间……这些琐碎的事情将陈英压得喘不过气，感觉度日如年。再想一想还有遥远的两年，心里就漫起一股遥遥无期的绝望。部队并没有影视剧中那么多的枪林弹雨，也没有那么多的任务去执行，有的只是每天千篇一律的训练，更多的感受就是枯燥。整个新兵连都在紧张忙碌和提心吊胆中度过，随之一起改变的是新兵们越来越挺拔的身影、越来越坚定的眼神，还有越来越深厚的情谊。

生活总是要继续的。

寒风猎猎，很快新兵连就结束了。陈英站在队列里，耳边响起的是连长宣布命令的声音，前方是刚来时还是黄澄澄一片，现在却掉得只剩下光秃秃的树干。她感觉自己和战友们就好像那掉下去的叶子，前几天还是亲如一家人的好姐妹，眨眼却要各奔东西。“两年后我们一起回家！”这是她们分开时互相许下的诺言，但谁都清楚，天南地北，再见很难，一个拥抱说不定就是最后的告别。

陈英被分到了新专业，和她一起的还有七个女兵，这也是她们基地的第一批女报务员。时隔三个月，女兵们再次和三十多个男兵们一起上课，然而老班长却告诉她们，报务之所以以前不要女兵，是因为女兵普遍没男兵学得好。陈英感到心里一股气涌上来：我一定要拿第一，让他们看看女兵到底能不能学好！乍一看到男兵的新奇也烟消云散，只剩下要超越他们的无穷斗志。报务员有听、说、写、发四项技能要求，必须做耳、眼、脑、手合一。听和说就是要能够熟练背诵摩尔斯码，听到数字和字母能立马反应出对应的密码。为了锻炼自己的听说能力，陈英和战友们平时吃饭、聊天、睡觉时都会互相考校，甚至有时说梦话都是摩尔斯码，务必要使自己达到条件反射的程度。写是指能够快速流畅无错误地书写所听到的数字字母，这对于出身北科大的陈英还是比较容易的。最难的是发。发手键需要一定的力量、技巧和速度，这并不是女兵的优势。于是陈英和战友们每天下课后都悄悄卸下手键带回宿舍，晚上躲在被子里练手感，第二天再带回教室放好。

慢慢地，每个女兵的手指尖上都打起了水泡，有的手上第一个还没破，里面又长了一个，形成了“泡中泡”。与之相对应的，是女兵们遥遥领先的成绩。学兵结业的时候，陈英专业排名第一，前十名有一半是女兵。2016年年初的时候，陈英因为专业突出，被选派到北京总部进行为期一个月的交流学习，同行的整个基地只有三个人。

军营锻炼人的地方就在于训练不仅仅只是让形体发生改变，更重要的是会渗透到生活的方方面面。军营生活教会你走齐步、踢正步、卧倒匍匐、端枪射击；也教会你举止有礼、进退有度；更教会你什么叫作一个整体，什么叫作能够交付后背的战友。学兵期间的一次体能考核中，陈英不小心把腿摔了，脚踝高高肿起，左腿使不上劲儿。班里其他七个战友每天轮流背着她往返教室和宿舍，教室在三楼，宿舍在另一栋楼的四楼，但她们从来不曾抱怨过一句。睡在她旁边的战友每天晚上会用云南白药给她揉脚踝，揉到发热为止，好像这样陈英就能好得快一些。在她们年轻的心里，战友是家人，绝不会是拖累。

军营的生活并不像想象的那样热血澎湃，有的只是日复一日的训练、年复一年的枯燥生活。但是钢铁一般的军人不就是经过不断的千锤百炼锻造出来的吗？不知不觉中，陈英学会了用一个军人的标准来衡量自己，用一个军人的思维方式去思考，不管做什么，做之前都会先问问自己，这是一个军人应该做的吗？会不会给军人丢脸？部队让她认识到了以前的生活是多么浑浑噩噩，认识到了生命存在的价值和意义，认识到了人民的军队所担负的重任和作为军人身上担的重任。每一个军人都是发自肺腑热爱国家，心甘情愿奉献出自己的青春。没有人生而为军人，钢铁一般的军人也是要经过像锻造钢铁一般的困难才能成就的。

入伍第二年，2015年12月31日，第二炮兵更名火箭军。陈英和她的战友们有幸见证了这历史性的一刻，但这也代表着他们的责任更重了。当兵的都说到第二年就轻松了，然而迎接她们的是更为严格的训练和考核。从3月份开始，旅里每周都进行一次3公里考核、体能考核、专业考核。从最开始的惧怕紧张到后面的从容自信，陈英只花了一个月时间。那个时候她们常喊的一句口号是：只要练不死，就往死里练！没错，没有什么是练不出来的，如果有，那就是没练够。2016年基地各种各样的演练也没停过，经常会有百公里奔袭拉动，直到临近退伍，陈英和战友们还经常工作到凌晨两三点，但只要看着拉动能够圆满完成，再苦再累都会化为会心的微笑，这大概就是对退伍最好的礼物了吧。

退伍后

刚回到学校的时候，陈英挺长一段时间都不太适应，就像一根绷紧了两年的弹簧有一天突然卸去了加在它身上所有的力，虽然会伸长一些，但回不到刚开始时的样子了。按部就班地学习生活，仿佛一切都还和两年前一样，但一切又都不一样了。早起上课不会赖床了，平时也不会逃课了，遇见老师知道打招呼了，看见不熟的同学也不会视而不见了，吃饭的时候知道关注新闻了，回到家知道心疼父母了……所有的改变都是润物无声的，但又确实存在着。陈英喜欢现在的自己，虽然依旧平凡，但是充满朝气。

回到学校后，陈英加入了学校武装部的戎程研究会。戎程就像一个大家庭一样，把曾经有过一样经历的人集合在一起，让他们知道他们曾经的青春也有人铭记，同时也给了退伍兵们一个散发自己光和热的平台。退伍兵们会负责协助学校每年的招兵工作，也会把自身的经验传给那些即将步入军营的同学们。每个月戎程都有一个“戎程日”，在这一天，戎程人再忙都会去做义工，会去敬老院看望老人，会帮忙维持交通秩序，也会清扫校园环境……这是部队教会他们感恩的一种体现，也是他们纪念军旅生涯的一种方式。

作为一名大学生要树立公民的责任意识，也要担负起保卫国家利益、参与国防的责任。只有亲身参与才会知道部队是一个多么神圣的地方，才会理解人民子弟兵的称号不是那么轻易就得来的，才会明白为什么部队会是一所大学：它教会了忠诚、爱国、诚信、吃苦耐劳、勤于思考、乐于奉献……这些都是一生取之不尽用之不竭的财富。

虽然陈英已经退伍一年多，但是那两年的每件事都还历历在目。她还是会时不时想起那段艰辛又快乐的日子，偶尔听还在部队的战友讲她们的生活时还是会会心一笑。有时候梦回吹角连营，醒来不知身在何方，徒留一腔惆怅。从地方老百姓到合格军人再到退伍大学生，陈英深刻地理解了军人这个职业，也深刻地理解了这句话：这世上哪里有什么岁月静好，不过是有人在替你负重前行。她觉得自己做的最正确的事情就是把最宝贵的青春献给了最崇敬的人民军队。祝愿所有的曾经的现在的将来的军人们一生平安！

戎程指引我的“戎马征程”

——记武警安徽总队退役大学生士兵胡俊宇

胡俊宇，男，浙江永康人，中共党员，曾就读于经济管理学院金融工程专业，金融141班团支书，2012年12月至2014年11月服役于中国人民武装警察部队安徽总队，2014年8月在部队光荣加入中国共产党，荣获优秀士兵一次、嘉奖两次。曾担任学校戎程研究会秘书长，曾担任北京永康大学生联谊会副会长，获北京科技大学优秀学生干部、北京科技大学优秀共青团员、摇篮杯优秀奖等。

座右铭 **人定胜天。**

“为什么当兵？年纪轻轻何必遭受这份苦？真正去体验过，你才会知道军营生活的好，它教会你担当、责任、忍耐、不抛弃不放弃。久而久之，你便会爱上那个努力奋斗的自己。”这是胡俊宇给我们的回答。念念不忘，必有回响。

“误打误撞”中与军营结缘

胡俊宇来自浙江永康一个普通农民家庭，上大学前从未出过县城，以前也从未想过自己有一天可以当兵。直到在怀柔军训的一天，他在回宿舍路上不小心撞到一个参训的“老师”，忙不迭地赶紧道歉。那个人笑着说自己不是老师，只是一个大三学生，曾在部队服役，退伍返校后来军训基地帮助工作。那是胡俊宇第一次知道大学生可以参军，当兵的念头便在他心里萌生，他不得不承认他很向往这种军旅生活，当兵对于他来说，着实是件很酷的事情。

当年10月，辅导员在学院新生大会上提到了大学生参军报名的事。看了征兵宣传视频，胡俊宇热血沸腾，进一步了解后便毫不犹豫地报名，其实那会儿他只是感到新鲜，对于当兵他并没有太多概念，但已经足够让他鼓起勇气加入大学生士兵的行列。之后体检培训，他再次见到了之前撞到的退伍老兵——曹圣涵学长。经他介绍，胡俊宇才知道学校有个退役大学生社团叫戎程研究会，会安排退伍老兵参与学校的军训、征兵宣传、体检等工作，那个视频就是他们做的。曹圣涵学长等研究会老兵身上的某些气质让胡俊宇对未来的自己充满期待，现在想来这大概就是军人气质吧。

“想要”和“得到”之间还有两个字：“做到”

以前听说过养兵千日，用兵一时。胡俊宇到了武警部队才知道是养兵千日，用兵千日。入伍前他听说当兵就新兵连三个月最辛苦，下了连才知道，新兵连三个月是军旅生涯中最幸福的。说下连，其实就是搬到隔壁的一幢楼里，因为下连后的中队由于机动性要求是和新兵连的教导队在一起的，除了环境不太陌生之外，几乎就没有别的优点了，来了之后胡俊宇才发现自己对当兵真的一无所知。

下了连才知道，中队的许多战友入伍前都有念过武校或者有专业体育训练的经历，作为普通大学生入伍的他在这个优秀的集体中并不出众；下了连才知道，下连队之后就是日复一日的单调生活，有时甚至挑粪浇粪松土一礼拜；下了连才知道，执勤处突，反恐维稳，抗洪救援，越危险的任务大家越是抢着去，而只有本领越过硬才越有机会参加；下了连才知道，训练时间从早上五点到晚上九点以后，每天3个5公里越野，倒功摔打擒拿，攀登障碍扛圆木，从学生到军人，一切并没有想象中那么简单，要想弥补和其他人体能上的差距，还需要付出太多的努力。

胡俊宇回忆说，记得有一次，驻地连日暴雨，中队接到抗洪任务。胡俊宇内心无比激动，主动申请参加。得益于先期培训，新兵连5公里他每次都能跑前三。本以为板上钉钉，没想到班长考虑到他身体瘦小，让他留后。当时他打心眼儿里羡慕执行抗洪任务的战友，时值暑假，戎程研究会的刘子瑜学长联系到他，想代表研究会过来看望。胡俊宇都不好意思跟他说自己留后，每天整理内务、打扫营区，就以七八月中队要参加比武考核为由婉拒了。因为在他看来，留后虽算不上什么丢脸的事情，却也没能够奋斗在祖国抗洪前线，那感觉就像考试的时候自己明明可以考第一，却因为一些客观原因考了最后一名。或许是电话中听出端倪，刘子瑜学长跟他唠起了家常，问他现在俯卧撑能做几个，因为之前培训时胡俊宇1个都做不了，所以学长格外关心，想知道他的进步。而现在的胡俊宇，今时不同往日，下雨也要在宿舍做俯卧撑，现在已经能一趴一上午不停地做了。当时刘子瑜学长用习近平主席的话鼓励胡俊宇："人的一生只有一次青春。现在，青春是用来奋斗的；将来，青春是用来回忆的。"他还说："每一段经历都是财富，我们等着跟你畅聊军旅故事！"这通电话让他"满血复活"，在接下来的工作训练中他加倍用心。凭借过硬素质，胡俊宇先后参与了扑灭森林大火、两会勤务、省运会安保、抓捕犯罪分子等大项任务，并成为了中队第一个入党的义务兵。

退伍不褪色，发挥光和热

军营生活带给胡俊宇很多很多，是感动，是情谊，是坚韧，同时带给他及所有大学生士兵的是"获得感满满"的成长。回顾两年的军营生活，部队的锤炼使他的思维更加开阔，他迅速成长起来。这种锤炼不仅是身体上的吃苦，更重要的是精神上的磨砺。这一切都早已经过去，只能成为回忆。胡俊宇相信这些记忆化为一种信念和力量，支持他在未来遇到困难时更加坚强、从容、自信！

退伍返校后，胡俊宇顺理成章加入了戎程研究会，2016年又被推选为会长。这3年，除了学习，他把大部分时间精力用在了戎程研究会上，到全国各地部队调研走访10余次，与部队首长交流座谈3次，在戎程研究会写论文作报告，为征兵工作建言献策，从"摇篮杯"课外学术科技作品竞赛《大学生应征入伍年级分布现状分析及对策研究——以北京高校为例》，到《大学生应征入伍及退役复学现状调查与研究》在《中国大学生就业》杂志上刊登，到《矢志奉献，无悔青春——记北京科技大学戎程研究会》被海淀区武装部推荐至《中国国防报》刊登，再到戎程研究会在2016年首都高校国防教育类社团评比中被评为一等奖。

退伍回来加入戎程研究会的时候，看到的是自己的学长学姐们的努力认真和尽职尽责，在身边的同年兵身上也看到类似使命感的东西，这直接影响了胡俊宇整个大学生涯。当会长后，胡俊宇一直踏踏实实干事情，认认真真学习，把戎程研究会管理得井井有条。他本人非常谦逊低调，将自己取得的成就和在戎程研究会的贡献归功于许许多多优秀、踏实肯干有才能的同学和伙伴，并时时以他们为榜样更好地督促和反省自己。在胡俊宇的带领下，戎程研究会像家一样包容着每一个退伍大学生士兵，诉说他们独一无二的军旅故事……

血与汗铸就青春

——记海军试验基地退役大学生士兵俞志峰

俞志峰，男，共青团员，曾服役于海军试验基地，担任连队文书、警卫班班长，参加过葫芦岛山林大火扑救任务。荣获优秀义务兵、艾默生技术竞赛一等奖、人民一等奖学金、优秀三好学生。

座右铭 **没有什么天生如此，只是我们天天坚持。**

男儿生当带吴钩，定国土，勒燕然，是俞志峰一直以来的憧憬。军营是所大学校，军营是座大熔炉，吃苦是必然，收获也是必然。俗话说，当兵后悔两年，不当兵后悔一辈子。后悔，是刚进部队的不适应，还没有习惯当兵的苦与累，放下同龄人的潇洒与自由，和战友一起流血流汗。但是，他当过兵才会发现，不当兵会一辈子后悔，当兵不只收获了荣誉，还锻炼了身体，磨炼了意志，明白了什么是责任，结交了一批生死与共的战友，让他真正地成长起来。

2014年9月11日，俞志峰怀揣着些许不安和激动，抵达了葫芦岛。新兵连的生活总是枯燥而乏味，长时间地站军姿，一遍又一遍地重复摆臂踢腿，对自由的严格管制，对体能的高要求，一遍遍地磨砺新兵们的身心。训练之余，一点点小事都能让他们开心好久。

对自己的严格要求是取得进步的最好方式，刚进入部队的俞志峰体能比较弱，被班长批评过几次。为了尽快跟上大家的步伐，他给自己开小灶。每次体能训练，俯卧撑别人做40个，他就做60个，单杠别人拉10个，俞志峰就拉15个，晚上别人上床休息了，他继续锻炼。功夫不负有心人，在新兵连结束的考核中，俞志峰取得了门门全优的好成绩。

其实，在新兵连的三个月，最需要克服的是巨大的心理落差。大家迫不及待地想把在部队接触到的事、吃到的苦和家人、朋友说。那段时间，最开心的事就是每个星期二十分钟的打电话时间了，这是大家和外界联系的唯一方式。但是，慢慢地他们发现，家人和朋友并不能真正感受到他们的情绪。于是，大家渐渐地把话说给身边的战友听。

新兵连的锻炼让俞志峰从一名普通青年向合格军人转变，这种转变不仅是身体上的，更多是心理上的。纪律是个圈，自由在里面，部队的一切都是在严格的纪律下进行的，对命令要绝对严格地服从。刚进部队的时候，俞志峰和战友过于松散，班长们为了让他们有个良好的开始，就在内务上下起了功夫，被子叠不好，从楼上扔下去重新叠，地不干净，用毛巾擦。长此以往，大家没有了刚开始的傲气，开始学会服从与自律。从早上四点起来叠被子，到时时刻刻约束自己，他渐渐地向一个合格军人转变。

部队是一个集体，要特别注意团结与集体感。个人英雄主义是要不得的，因为个人的力量再大也不能形成有效的战斗力。而新兵连培养集体精神最好的方法就是"一人生病全家吃药"，只要有一个人犯错，整个班的战友都会挨罚。有一次，指导员半夜吹起了紧急集合哨，一阵忙碌之后俞志峰和战友集合在宿舍楼下，他的指导员一反常态地没有对大家这次的速度进行表扬，而是让大家全副武装地越野跑。在零下二十度的寒夜里，俞志峰和战友却汗流浃背，汗水浸透了作训服，浸到了背上的被子，转瞬间又被冻得硬邦邦的。跑步结束后，指导员和大家说了原因，因为一个人犯了错误，为了培养团队精神，也为了警示不犯同样的错误，才让大家集体受罚。这次事情之后，俞志峰和战友不仅没有互相埋怨，反而更加团结起来，战友遇到困难，大家会及时帮助，违反了纪律，大家会及时纠正，因为他们懂得了他们是一个集体，一荣俱荣，一损俱损。

新兵连既漫长又短暂，漫长是因为刚来的他们并不适应部队严格的集体生活，短暂是因为当他们真正将自己作为一名军人后，马上又要离开。新兵连的末期，俞志峰和战友早已没有了刚开始的盼望下连的心思了，心里充斥的都是不舍与难过，这是俞志峰第一次体会到战友的感情有多深，让他终生难忘。

在依依不舍地抱头痛哭后，俞志峰主动申请调入号称"地狱"的一区，又来到一区最锻炼人的警卫连。作为一名警卫人员，要学的东西很多，刚下连的时候，他经常犯错，看到班长们做得那么好，心里不服输的劲就上来了。每次和班长执勤时俞志峰都注意学习观察，熟悉执勤流程和规章秩序。训练时，他把每一步的目的和用力方法都细细琢磨一遍，利用别人看电视的时间，他对照着教程自己练习。功夫不负有心人，俞志峰以突出的表现获得了优秀义务兵的奖励并且被任命为警卫班班长。在一个士官占八成以上的连队，一个义务兵被任命为班长是极大的荣誉，也是对他努力的最大回报。他深深地明白了一个道理：只要你肯付出汗水，什么都有可能实现。

班长给俞志峰的不仅仅是荣耀，更多的是随之即来的责任。从一个新兵一跃成为班长，压力十分的大。新兵连的标准比较低，刚下连的新兵还有很多地方仍需要锻炼。从队列到内务，从体能到战术，他们都不太符合标准。为了尽快地让新兵成长起来，俞志峰对他们严格要求，同时，也对自己提出更高的要求。队列方面，俞志峰利用闲暇时间背熟了所有的队列要求与规范，同时也要求自己熟练掌握队列技巧，不出现一丝一毫的偏差。在体能方面，俞志峰总是身先士卒，做到最好。新兵们跑3公里，他就是最快的那个，做俯卧撑与引体向上，他就是做得最多的那个。每次体能训练，当俞志峰面对那些精疲力尽的新兵时，他总是说，我能做到的，你们为什么不能做到。在内务方面，面对新兵内务质量不高的问题，俞志峰总是不厌其烦地一遍一遍地教他们叠豆腐块的技巧，如何修角，如何掐线；打扫卫生的时候俞志峰的要求十分严格，门上面，床底下都要用白手套检查一遍，不合格就重新打扫，直到合格。经过俞志峰的教导，新兵的内务水平有了极大的提升，基本达到了连队的要求。而在战术方面，俞志峰更是身体力行，一遍遍地给新兵做示范，指导他们如何发力，如何规范动作，如何更好地保护自己，一段时间后，新兵们也基本掌握了基本战术动作。俞志峰的身教言传，利用三个月的时间使新兵基本上符合了连队要求，得到了领导的赞扬，也为下一阶段的训练打好了坚实的基础。当上班长的第五个月，俞志峰接到命令去参加警卫骨干集训。集训队的训练是极其艰苦的，教官们都是来自各部队的精英，对学员的要求很严格，经常一端警棍盾牌就是一上午，但是大家都坚持了下来，没有一人叫苦叫累。教官们教了俞志峰很多新的战术动作，俞志峰学得很认真，就为了回去后能教给自己的兵一个正确的动作。集训结束后，俞志峰回到部队，倾囊相授，使部队的战斗力得到了很大的提升。

俞志峰的部队，保密和防火同是重中之重。冬天十分干燥，满山的油松是最好的引火材料。部队的很多山都被烧过，山上那明显的被火烧过的分层，那一座座被火烧得干干净净的荒山，经常的防火学习与消防训练，无时无刻不在提醒他们防火工作的重要性。也许是战友们监控严密，俞志峰在的两年，营区没有发生过一次火灾。但是，营区没有发生火灾不代表就不需要战士。2016年的春天，葫芦岛的一个景区突发山林大火，火借风势一下子就蔓延开了。当地的消防力量无法应对如此大的火势。一声令下，俞志峰和战友立即出动。养兵千日用兵一时，身为人民子弟兵，要时刻将人民的利益放在首位，即使再苦再累，他们也咬牙坚持，心中只有一个念头，将这大火扑灭。饿了就在寒风中蹲着吃，累了就在卡车后面睡一会儿，经过一天一夜的奋战，终于将火扑灭并确定了火场的安全。这次灭火的经历，让俞志峰更深地理解了人民子弟兵的使命与担当。

退伍后，面对两年没有接触过的学习，俞志峰虽然有些措手不及，但他相信只要自己努力，就一定会早日赶上其他同学的学习进度。不会、听不懂，就把部队不服输和吃苦耐劳的劲头调出来，一有工夫就去上自习，做完老师布置的任务后再额外给自己找题目做。每天晚上计划第二天需要做的事情，做到劳逸结合。功夫不负有心人，大二俞志峰的总体成绩达到专业第二，其中大二下学期的成绩排专业第一。新的学年，当俞志峰站在讲台向2017级的学弟学妹们分享自己的经历与学习经验时，他的内心充满自豪与压力，自豪是因为自己的努力得到了回报，压力是因为离自己的目标还有一段距离。

俞志峰的梦想之路依旧道路漫长，但是部队让他锤炼出了最锋利的两把“开山刀”，那就是敬业与坚韧，他坚信他会一路向前，到达自己的目的地。

携笔从戎矢志报国书写无悔篇章
悬梁刺股潜心钻研争做优秀学子

——记陆军原65集团军退役大学生士兵郭家伟

郭家伟，男，中共党员。曾服役于中国人民解放军陆军原65军，曾获部队优秀士兵称号两次，记嘉奖一次，在学校获优秀三好学生、优秀共青团员等荣誉称号。担任过部队文书兼军械员、学校戎程研究会办公室主任。

座右铭　**人情世故要看透，赤子之心不可丢。**

郭家伟，文法学院学生，2012年12月参军入伍，服役两年，服从中国共产党的领导，全心全意为人民服务，积极履行军人职责，严格服从纪律条例，坚决完成上级交给的各项任务，因其表现突出，两次被评为优秀士兵，并记一次嘉奖。2014年12月退役返校后，努力学习，扎实工作，全面发展，在同学们中起到良好的带头作用，先后两次被评为优秀三好学生、一次被评为优秀共青团员。于2016年光荣加入中国共产党，践行为人民服务的铮铮誓言。

绿色情结

郭家伟从小就对军人有一种特殊的感情。霍去病北击匈奴、封狼居胥的故事让他对军人有了最初的认识；“捐躯赴国难，视死忽如归”的诗句让他壮怀激烈、立志报国；近代中华儿女为了国家解放和民族独立抛头颅、洒热血的壮举更加坚定了他携笔从戎、保家卫国的决心。

2012年12月，北京市海淀区征兵办公室的一封入伍通知书，将郭家伟从温馨祥和的校园召唤到滴水成冰的塞北军营，手中的书本和文具变成了钢枪和刺刀。从那一刻起，他有了一个新的名字——“大学生士兵”。

苦在身上，笑在深处

儿时的梦想终于变成现实，穿上新军装的郭家伟就像其他大学生初到军营一样，虽然入伍前已经尽可能多地了解部队的现实情况，但真正的“兵之初”还是让他的生理和心理经受了前所未有的考验。3公里不及格、引体向上成绩稳定地保持在“鸭蛋”、紧急集合挎包水壶掉了一地、被子被扔到大厅里单练……最初“大学生士兵”身份带给他的优越感已然荡然无存，那一段时间一连串的打击让郭家伟怀疑自己能否成为一名合格的解放军战士。

改变郭家伟的是他的新兵班长李东华，他既是新兵连最关心体贴的班长，也是训练场上要求最严格的班长。有一段时间，由于张家口极寒的气候和艰苦的训练，班里战友一个个病倒了，郭家伟也高烧不退。有一天晚上他起床上厕所，发现自己床上多了一条毛毯，另一个生病的战友盖着两床被子，正纳闷的时候，郭家伟突然看到他的班长李东华盖着自己的大衣蜷缩在床上。张家口零下二十多度的寒夜里，李东华班长把自己的毛毯和被子让给了班里生病的新兵，自己冻得瑟瑟发抖。那一刻，郭家伟的眼泪止不住地流下来；那一刻，他下定决心，不能再得过且过了，他要拿出最过硬的成绩报答最亲爱的战友。

5公里不及格就背着沙袋加练、引体向上做不了就加练俯卧撑，被子叠不好就中午拿出午休时间练，经过一段时间的发奋努力，郭家伟的各项成绩都有了明显的进步。武装5公里不仅自己能及格，考核时还能带动其他战友，帮战友背枪；经过一段时间的力量训练，引体向上不仅突破了“鸭蛋”，还逐渐达到了满分标准；被子没有再被扔出去，还得到了值班员的表扬。那一刻，郭家伟知道他真正成为了一个“兵”，没有愧对这身军装。

在努力提高军事水平的同时，郭家伟也抓住机会发挥自己的优势。从最初写班务会记录本，后来帮助文书整理连队各种资料。在老文书调到别的岗位时，郭家伟成为了全营第一个列兵文书兼军械员。特殊的岗位承担着特别的责任，应对各级检查、管理全连枪械、执行大项任务时写新闻稿为战士们加油鼓劲儿、协助连长安排训练计划、制作老兵退伍视频等，在党的十八大胜利召开后，郭家伟成了党的十八大精神宣讲员，为战士们学习党的新理论、新思想答疑解惑。

在军旅生涯的第二年，郭家伟顺利成为了一名上等兵。他谨记着“兵之初”时李东华班长对自己的关心和爱护，也把那份关爱传递给新战友，帮助他们在思想、工作、训练各方面努力进步，他始终保持一个关心帮助的态度，赢得了广大新战士的拥护和信任。

退伍不褪色

在两年服役期届满时，一些同年退伍的士兵思想上有波动，对自己的要求降低了，出现了一些轻微的违纪行为。郭家伟主动在全连退伍士兵中呼吁大家站好最后一班岗，为列兵同志树立一个良好的榜样，永葆革命军人本色。他的带动在退伍士兵中产生积极影响，得到连首长高度赞扬。

两年的军旅生涯，不论在什么岗位，郭家伟都牢记使命职责，不注重个人荣誉得失，与战友们打成一片，拥有很好的群众基础，他扎实工作、努力训练，得到了首长和同志们的认可。

郭家伟说，两年的军旅生涯是他一生的财富，而其中最为绚烂的瑰宝就是这730天吃到的苦。古人云，不经一番彻骨寒，哪得梅花扑鼻香。经历了这两年完整的磨砺，郭家伟从心理上和生理上都有了质的改变。在退伍复学后的生活中，他遇到过这样那样的困难，但是因为有军营的历练，他不再惧怕困难，而是敢于直面挑战，敢于战胜挫折。

退伍复学后，郭家伟将在军营饱满的工作热情带到学校中。上课认真听讲，课后在自习室、图书馆补强自己的薄弱科目；经常参加各种志愿服务活动，帮助一些需要帮助的弱势群体；积极参加学院学生会和戎程研究会的工作，在学生工作中发光发热。

退伍不褪色是郭家伟一直的坚守，无论身在军营还是校园，一份赤子之心始终未变、为人民服务的执着追求始终未变。在大学的学习生活中，郭家伟的空闲时间没有用来玩游戏，而是积极参加各种志愿活动、公益活动。大一下学期他就在同学的介绍下，认识了一个地大社区的患有孤独症的小朋友，每周抽出一下午时间陪小朋友进行康复治疗、游戏，帮助他伸出双手、拥抱世界。每到假期，郭家伟积极参加各种专业实习，法院、检察院、律师事务所的工作他都积极体验，为自己的职业生涯规划做好铺垫。无论在实习岗位还是在学校的学生工作中，郭家伟始终坚持一个新时代革命军人的作风，认真完成各级领导交给的任务，遇到问题不强调客观不利条件，积极从自身找原因，他的不懈努力，得到了各级领导的肯定。

在平时的学习过程中，郭家伟认识到自己的英语学习是弱项，他不回避问题，而是积极寻求进步。自己下功夫背单词、向舍友请教发音和语法，并不断加以练习，终于将大一刚刚及格的英语成绩提升到80分以上。在去年的考研复习中，由于法学学习内容繁多，科目难度很大，郭家伟时常陷入困局，难以前进。每当这个时候，他都会想起在军营跑武装5公里的感觉。每次跑到3～4公里的时候，身体已经到了一个十分痛苦的程度，但是他每次都告诉自己："再坚持一下，再坚持一下就能及格。如果现在放弃了，前面的4公里都白跑了，前面的努力就都白费了。"考研也是这样，只要保持必胜的信念，坚定信心不放松，咬紧牙关再坚持一下，老天爷就一定不会亏待努力的人。

2016年7月，郭家伟光荣地加入了中国共产党。他在入党申请书中深情地写道："如果问我的入党动机是什么，那就是在部队时每逢重大危险任务，连长高呼一声：'共产党员跟我上！'那一个个无所畏惧、奋不顾身的身影让我终生难忘，我也无比渴望成为这个优秀集体的一员，为党和人民的事业奋斗终身。"心有大我，至诚报国。不论身在何方、肩负什么使命，他都不敢有丝毫松懈，不敢忘记自己最初的誓言。

郭家伟说，在两年的军旅生涯中，艰苦的军事训练强健了他的体魄，党的教育让他拥有了更加鲜红的思想，而在部队艰苦卓绝的奋斗经历更是让他在今后不论遇到什么困难都绝不低头、敢于拼搏。在今后的学习生活中，郭家伟还将继续保持军人作风、忠心耿耿听党指挥、不断践行为人民服务的誓言。

3 追忆似水年华

青春逐渐远去

今天，走在熟透的青春里

昨日的青春如风干的玫瑰

虽然失去了那股鲜活灵动

却依旧色彩靓丽

静静地挂在岁月的枝头

默默地藏在记忆的深处

青春无悔，军绿色的梦想

——记武警原187师退役大学生士兵王珂珂

王珂珂，男，共青团员，曾服役于武警原187师。两年中荣获优秀义务兵、晋中兵种协作区训练能手称号，参加过上海浦东机场海关执勤、湖北荆州抗洪抢险、兵种集训（两次）、“卫士-16”实兵对抗演习等任务。

座右铭 **挑战生活，其乐无穷。**

初入军营

2014年9月7日，王珂珂来到了山西太原武警原187师。

新兵连的开始是痛苦的队列训练、站姿、蹲姿、三大步伐等等，每天早晨起床不敢整只脚着地，需要让脚底板适应一下，却也从这样痛苦的训练中圆了他真正的军队梦。不论走路跑步都是整齐的步音、整齐的摆臂、整齐的口号，让他真切感到心中蕴含的力量和军中男儿的豪迈。

部队这地方离不了奋勇争先的精神，“见标兵就拿，见红旗就扛”是一贯的作风，各个班级都这样，王珂珂的班级要求更高。他的班长是一名军事素质很强的一期士官，见不得班级落后、训练懈怠，因此对他们的要求格外严厉。战术训练开始了，班长不时打探别的班级的成绩，不许他们落后一点，同班战友们也是一股子拼劲儿不想落于人后，动作反复练，成绩一点点提高。考核结束时大家站在一起，互相看着各自身上训练留下的小伤疤，自豪把它当作“班徽”。这一刻，王珂珂看着周围八个和自己每天一起队列，一起在土里爬来爬去的面孔，觉得他们是那么的可爱。

转眼新训的时间就结束了，新训同班战友们被分到一个连队却不再是一个班级，和班长也要分开了。临走时他们一起向班长和排长道别。见到排长时还没说话眼泪就止不住地流，但是班长只是说了句“都走吧”就望向了别处，临走时他们集体向排长和班长敬了个礼，班长还是不看他们。后来王珂珂听说班长下连队前曾去跟新训连长提出让他们八个都和班长同去一个连队，在连长办公室哭得稀里哗啦，但上级的决定谁也改变不了。

新的连队

王珂珂的新连队叫“装甲连”，也是以前的老一连，属于一营管辖，连门口有面红旗写着“硬骨头六连式连队”。新的班级是一班，一班长常说他们班是团里面的一营一连一排一班，所以事事标准要更高，不能丢了班级的人。王珂珂的军事素质还算可以，虽然比不上老兵那么样样精通，但是按照考核标准也算是合格的战士。但是，王珂珂知道，凡事如果自己只是做到可以，那么自己就不能称自己是军人。军人应该时刻对自己有更高的要求、更高的标准。所以他在下连后更加对自己采取高标准严要求的训练方式，因此军事素质提升飞快。有的战友私底下戏称他“野人”，排长也叫他“单杠小王子”。

王珂珂很荣幸被选择成为了一名报务员。下连不久因为专业突出跟随老兵一起去参加了装甲专业集训，这是他第一次参加集训，见到了很多兄弟单位的人，彼此之间有竞争也有学习，也交到了许多的好朋友。在集训队里王珂珂被调去做集训队队部的通讯员，一边集训一边干些队部里的活儿。因为专业技能优秀，王珂珂被当作集训队示范兵，统一全师装甲报务专业的动作流程，并和教官一起制定考核标准。参训的各个单位要进行阶段性的集训成果验收，难为坏了各团来参训的司机们。他们的驾驶技术没得说，但是验收要讲驾驶知识的课，讲课的课件里需要装甲车的示意图。王珂珂主动请缨说可以用CAD作图，也是发挥了一下学校的知识。总算他自己的作图技能还没忘记，结果也很理想，各位司机班长们很是感谢了他一下，王珂珂觉得大学生在部队发展不能光靠身体素质也要靠知识的力量。

海关执勤

集训之后部队开拔去上海浦东机场海关执行任务，这一待就是一年整。每日的任务是：两人或四人一组，在海关的各个关卡口协助海关官员进行查验和值守。关卡多战士少，每天四班倒，几乎每人每两天就会轮到一次夜岗。王珂珂在执勤岗上做执勤监督员时，曾遇到以前新兵连的同班战友上勤，战友说他今天生日，因为在勤上所以也没法庆祝，没法和家里人里说个话。王珂珂想起上午海关送来的饭菜还有一瓶剩下的绿茶，就拿来给战友当作是自己送的生日礼物，祝战友生日快乐。现在王珂珂不会再送谁这么简单的礼物了，但他说依然想念当时苦中作乐的好兄弟。

时间匆匆，又从海关回到了山西的营区，老兵退伍了，而王珂珂也成了一名老兵。这是王珂珂第一次见到他们班的新兵，感觉很奇特，就仿佛一年多的时光变成一眨眼一样短。看着新兵们王珂珂就想起他刚刚下到新连队的日子，班里老兵把饭菜让他先吃，站岗老兵们抢着、时时地护着他、教导着他要注意的事项直到王珂珂渐渐成为一名合格的战士。王珂珂想，他的老兵教会他的，他也一定要教会眼前的这些“新兵蛋子”们，直到他们成为一名合格的老兵。铁打的营盘流水的兵，不变的是传承的精神和作风。

湖北抗洪

之后王珂珂又参加了一次装甲集训和“卫士-16”演习，时间就到了2016年7月。湖北暴雨，大灾来临，王珂珂所在的单位接到命令去湖北荆州抗洪抢险。湖北的夏天热得人够呛，到达荆州的第一天是中午十二点，他们被安排在洪湖一中住宿，饭堂里吃饭的战士每个人都像是洗了一遍澡。洪湖水暴涨，堤坝下面是当地居民们的鱼塘，战士们的任务是把洪湖的湖岸加高，防止洪湖水冲下来。装泥袋、抗泥袋、垒堤坝，早上天不亮出发，晚上回来也是太阳落山许久，沙袋压在脖子上累得脖子酸疼。天气晴朗时有时会休息，天气越差情况越紧张。有一天上午天气本来很好，可是预报下午有暴雨，三营的任务区可能会出现险情。上午十点钟王珂珂所属的一营去支援三营，到达地方正是中午十二点，列队往任务区赶时暴雨就下来了，几分钟路上就积满了水。扛沙袋还要上坡，当地人给他们在坡上垫干草和芝麻杆也止不住滑，每个人都摔得不轻，士气却不低，真是与天斗其乐无穷。一直干到下午四点多暴雨停了，午饭也用船运了过来，战士们才歇了下来，王珂珂的衣服早已经湿透，鞋子里兜满了泥浆。这是他过往人生中最狼狈的一天，却也是感觉自己最有价值的一天。干活回来登车的间隙，总有当地人免费送来水果，临走的那天早上也有好多当地群众来送，看着他们的热情，王珂珂心里触动很深，人民的子弟兵就是要为人民服务的啊。

实战演习

8月多了，临近退伍，王珂珂心里满是归家的迫切。但是团里又接到了实兵对抗演习的任务，整支部队拉到了山里，练习攻打高地和防守阵地。整支部队被安排在破厂房里住宿，缺水少电，每天靠水炮车从山外面拉水进来供给大家使用。天气闷热，几百号人挤在大厂房里，每天在山里摸爬滚打一天累得支撑不住，回来却被闷热的天气折磨得难以入睡。王珂珂被营里安排为“侦察兵”，在某高地练习隐蔽和观察，虽然成了全营三个“侦察兵”之一自己觉得很光荣，但这也是王珂珂担负过的最艰巨的任务了。对抗演习开始的那天凌晨四点，三个侦察兵就各自被送到交战区，找到自己之前预备好的观察点伪装侦察。隔着不远就是“敌区”。王珂珂小心地铲些蒿子草盖在自己头上，伏在壕沟里等待着，周围寂静一片，只有他自己的呼吸声和不知道什么虫子的叫声。王珂珂想到，大概这辈子再也不会有这种光荣而艰巨任务落到他的肩上，心里就越发珍惜在部队的最后一点时光。

退伍返校

2016年9月，王珂珂退伍回到北京科技大学继续学业，之后考取北京科技大学硕士研究生。王珂珂在部队里的两年被缩成短短的流水账，回顾两年，虽然他只是一名普通的武警战士，但他曾在自己的岗位上为国家奉献了自己的一份力量，他的心里感到无限的光荣与自豪。他经历了两年军旅，中间流过汗水，品尝过苦累，也有过委屈孤单，但他最从来不曾动摇过自己的选择：此身为国，不改初心！

好儿女志在四方　有志者奋斗无悔

——记武警原云南边防总队退役大学生士兵扎西

扎西，男，共青团员，曾服役于武警原云南边防总队，参加过2015年云南边防比武，被评为优秀士兵。

座右铭 **生命不息，自强不息。**

2014年8月16日，扎西正坐在回家的列车上。到家的那天晚上他接到学校武装部打来的电话，让他马上赶回北京准备参军，于是他立马赶回北京，因为他不想失去这个机会。

9月5日，扎西随着大部队去云南边防服役，在云南普洱市里进行新兵集训。他被分到了二中队一排二班，班长是重庆人，年龄比扎西小一岁。

新兵连是普通青年转向军人的阶段，这一阶段也是一个适应的过程。要适应早上六点起床，适应没有手机的日子，适应服从上级的命令，这对于习惯了懒惰、自由的人来说是一种挑战。

下连队——真正的训练

由于在新兵连的表现，扎西被队长带到了机动中队。虽说他曾经有过想进机动部队的念头，但随着对部队的了解，后来他最不想去的地方就是机动中队。机动一词在他看来就是指随机应动，不确定任务的意思。

如果说新兵连是一个是转变成军人的过程，那么中队就是从军人到合格军人的过程。到了中队扎西才明白，曾经的那些训练都不值一提。机动中队有一个规矩，那就是新兵要接受九个月的训练，在这之前不能从事任何任务。万事开头难，每日超负荷的训练，即便如此，训练也不会停。有一次，当扎西听到哨声时，他本能地站了起来，但一放松，竟然瘫倒了。尽管身体承受着超负荷的训练，他咬紧牙关坚持着。

扎西和战友最怕的是一个叫回望水库的地方。除特殊情况外，每逢星期三他们都会去那里训练，所以那一天也被称为黑色星期三。在中队时的痛苦不仅仅在于身体上，还有心理上。这是一个极其强调纪律的地方，在中队的日子里只有简单重复的内务整理和训练。

在众多科目中，对扎西来说障碍是他的缺点，因为障碍需要有强大的爆发力，而他的力量还达不到要求。

比武——军旅生涯的一大遗憾

云南边防组织各支队伍进行一次比武，比赛没有门槛，自愿报名就能参加，扎西也报了名。比武队首先要在支队筛选，于是战友们常常边训练，边测试，每一次测试都会有人被淘汰。

早操有时是重装3公里，有时是泡在水里憋气，也有时是循环的阶梯跑等。聚集在那里的人不分兵龄、不分单位、不分官兵，都是来自各单位的能人。大家每天都要训练射击、障碍、爬地砖网、重装5公里。

由于爬地砖网要用最短的时间爬50米，再射击，所有人的肘部和胯部都被磨破了，每晚脱衣服的时候，衣服都会紧紧地粘在伤口上。不管受伤还是湿地都不能阻止训练，即便下雨了也要对着白墙练狙枪。从最初的五分钟，到最后的三十分钟，扎西都坚持下来了。

但是障碍的成绩一直较差。领导出于对全方位的考虑，做出这个决定。扎西心里很失落，毕竟已经付出了一个多月的努力。但事实就是事实，他知道自己的障碍比较慢，会影响到团队的成绩，想到这里就想通了。当时他暗自发誓要提高障碍，准备来年再战。令人意想不到的是，由于军队改革，第二年并没有举行军事比武，这成了扎西军旅生涯的一大遗憾。

光荣的任务

世界上有四大毒品产地，分别是贝卡谷地、金新月、银三角、金三角。而扎西所在的地方正与金三角接壤，是我国防范境外毒品渗透的重点边境区域。

扎西参加过几次查缉毒品的任务。“你好，我们是边防警察，请你熄火。”这句话，到今天还朗朗上口，这是扎西每次查缉前的告知语，从法律意义上讲就是在告知身份，以及给他们自己营造安全的环境。在普洱市入口处查缉时，当时每天有上万辆车进进出出。扎西和他的同伴们会选择性地重点抽查，对车辆、对人身都会进行彻底的检查。那段日子，基本上都是在晚上执勤，而且晚上要做到比白天更严，因为毒贩在晚上行动的概率会更大。

扎西发现，原来南方的冬天并不像赵雷的歌里所描述的那样——“南方的村庄，阴郁的冬天，没有北方冷。”由于没有暖气，所以南方的冬天反而更冷，尤其是在下雨的时候。当他们在寒冬里执勤的时候，想到的更多的是那个卖火柴的小女孩。但这些都不是问题，因为他有一群可爱的战友陪着他，他们这一群来自四面八方的火星，聚在一起就成了一团火。

后来，由于很久没有查到毒品，当时的他们，积极性开始下降，甚至有人渐渐开始怀疑这种任务就是在做某种没有意义的事情。

直到有一次，他们的带队领导讲起了曾经发生在这里的一个故事：在2008年北京奥运会期间，就是在这个执勤点，有位干部在检查一个包时，在包里发现了一枚炸弹，从而成功地阻止了一起爆炸事件，拯救了不知多少人的性命。听到这样的故事，他们心中的疑虑也就消除了。从此他们的目标也不仅仅盯着毒品，他们也会关注恐怖人员及其他违法行为。虽然作为查缉人员，他们没有正常的作息，但是扎西认为，那段日子是他在军旅生涯当中最有意义一段时光。

这位班长不太冷

扎西在中队的班长是一个福建人，中士军衔，大家称呼他为谢班。这位班长算是中队的元老级人物，他从新兵开始就在这里服役。扎西很敬佩这位班长，因为班长会许多东西，基本上所有的科目都是在他的指导下进行的。扎西从他的身上看到了专业，能够感受到班长确实深爱着自己的职业。

真正了解班长是在扎西生病的时候，那天由于肚子肿胀不能训练，他向班长请假，他在靶场独自静坐的时候，班长走到他的身边，和他聊起天来。原来班长和扎西的命运很相似，两个人很早就没有了母亲，两人聊得很投机，扎西了解到了很多关于班长的故事，班长虽然看起来不苟言笑，但是他有一副热心肠。

班长擅长许多军事科目，在所有军事科目中最擅长的是射击，每一次打靶时，就会报出十环五。当他们去补靶的时候，那个弹点最密集的靶纸，毫无疑问就是班长的。班长曾经参加过无数次比武、特战集训，有时他也会教扎西和战友们很多课外的科目，比如侦察科目等。

扎西最感谢班长的是，每当他从外面出勤回来时，领导会随机地把他分到后勤，但每次班长都会把他带到正规班里。因为扎西对班长说过他只会服役两年，所以两年的生活不想在勤务班里碌碌无为，而希望与新兵一起训练、学习、接受新的挑战，在新兵面前做好表率。

在部队里每逢休息的时候，扎西都会想到一个画面：秋日的阳光透过树缝照在道路上，形成了美丽的丁达尔现象，道路上有数不清的落叶，有位年轻人背着书包听着音乐，悠闲地走在人群当中。

2016年9月8日，扎西退伍回到了学校。刚开始的一段日子里他很不习惯，甚至会闹出一些笑话。有一次有位学生喊他的名字时，他竟然出于本能的条件反射，大声地喊“到”，并快速地站了起来，吓到了那位同学。

回到学校后，扎西不像以前那样游手好闲，他觉得如果在正常的工作时间不做正事会有愧疚感。青春是用来奋斗的，在没课的时候，他都会给自己制定计划，不虚度光阴。因为他明白一个道理——即便是最平凡的人，也要为自己的平凡世界而努力奋斗。

我的军旅生活

——记联勤保障部队退役大学生士兵邓惠青

邓惠青，男，预备党员，青海大通人，1995年5月出生，曾就读于北京科技大学材料成型及控制工程专业。2015年9月参军入伍，服役于中国人民解放军联勤保障部队，担任连队文书，在部队获得过一次嘉奖。

座右铭 **不要在最该吃苦的年纪选择安逸。**

迈出当兵的第一步

2015年还在上大学的邓惠青，无意间看到了学校征兵的消息，就在那时一下子点燃了他儿时想要从军的梦想。作为一名正享受着安逸生活的普通大学生，他也犹豫过，担心当兵之后会适应不了部队的环境，会吃不了苦，心里充满了矛盾。当时流行着一句话“当兵后悔两年，不当兵后悔一辈子”，于是他暗下决心，做一个真正的男子汉，到部队锻炼自己，证明自己，于是毅然决然地穿上军装，拾起梦想，历练疆场，开启了他的军旅生涯。

新兵连的生活是最难熬的，也是最快乐、最充实、最纯真、最辛苦。

那时候刚去，对部队什么都不懂，一片茫然，那么多兄弟，都是新兵。新兵班长是最直接的领导，无论什么都是班长一个人说了算，谁的话都可以不听，但班长的命令必须执行。班长教的第一句话就是军人以服从命令为天职，上面说什么照做就是，不对的也要执行，有什么意见保留，执行完回来再说。

在新兵连对邓惠青影响最深的有两件事。第一件事是高强度的军事训练，对于像他这样一个从学校入伍的士兵来说，困难一个接着一个扑来：队列不合格、体能不过关、内务整不好。但是在班排长的教导下，在身边战友的鼓励下，经过很长一段时间的摔打磨炼，邓惠青各方面能力都有了显著提升。他的体能不达标，跑3公里不及格，于是班长就让跑得快的战友把背包绳系在邓惠青的腰上拽着跑，当时特别痛苦，感觉自己的腿不听使唤，但是一想到自己的战友拉着自己特别丢人，就咬牙坚持下来。就这样，经过一段时间的训练，邓惠青的体能跟上了。班长经常教育他要相信自己，别人能做到的自己也能做到，在哪里跌倒就在哪里爬起来。渐渐地，邓惠青领悟到，青春就是用挫折来磨炼的，无挫折不青春，无磨砺不军人。在后来的各项训练中他都能做到全身心投入，在最后的结训考核中达到了全能的标准。

第二件影响最深的事就是叠被子，到新兵连的第一件事就是收拾自己的被子。部队的被子都是叠成豆腐块似的形状，但是要叠成这样就得好好收拾被子，因为不是所有的被子刚开始都能叠成这样的，得经过至少一个星期的打压，要把里面的棉花压实，否则叠起来就不好看。被子叠得好不好相当于自己的面子问题，不好好压叠检查内务时被批评很没面子。当时压被子那个场面真是壮观，因为每个被子得铺开来压，大家一起压光靠屋里那点地方肯定不够，所以屋子里、走廊上、楼梯拐角处，都可以看到新兵们在压被子。

早上要起得很早，冬天正常的起床时间是六点，但基本上四点就得起床，提前两个小时才能搞定。因为刚开始去叠被子的手法还不熟，可每天早上还要检查内务的，内务不好的被子会飞出去。早上出操围营房跑步的时候你会看见每个屋都有一个被子从窗户里随风飘出，那是班里最差的一个内务被检查内务的排长给扔了，第二天就不会飞窗外了，因为在水房。有时候班长也会帮那些总是叠不好被子的人修一修，完事晚上睡觉的时候就把被子挪一边，不舍得盖呀，经过三个月的集训生活，虽然班长对他们特别严厉，但是对他们特别关心，就这样他们和班长也建立起了深厚的友谊。

下连后的生活

三个月说短不短，说长不长，转眼间就到了分兵的日子，看见兄弟们一个个走出队列被老连队的人接走，可始终没有叫邓惠青的名字。正当他心里犯嘀咕的时候，叫到他了，被告知分到了条件相对艰苦的地区，当时邓惠青的心里特别忐忑，感觉两年军营生活肯定特别辛苦，特别惨。从教导大队到仓库的那天晚上，他在火车上一晚没合眼，感觉前途是渺茫的，担心这两年怎么过，生气自己的运气这么“差”，偏偏被分到了最不愿意去的地方。

下连后，在仓库复训那段时间，从老班长那里逐渐了解仓库的各项事务后，邓惠青才发现那些谣传是假的，仓库的作风特别正，管理模式也特别人性化。复训结束后他在部队度过了自己在外面的第一个春节，当时连队召开了茶话会，集体看了春晚，还组织表演了节目，特别热闹。虽说每逢佳节倍思亲，春节不能和家人团聚有些遗憾，但是有那么多战友一起过年，思乡之情也就淡了许多，这也让邓惠青第一次在部队体会到了家的感觉。

在连队，由于大学生的身份，邓惠青被指导员挑选为文书，当时他就听连队的老班长说连队文书不好干，邓惠青知道自己和优秀的同志有很大的差距，要锻炼自己，这也与当时来部队的初心不谋而合，所以他还是毅然决然地接受了这份工作。在工作刚开始时，经常出差错，因为刚开始的时候，自己是个“差不多先生”，这和部队的严要求、高标准不符，经常被指导员批评。记得有一次帮指导员准备发言的ppt，在正式讲课的时候发现里面有一个错别字，邓惠青被狠狠批评了一顿。后来每次汇报前，他都至少检查三遍。慢慢地，从这些事中他养成了严谨、仔细、认真的工作态度，工作也理顺了，在年底的时候被嘉奖一次。

特殊经历

邓惠青所在的部队是联勤保障部队，单位主要担负的任务是保障战备物资的安全和物资的收发管供，所以平常的任务有站岗执勤、物资收发及物资押运。由于他在连队表现出色，当他还是上等兵的时候就被挑选为押运员，前往新疆乌鲁木齐执行物资押运任务。在经过系统的押运教育之后，由于他是第一次执行押运任务，对押运还是一知半解，所以他主动跟之前押运过的老班长虚心请教，并且拿本子把平时要注意的事情一一记下来，就这样经过他不懈努力，对押运途中突发情况的应急处置、日常生活中需要注意的细节、物资交接的程序流程等都有了基本的掌握。

五月的山西，烈日炎炎。转眼间，就到了押运的日期，他按照老班长的嘱咐，上车前购买了几床被子，还有生活用品。那时他既兴奋又紧张，一方面他知道能执行这次押运任务特别光荣，另一方面，押运路途遥远，责任重大，所以他带着复杂而又沉重的心情踏上了装满物资的火车。当火车开动时，他开始难受了，押运并不像想象中那么简单。因为货车没有减震减噪装置，住在车皮里噪声特别大，晃动得特别厉害，而且货车没有窗户，里面就是一个黑箱子，这时他心情很沉重，但是他没有退缩，一想到自己是一名中国人民解放军士兵，就再也找不到退却的理由。路途漫漫，条件艰苦，白天由于铁皮车厢吸热，温度有时能达到四十多度，晚上又不密封，有时又特别冷，总之在火车里的生活都特别不方便，就这样在火车里度过了艰难的七天七夜，终于抵达了交接单位。他以为苦日子结束了，但是现实总是出乎意料。天公不作美，他们刚刚到新疆，气温骤降，天空飘起了雪花。那时候因为山西天热，所以来的路上穿的是短袖，这让他措手不及。因为要确保物资的安全，所以晚上就只能睡在四处漏风的车皮里，冻得他直打哆嗦，三天后物资交接完毕，押运任务圆满完成。对他来说，历时十天的押运生活中所吃的苦，在任务完成的那瞬间都是值得的，能圆满完成上级交给的任务，对于士兵来说本身就是一种荣誉。

对于邓惠青来说，这次押运任务是人生中的第一次，也是唯一一次，押运中的种种经历都将深深烙印在他的心里。人人都说感谢经历，确实只有当你经历过了某些事情，你才会体会到经历的可贵之处。

军旅感悟

回顾两年的军营生活，部队的锤炼使邓惠青的思维更加开阔，并迅速成长起来。军旅生活带来的不仅仅是身体上的吃苦，更重要的是精神上的磨砺。回到校园后，邓惠青最明显的一个变化就是生活作息规律了，自控能力明显提高了，这得益于部队两年的培养。在仓库一直提倡的“默默奉献、无私奉献、长期奉献、阖家奉献”“热爱山沟、热爱仓库、热爱本职”的“三热爱、四奉献”精神及“能吃苦、能吃亏、能寂寞、能奉献”的“四能”库风精神已经深深烙在邓惠青的心里，他相信在部队的服从意识和吃苦精神在自己未来的发展道路上会是一笔宝贵的精神财富。这些记忆会化为一种信念和力量，支持他在未来遇到困难时更加坚定、从容、自信。

祖国不会忘记茫茫人海中的你

——记原总装备部某基地退役大学生士兵冯晓明

冯晓明，男，中共党员。曾服役于中国人民解放军原总装备部某基地，曾担任副班长职务，承担连队新闻报道工作，曾获嘉奖三次、优秀士兵一次。在校期间曾担任班长、团支书、国防体育协会副秘书长、戎程研究会副秘书长等职务。

座右铭 **人的一生，应当这样度过：当他回首往事时，不因虚度年华而悔恨，也不因碌碌无为而羞愧。**

冯晓明永远不会忘记去部队的那一天，那是2012年12月10日，因为那天是他22岁的生日。在那天晚上他登上了通往部队的火车，第二天早上到达了新兵连——训练三个月的军营。

新兵营，温暖与挑战并存

从头回想，新兵营令他印象最深刻的就是那个生日蛋糕了。那时虽然他的生日已经过了，但是他还是吃到了生日蛋糕，那可是他吃到的第一个专门为他准备的蛋糕。

那是刚去新兵营不久的一个晚上。在看完新闻联播和军事报道后，指导员说有一位战友前不久刚刚过生日，提议大家一起唱生日快乐歌，然后灯灭了，在烛光照耀下的蛋糕从门外被班长端了进来。在全连战友的祝福中，品尝着甜甜的蛋糕，初入军营，冯晓明感到连队就像家一样温暖，班长首长像兄长一样，关心着战士们。新兵营刚开始，新兵是不允许去军人服务社的，所以他们能吃到的东西只有食堂的饭菜，能吃到甜甜的蛋糕大家都特别惊喜。之后每个月连队都会给生日在本月的战友们过集体生日，每次他都会想起那个属于他的蛋糕。

在冯晓明的新兵连中，并没有电视里那么多超高强度的训练。他的部队隶属于总装备部，所以训练强度没有那么大。而且，他本身就是一个跑步爱好者，在学校的国防体育协会中长期坚持进行比较专业的跑步训练。所以从一开始在体能上，他一直都名列前茅。

军姿训练是一种磨炼。在他姥爷家的墙上，很多年前就一直贴着一幅挂历，那上面是多年前军姿笔挺的国旗班。每次到姥爷家，还没长大的他总是要多看一眼，然后郑重其事地敬个礼。所以从小他就有当兵的梦想，想起当兵马上就会想起那他脑海深处笔挺的军姿，所以他的内心十分渴望自己的军姿能够十分笔挺，而且这是所有队列动作的基础，也是他每天在新兵营训练的重要内容，不过最开始的训练使他感到十分难受。冯晓明本身的“O”形腿比较明显。那时是冬天，他站军姿五分钟就已汗流满脸。因为军姿要求两腿挺直，通常班长会在两腿膝盖间夹扑克，这对他来说就很难了，需要用尽全身的力气。最开始十几分钟就浑身不舒服，通过不断地挑战，最后他可以很轻松地做到两个多小时纹丝不动。

新兵连的大部分时间，他是在队列训练和体能训练中度过的。射击训练是在新兵营最后的几天了。在两天的时间里，他们做射击瞄准练习和战术动作训练。他是习惯睁右眼闭左眼，所以瞄准时很难受，而且戴着眼镜瞄准也很不方便。最后射击的成绩他不会忘记，身边的班长告诉他，全部脱靶。这让他感到很遗憾，因为在他们部队以往都只有新兵连时才有机会实弹射击，而他却全部脱靶。如果没有之后的训练，可能他当兵的生涯也就没有打中过靶子了。

第二次打靶

入伍的第二年，在实战化训练的要求下，冯晓明所在部队开始组织除新兵连以外的更大范围的射击训练。

“一个十环，一个九环，一个十环……”“小伙子，有点偏左了，往右修正一点”“好，又一个十环……”这是这次打靶时旁边的老班长跟冯晓明说的话。这时距离新兵营打靶时，旁边的老班长说：“十发全脱靶！”一晃一年多过去了！

经过一年多部队的历练，冯晓明整个人也沉稳了很多，更加明白了此次打靶机会的难得。这一次，他参加了几个周的射击训练，从持枪验枪拆枪到三种姿势的瞄靶训练，从射击基本原理到靶场注意事项，训练系统全面。训练中他十分认真，敢于较真。练前倒，他磨破了手膝肘；练狙枪瞄准，他顶红了肩窝；练跪姿，他一跪就是半个多小时。

他的单位，是一个没有硝烟的军营，更没有枪林弹雨。他们的日常任务枯燥无聊，并不是想象中那样热血：每天大强度训练，晚上倒头便睡。不过与其他部队相同的是，他们每天都在认真地完成上级所交代的任务。

他喜欢把自己比作子弹，一发从林中被打出去的有灵性的子弹。他日常的工作就像用子弹只打碎了弹道中片片飘落的树叶。而自比作有灵性子弹的他可以选择坠落到一地的落叶中，也可以选择继续往前冲。前面可能除了树叶还是树叶，但是冯晓明坚信，是子弹就应该一往无前地向前冲，直到射进敌人胸膛。不继续往前冲，如何知道前方没有敌人，如果前面有敌人，你却选择了坠落，那无异于背叛！

“召之即来，来之能战，战之必胜！”习主席的训令让那些丛林中的子弹们燃起了熊熊的烈火。他很荣幸那时他也是其中之一，他为此而骄傲，而自豪。他一直保持着子弹应有的战斗状态，无论前方是什么，都牢记使命，一往无前。不过子弹终将落地，在落地之前，他将杀气腾腾。这是他的坚守。

光荣在于平淡

连队的生活和新兵营不同。冯晓明的训练跑道变成了6公里的飞机跑道。能在一眼望不到头的飞机场上跑步，对他的军旅生活来说也是一种满足。作为警卫的他，除了体能训练，平时更多的时间是在进行岗位职责和专业技能的学习与训练。当他站上属于他的一尺岗台，站军姿时他一丝不苟，严格要求，用饱满的精神状态完成每一次任务。一段时间之后，他的内心却开始有了一点恐惧，站岗的日子枯燥无聊，两年可能真的就这样毫无波澜地过去了。后来，一次连务会上，连队指导员说，在他们场站各连队主官会议上，因为军姿标准挺拔，刚来一个月的冯晓明就被站长、政委相继点名表扬。在营门岗这个大家每天经常经过的地方，冯晓明展现了庄严向上的精神状态和军人至高无上的荣誉感，而且在警卫过程中，坚守岗位职责，堪称这批新兵中的模范。

从那以后他开始对自己岗位有了新的认识。部队本身就有各种岗位，对于部队完成各项任务，乃至国防事业的发展，每个岗位都是必需的。革命分工不同，部队是讲求合作的地方。每个人人尽其职，密切配合，就能形成无穷的战斗力。部队尊敬每一个岗位上的人，每个岗位都可以做到很优秀。无论你的岗位是什么，你的职责是什么，优秀的人会受到尊敬。

军人追求军人的信念。军人的信念包括服从命令、整齐划一、军容严整。军人的队列、内务、口号甚至说话的方式，都追求整齐划一。这也是战斗力的一种体现。盛夏时，飞机场的地表温度达到了五十多度，他们的着装依然是身穿全套丛林迷彩服，脚蹬作战靴，头戴钢盔。军容严整是他们的追求。警戒的时候，冯晓明一直暴露在炎炎的烈日中，不用几分钟，衣服就可以湿透了。但是他依然保持一动不动，因为服从命令是军人的天职。军人以服从命令为无上荣耀，这是军人的信念。

重回校园

经过两年的军旅生涯，冯晓明重新回到了校园。相比没有当兵之前的他，这次他更加注意与人相处的重要性及方式方法，他很快就适应了新的环境，投入到了新的学习与生活中。老师对他的评价是，感觉当了两年兵回来，整个人的精神状态完全不同，更加阳光向上，对于工作学习更加认真负责。

不过学习压力对于他来说依然很大。已经大三德语专业的他，德语专业四级还未通过，这是毕业的基本要求。后来在老师和同学们的帮助下，他终于通过了专四的考试，这可是在两年几乎没有学习的基础上取得的成绩。在大四学年，他成为班级的班长。作为从大三下学期插班的学生，他非常珍惜这次机会。他对待学生工作认真负责，对每个同学贴心耐心，成了老师的得力助手，也得到了同学们的认可。担起班长的重任的同时，不忘努力学习，通过“退役大学生士兵硕士研究生专项计划”，本专业为德语的他，跨专业考研到控制科学与工程专业。最后一学期在认真完成学生工作同时，完成了两个毕业设计，最后顺利地拿到德语和自动化两个学位。

同时冯晓明也不忘积极主动地配合学校武装部的各项工作。多次组织参与到部队慰问学校服役士兵，进行大学生入伍相关课题的走访调研，完成相关调研报告。处于研究生阶段的他还担任了戎程研究会副秘书长，负责研究会日常事务，协助武装部征兵宣传。配合校武装部，参与两年学生军训团管训组工作，时刻准备完成军训团领导赋予的各项任务，在完成各种任务的同时，收获了更多的成长。这都是因为他有难以割舍的军旅情怀。

全力以赴

——记武警原126师退役大学生士兵牟忠强

牟忠强，男，共青团员。在部队期间，担任基层连队文书、新闻报道员，通过拍摄、录像、采访等方式对部队日常战备训练工作及重大专项任务情况撰写新闻稿进行报道。获2013年度团嘉奖、被评为2013—2014年度优秀士兵、2014—2015年度优秀士兵、2015年度优秀新闻报道工作者。

座右铭 **虚心使人进步。**

人生有无数次选择，牟忠强回顾过去通常会有这样那样的感慨，或许不尽如人意。然而，选择参军入伍，将是一生不后悔的选择。参军入伍，投身警营，为人民守护一方安宁、为祖国站好一班岗，尽好自己一份力。一个不敢吃苦，畏惧吃苦的人，必然难有一番作为。青年时代，选择了吃苦也就选择了收获，选择了奉献也就选择了高尚；青年时期多经历一点摔打、挫折、考验，有利于牟忠强走好一生的路。人生最美是军旅，军旅最美是奉献。选择了军旅，也就选择了奉献。

勇于担当，化苦为甜

本科期间，牟忠强选择了参军入伍，毅然不悔，他现在回想的军旅生活，印象最深的还是新兵连的那段日子。

兵之初，新兵连的点点滴滴，日日夜夜，对他来说记忆犹新。在一次体能训练中，俯卧撑下不去，仰卧起坐上不来，他心里很不是滋味。在组织器械练习，班长做了一个示范后，同是新兵的小谢跃身一试，身板一晃三荡，一下子就来了十来个了。牟忠强拽上单杠，可就怎么也上不去，如坠千斤，有一种吊死鱼的感觉，一个也完成不了，牟忠强心里直捣腾。

班长说："武艺练不精，不算合格兵，素质不硬，本领不强，就不能履行好维护国家安全和社会稳定、保障人民安居乐业职责使命。"当时，牟忠强听了很不服气。班长看到这种情况，没有严厉的批评，而是拿出了几张泛黄的照片。他告诉牟忠强第一张画面内容是亚运执勤期间，成功处置一起突发事件，而后在全连官兵面前和大家谈感想……当天，班长和牟忠强说了很多遂行任务的故事，一幕幕惊险的画面入目刻心。

在新兵营期间，一个电影晚会上播放了三分钟赵乃奎的短片，他为了参加师比武竞赛，多次放弃了回家与家人团聚的机会，为了不让家人担心自己，硬是没有把自己腿受伤的事实告诉家人，顶着腿伤参加了这次尖子比武，最后还取了名次拿了奖牌。当时牟忠强还不清楚他的事迹，之后，参加了爱警精武标兵赵乃奎表彰大会暨报告会，让牟忠强对他有了进一步的认识，更成为牟忠强心里的榜样。

"一个有担当的人，不能说不行。"这样的话音时刻在牟忠强耳畔回旋。牟忠强决心要改变自己。哪儿不行牟忠强就专练哪儿，上肢力量不足就练上肢，专挑最重的那个杠铃，分组推、连续做，直到用完最后一点力，每天坚持做夹臂俯卧撑、仰卧起坐。别人休息了他继续加班加点练，中午午休半小时、晚上熄灯后，一点也不浪费。一次次地突破、超越，牟忠强赶上他们并迈入中上水平，在一个多月后的基础体能考核中，牟忠强很轻松地就达到了要求。半个多月后，新兵营展开了3000米跑科目的训练，牟忠强欣喜若狂。在接下来的一次会操考核中，牟忠强和班里的战友轻轻松松就跑到了前面，边跑还能帮扶身边的战友，用自己的一腔激情鼓励前行。

"天将降大任于是人也，必先苦其心志，劳其筋骨，饿其体肤，空乏其身。"自古以来所有伟人、成事者，都曾经历过这些困扰，但是他们都挺了过来，最终成了大业。要想成为一名合格的武警战士，必须要经历一番磨炼。

奉献军旅，化蛹成蝶

奉献是军人永远的话题，是军人的责任和义务，是完成任务的前提，吃苦在先，冲锋在前，享乐在后。一次周四教育时间里，连队指导员组织观看一堂电视教育片，是关于1998年抗洪和抗震救灾的。治理发生在长江、松花江和嫩江流域的洪水，是武警部队自解放军转隶以来，第一次遇到的大任务，形势相当严峻。抗洪一线，武警官兵日夜战斗在一线大堤，一连几日没有吃过饱饭、没有睡好觉，在抗击洪水中他们手挽手，跳进水里修筑工事，填补缺口，他们有的献出了年轻的生命。近年来，我国地质灾害频发，汶川心碎了、舟曲哽咽了、玉树哭泣了、鲁甸受伤了，每一次的救援，武警官兵总是第一时间赶到现场，展开救援，清理废墟，将一个个鲜活的生命拯救回来。牟忠强看到这里，一阵一阵触动涌上心来，眼角总是泛起泪水，拭去泪水眨了眼又涌出泪花。诗人艾青曾有感而发“为什么我的眼里常含泪水？因为我对这土地爱得深沉……”牟忠强想，自己大概也是吧。

军人因任务而存在，军人因奉献而凸显价值。2014年春夏之交，正值南方梅雨季节，台风过境不久，加上东北冷空气南下，进一步加大了南方的雨势，一连数日，广州城出现了严重内涝，“我陪你来广州看海”成了网友调侃的话。几轮暴雨的冲刷以后，再也扛不住了，广州增城告急，牟忠强所在部队受领任务应急出动。当晚，全连干部骨干召开紧急部署会后，牟忠强进入连长房间，告诉他这次抗洪自己要参加。可连长以团里老兵先上为由，考虑到牟忠强是新兵，要牟忠强跟着指导员编入第二梯队。后来，很遗憾第二梯队没有上去，险情得到了有效控制，但是牟忠强为全体官兵凯旋感到自豪。

“头顶边关月，情系天下安。”夜色幽静，月光皎洁，透过窗户洒在床上，看着月光的牟忠强一时难以入眠。此时此刻，有多少人为维护一方安宁，站岗放哨，不能入眠；祖国边陲、戈壁草原、高山雪地、大洋海岸，都有武警战士在站岗执勤。每一寸祖国和人民需要的地方，就有军人无私的奉献。因为有了奉献，才会有祖国亿万人民的安居乐业，因为有了奉献，才能听到校园琅琅读书声，一人的奉献换来了万家的团圆。

人生最美是军旅，军旅最美是奉献。选择了军旅，也就选择了奉献。在抗洪、汶川和玉树抗震等一系列急难险重任务中，武警官兵英勇奋战、冲锋在前，完成一项又一项艰巨的任务，克服一个又一个难以想象的困难，武警官兵用青春、汗水、鲜血和生命书写那属于军人的使命，无私奉献无悔军旅！

策马扬鞭再奋蹄，求学不止正当时

牟忠强是大三参军入伍，退役后复学续读大四。他们这一批退役士兵正好赶在政策调整期，从部队退役到学校复学在时间上安排得非常紧凑，可以说出了部队大门就进了校门。在营门无缝对接校门的同时，牟忠强需要很快地调整自己的状态，适应新环境，完成从军人向学生的转变。

作为一名复学大四的在校学生，牟忠强牢记自己曾经是一名军人的身份，时刻保持先进，发扬吃苦耐劳的精神，争取更大的荣誉。因此，牟忠强在复学以后，一方面是在部队期间缺乏对科学知识的学习让牟忠强产生了恐惧担忧，另一方面是当时看到自己与同班同学在学业上的差距，让牟忠强毅然作出决定：他要继续深造，攻读研究生。

由于“九三阅兵”推迟了复学时间，直到快“十一”牟忠强才返回校园，所以留给自己准备研究生入学考试的时间也就只有一百天左右。牟忠强现在回想起来，这百日攻坚备战何不又是“新训营——训练目标是通过考试！”他斗志饱满，信念坚定，他相信自己一定可以。牟忠强一点点拾起了高数知识、英语单词、专业课理论……夜以继日、废寝忘食，牟忠强要做得比考研先行人更多，才能赢得这场战斗。牟忠强坚持到了最后，参加完了入学考试。春节过后，查了考试成绩，他通过了国家线，接下来，他准备好了复试，如愿拿到了本校的研究生入学通知书。

研究生入学后，牟忠强认真对待学业，加强对课本知识的学习，重视考试，研一学年获得了国家二等奖学金。此外，牟忠强积极投入学生工作，充分发挥部队期间工作经验，以班长的角色协助好老师开展各项工作。在班委同学一起努力建设下，形成一支“冲不垮、压不倒、拖不烂”先进优秀集体。班级同学思想觉悟高，学术科研优秀。凭借优异成绩，牟忠强班获得了2017年度校级“十佳”标兵班集体。

退伍不褪色　继续发挥光和热

——记海军东海舰队退役大学生士兵李伟铭

李伟铭，男，共青团员，曾服役于东海舰队，担任文书、副班长，荣获优秀士兵一次。

座右铭 **智者乐水，仁者乐山。**

两年的军旅说长不长，却是李伟铭最难忘的回忆，和兄弟们一起同甘共苦的日子是那样地让人记忆犹新，初学游泳的艰辛、适应海上生活的不易，这些经历让他从一个大男孩蜕变成一个有担当的男人。不仅仅是身体的结实强壮，更是思想上的成熟稳健。

时光荏苒，如白驹过隙，两年的军旅生涯一晃而过，告别了火热的军营，告别了亲密的战友，往事如烟，拂之而过，留下了一段难以释怀的青春记忆。在这记忆中，写满了激情、豪情和自信，融入了汗水、泪水和友情，收获了果敢、智慧和成熟。训练场上的摸爬滚打、执行任务中的默契协同、生活中的相互宽容、举杯共饮的豪情、联谊会上的欢乐，还有邻铺战友的鼾声等，谱写了李伟铭军旅生活朴素而真实的篇章，并时时在他脑海里回荡，魂牵梦萦。

回忆起海军时光，李伟铭印象最深刻的是刚上军舰的时候。那天得知要登舰，心情特别激动，看见银色的舰身，自豪之情油然而生。登上军舰之后看什么都稀奇，恨不得立马把它仔仔细细看一遍。可好景不长，不一会儿他就感觉头晕目眩，午饭也吃不下去，一直在干呕。老班长看出李伟铭的问题，给了他一箱苹果，让他在适应前只吃苹果喝水，这一个月适应船上的生活可把李伟铭痛苦坏了，瘦了十多斤，用茶不思、饭不想来形容他也不为过。也多亏了这一个月，让他在接下来的军旅中风平浪静。

李伟铭是东北人，从小就没怎么接触过水，是个地地道道的旱鸭子。海军顾名思义，会游泳是必需的，这可难坏了他。开始学游泳的时候那叫一个辛苦和害怕。当时是十月份，天气已经开始慢慢变冷了，水温很低，一下水就要游2～4个小时，有时候在水里冻得久了，身上脸上都是青色的斑块。这时候李伟铭找老班长，说他想上岸了，老班长淡定地摆摆手，说不行，再游会儿。就这样冻了四天，李伟铭终于学会了游泳，海水喝得都吃不下饭，用他的话讲，这海水它不好喝啊。在年末报名安全员的时候，他报了名，又努力使劲游了一冬天，终于在第二年教新兵游泳的时候，李伟铭可以大展身手了。这个时候他想起来了军营里老班长讲的代代传承的故事，于是每当有新兵问班长我游不动了能不能上岸的时候，他会和曾经的老班长一模一样地淡定地摆摆手，告诉新兵不行，再游会儿。

问起李伟铭在军营里收获最多的是什么，他是这样回答的：同甘共苦，一起摸爬滚打的兄弟情是他这一生都最珍贵、最珍惜的财富。他说他会永远记得兄弟们一起在训练场上挥汗如雨，在饭堂里争抢着吃饭，比谁吃得多、吃得快。永远忘不了他和那些兄弟们在一个军营里一艘军舰上当海军，按他的话讲“两年海军人，一生海军情”。在与战友的交往中，他和炊事班的兄弟们关系最好，可能也是因为他尽管吃得多还不忘夸炊事班的班长饭菜烧得香的缘故吧。有一次炊事班的老班长不知道从哪里找了几条刺鲀炖了一锅，就叫上了李伟铭。从小也不怎么吃海鲜的他，这下可吃开心了，好家伙真好吃啊，吃得这个香啊。哪知道吃完不一会儿，他就开始吵吵着船舱里进水了，就要游泳，拦都拦不住，原来是鱼吃多了，有点出幻觉了。班长把他扔床上，他还在那里扑腾着游泳呢，可把大伙儿逗得乐开了花。还有一次更有趣的。在一次小型船的乘坐过程中，由于天气原因风浪特别大，军舰又是尖的船底，好能劈波斩浪，就导致那天的军舰船舱内摇晃得特别严重，没经历过这样大风浪的李伟铭吓坏了，他按照训练时的要求迅速穿好救生衣，急匆匆地就往甲板上冲，多亏旁边的老班长看出来是什么情况了，一脚就把他给踢倒了，才没让他一个猛子冲到海里去，原来他那时以为船要翻了，所以，按照要求跳海。后来战友们只要一提起来这两件糗事他就脸红得不行。在这样的温馨欢快的环境中生活锻炼两年，临别时他也舍不得这群兄弟，至今他也忘不了退伍前的那天，老首长对他勉励的话语，炊事班班长给他做的送别饭，战友们依依不舍的送别，还有那泪目的敬礼，无一不是他热爱留恋部队这个温情的地方的原因。

正所谓铁打的营盘，流水的兵。李伟铭感谢军营教会了他这么多东西，他从一名普通的大学生，穿上一身戎装，走进火热的军营，成为一名合格的军人，在军营这所大熔炉里锻炼成长，成就了自己儿时的梦想。一路走来有酸甜、苦辣和艰辛，有追求、拼搏和成就，有挫折、困难和失败，使他变得更加稳健、自信和成熟。

如今李伟铭退出现役，回到曾经的大学校园，面临新的挑战和考验，满怀信心完成好学业，为社会做出更多的贡献。当兵两年，李伟铭学会了感恩。感恩父母，感谢他们的养育之情；感恩领导，感谢他们的培养教育；感恩朋友，感谢他们的肝胆相照。常怀感恩之心，生活充满爱心。

李伟铭还懂得了责任的真正含义。责任，是一个成熟的人对自己的内心和环境完全承当的能力和行为。责任心是人生中最积极的态度，是珍重自己、关爱他人、珍惜生命、珍视未来的表现，是一种使命感。作为一名军人，责任就是使命，在严寒酷暑下，站岗放哨，保家卫国，尽到了一份报效祖国的责任；在各种急难险重任务面前，冲锋陷阵，圆满完成任务，尽到了一份报答人民的责任；如今离开了部队，回到学校，选择了一个新的环境学习成长进步，又有了新的责任，更应该义不容辞地肩负起自己分内的责任，尽职尽责地完成好学习任务。

李伟铭在当兵前一直觉得红色精神只存在战争年代，尤其是在现在和平年代的经济建设为主的大时代背景下，红色精神看似并没有发展沿袭的前景。可到了部队才知道，原来红色精神一直传承至今，它存在于身边微不足道或是默默无闻的人和事中，谁都不能否认它的伟大。给他印象最深刻的是一次认识了一位老班长，他说自己是大功连的，之所以称之为大功连，是因为在20世纪70年代，大功连所在的海军部队正在参与对我国领海内的岛屿进行开发的任务，在一个岛礁上，需要修筑一个前沿哨所，一个200人的编制连队派过去执行这个任务。起先这个荒岛的开发任务就已经十分艰巨了，一切只能从零开始，又没有什么其他的成功案例经验，都是靠着大伙儿摸索着来，这也就为安全埋下了隐患。就在开发了几个月后，突然有一段时间，这个部队就联系不上了。又赶上恶劣的天气，等后来派遣船只去看才知道，原来当时附近海域发生了大海啸，岛礁上的官兵都被冲到海里，无一幸还。岛上修建的设施基本上全被冲走了，但却留下了一样，一杆军旗笔直地立在岛上！它证明着这群兄弟前辈们的伟大足迹，证明着他们的牺牲奉献。听到这样的事情，李伟铭的眼睛泛起了红色，他的内心久久不能平静。这真的是铁血的军人，他们值得荣誉这两个字。至此他坚信不管是什么样的年代，什么样的情景，红色精神都会在无数的前辈先驱们留下的光辉下传唱不息，永垂不朽。

有了两年参军的经历，不得不说对李伟铭回到学校的生活有特别巨大的影响。原来他的体侧都吃力，现在能很轻松地跑3公里。他在部队养成了良好的作息习惯，早起吃早饭，每天整理书桌、床铺，傍晚运动保持体能。有了在部队克服各种困难的经历，让他觉得在学习生活中再也没有什么可以难倒他，让他有一种敢于直面一切的勇气和能处理一切问题的自信。在部队打磨两年，让李伟铭的人际交往能力也得到提升，他现在很喜欢与人交流，并且善于与人交流，能很快地融入新的班级、宿舍。

尽管离开了军营，李伟铭还以军人的标准要求自己，永葆高尚的军人本色。两载的军旅生涯，培养了他坚强的意志，教会了他做人的道理。在今后的实际学习生活还有工作中要继续做到退伍不褪色。李伟铭给自己的定下了标准：一是认清自我，端正态度。要经常提醒自己，不忘军队的培养，继续保持军人的优秀本色，把军队的好思想、好作风和好传统带到自己的生活中来，继续发扬光大。二是潜心学习，提升能力。树立终身学习的观念，活到老学到老，唯有具备深厚的文化底蕴和精湛的办事能力，方能在未来为国家为社会做出更大的贡献。在学习生活中发扬军人雷厉风行、敢想敢干的作风，提高学习效率和学习质量。三是作为退伍军人要发挥自己的光和热，继续保持和发扬部队的光荣传统和优良作风，讲团结、讲协作、勇于创新、善于创新，争做一名政治坚定、学识严谨、作风过硬、大家信任的好同志。

点击军营，青春从这里起航

——记陆军原38集团军退役大学生士兵杨程宽

杨程宽，男，共青团员，曾服役于中国人民解放军陆军原38集团军，曾获个人三等功一次、优秀义务兵一次、2015年卧龙山驻训先进个人、2016年内蒙古驻训训练标兵，曾任班级学习委员、部队副班长。参加过多项演习、团武装5公里越野比武等任务。

座右铭 **努力成功的速度要快于父母老去的速度。**

参军的这两年，是杨程宽人生中最灿烂的两年。

初入军营，涅槃重生般的勇气

初入军营，杨程宽的生活突然被套上了无数的枷锁：什么能做，什么不能做，什么时候做什么，什么时候不能做什么，常常搞得他心很累，每天都活在紧张和焦虑之中。但凡事就怕个“习惯”二字，当棱角被磨平，当生活变得有序，这些约束便“习惯”了，也便不再是拘束，而是一种自然而然的状态。军营里的生活便如同新生一般，充斥着崭新的活力与生机。

在新兵连，体能训练的强度是一点一点地提升上去的，但就是这个提升的过程，杨程宽一次次冲破自己的极限。在刚开始的几天，班长带大家3公里越野，身体活动开了就开始练习冲刺跑。没过几天，大腿就像废了一样，稍微挪一挪就生疼，然而这并不能影响训练，训练只会更加严格，杨程宽感觉自己每次训练都要去撕裂一下大腿肌肉，感觉那时候的痛苦不亚于压腿劈叉。这种状态持续了大约十天，康复后，他的体能明显上升了一个层次。班长微笑着说：“恭喜你，你突破了一次自己的极限。”他也拍了拍双腿：“恭喜，涅槃重生，辛苦了！”

在一次次地突破极限后，杨程宽的跑步成绩一直在连队拔尖，但同时他也很快认识到自己的弱势项目：手榴弹投掷和引体向上。杨程宽每次投手榴弹总是差那么几米，而且每次投完必定扭伤肩膀，俗称“撇手”；至于引体向上，他是一个也拉不上去的。新兵连总共三个月，前两个月期间杨程宽这两项一直不能合格。但是他明白，这不是一朝一夕就可以达标的。于是，一开始他便找班长寻求建议和帮助。投手榴弹撇手？距离及格线的差距不大？说明力气是有的，八成是动作不标准。因此，经过一次又一次撇手的痛苦，经过班长一次又一次的动作纠正，杨程宽终于迈过了这个坎，可以轻松及格了，也不会撇手了，还能偶尔投出四十多米的好成绩，努力总算没有白费，杨程宽暗暗为自己开心。而引体向上这一项目，提高的过程就没有这么轻松了。班长说，他拉不上去，原因是手臂力量和腰腹力量不够。于是，每天晚上熄灯后，杨程宽还坚持给自己加练：“三个500”，即500个俯卧撑、500个仰卧起坐、500个深蹲。“三个500”，看似恐怖，实际上一组一组地做，很容易就做完了。在夜复一夜地挥汗如雨后，杨程宽在单杠上逐渐找到了感觉。当然，及格并不是最终目标，单杠八项练习才是。杨程宽也曾希望自己像许三多那样，在单杠上创造自己的奇迹，那么，他就势必要比别人多付出百倍千倍的努力。

洗尽铅华，永不停歇地成长

曾经顶着烈日奔袭，也曾经冒着大雪拉练；曾经在暴雨里奔袭，也曾经在戈壁中吃沙。让杨程宽印象最深刻的事情发生在第一次徒步拉练的首日，由于经验不足，背囊装的东西太多了，重量超过标准十几斤。走了一天，按原计划傍晚就能到宿营地，没想到前锋带错了路，整个队伍比原计划多绕了将近十公里。暮色降临，所有人都不知道目的地在哪，都紧跟着前一个人的脚步，盲目地、机械地迈着沉重的步伐。肩上的背囊坠着，仿佛有千斤重，杨程宽弯着腰，用双手在背后托着底，以近乎扛着背囊的姿势，咬着牙，心里不断地重复着：“让我再走两步！再坚持两分钟！”他不甘心一整天的努力被这最后的一段路拖垮，他想要抗争。脑海一片空白，一步、两步、再走一步！坚持、再坚持一下！突然，前方出现了点点灯光，凭借着不知哪来的一股劲，杨程宽居然跑起来了，冲向灯光！黎明前的黑暗是最黑的，身处黑暗的人必须要有信念，要有奔头。为了度过最黑暗的这段时间，为了迎接前方的光明，杨程宽学会了自我激励、咬牙坚持。

之后的杨程宽在中国最强陆军——万岁军服役。服役期间，未曾碰过汽车，却先学会了开坦克，杨程宽倍感自豪，也有点好笑。操纵一个55吨的大家伙驰骋在大戈壁上，跑出65迈的速度也能如履平地时，对于当时的杨程宽来说是一件很酷的事情。

作为一名坦克驾驶员，杨程宽还担负着保持全车技术状况和性能的重要任务。而坦克兵属于技术兵种，对战士的专业技能要求极高。作为一名半路出家的坦克兵，他接触坦克装备比同年兵晚了半年。为了尽快了解、熟练操作装备，他牺牲自由活动时间来学习技术手册，熄灯后背记专业名词，向连队技师、本专业老兵取经；他珍惜每一次实际操作装备的机会，别人练一遍，他就练三遍。他追求的不是过关，而是精益求精，更加熟练。

在快退伍的那两个月，杨程宽必冲在前面，全然不顾全身上下沾着的油污，这种奉献精神极大感染了连队官兵。很多人只看到驾驶员们驾驶坦克时的风光无限，却鲜有人知道这背后累死累活保养装备时的痛苦。俗话说，养兵千日，用兵一时。这句话同样适用于武器装备，万岁军的战士们希望自己在战场上操纵的永远是状态最好的装备。

杨程宽是连队一排一班副班长，对自身要求很严格，凡事以身作则。在各种公差任务中积极踊跃，带好头，把好关，树立了标准。在训练新兵过程中，他树立了威信，讲究带兵方法，达到了很好的训练效果。他体能素质过硬，在每次武装5公里考核中，杨程宽主动担负帮带落后同志的任务，确保了连队整体成绩，团结互助的精神获得各级领导和官兵的一致好评。杨程宽还多次代表连队参加团组织的体能比武和尖子选拔，均取得优异成绩。

一指流沙，忘不掉的年华

2016年驻训，杨程宽欣赏过唯美的落日，用脚丈量过广袤的戈壁，也忍受过那里的沙尘暴和说来就来的暴雨，更别提白天黑夜如同夏冬两个季节的气温了。中午骄阳似火，全身淌汗，怎么也睡不着；半夜却似坠入冰窟，全身里三层外三层地裹着棉衣，凛冽寒风如刀割，站岗时再也不用担心打瞌睡。杨程宽深刻领教了“北风卷地白草折，胡天八月即飞雪”的恶劣天气。然而，艰苦的生活条件并不能阻挡他投入训练的热情。

坦克战斗射击训练中，驾驶员们需要稳妥操纵坦克，严格按照车长和炮长的指令进行操作。杨程宽驾驶着坦克，忍受着恶臭的火药尾气和把脸熏成黑色的烟尘，一圈又一圈，默默保障着炮长。半夜一点半，训练结束，车辆需要转场，这是他最喜欢的时刻：漆黑的夜，他盯着驾驶窗里前车的尾灯，双手紧握方向盘，脚下稳踩油门，驰骋在草原上，永远不用担心超速，随心所欲，就像一个骑士追求的自由。光荣在于平淡，艰巨在于漫长。

驻训这三个月是杨程宽两年里最值得回忆的时光。驻训的收尾阶段，作为一名义务兵，他参加了师里组织的合成营演习。演习期间，他在车长的指挥下操作稳健，动作及时，走位准确。有时需要进行超长距离的机动，有时需要迅速果断地规避、伪装，有时需要稳定驾驶，保障炮长顺利射击。演习需要战士掌握很多技能，而正是之前刻苦地学习和钻研，成就了杨程宽在演习中良好的表现。演习结束后，他获得师团首长的一致赞赏。他的内心壮怀激烈，充满自豪，古代将士们从沙场凯旋后的感觉也大概如此吧。后来，经过连队的推选，杨程宽被团政治处奖励个人三等功一次，那一刻，是他两年军旅最荣耀的时刻。

时光阡陌，你从未走远

刚退伍的日子，杨程宽总觉得自己与这个社会格格不入。他所伫立的这个“外面”，什么都是焕然一新的。军营里模式化的生活突然被打乱，没有人再大声催促着让干这干那，没有了整齐划一的集合点名，吃饭前不需要唱歌，半夜也不再需要站哨，心里空荡荡的。所有的事情都是自己做主，身体力行。那段时间是最迷茫的。

学校里，专业知识遗忘得很厉害，看着那些陌生的公式、英文单词，他总是在心里说着：“当过兵的人，这点困难算什么！”对此，他课下必须付出更多努力，更加认真地翻课本、看课件、做习题。更重要的，是要保持规律的生活方式，懒惰的心态比勤奋更容易占领一个人。晚上，杨程宽逼着自己去操场跑几圈，去拉几次单杠，只是为了不让自己闲下来、松下来。能约束自己的，不再是部队的哨声，而是自己内心的“原则”。杨程宽意识到在部队里学到的技能与学校专业知识的关联，他在部队经常拆装发动机，非常熟悉发动机的机械构造，尤其是油料燃烧的过程，让他对机械、热能、动力方面的知识领悟得更深刻、透彻，在学校的学习中更能理论联系实际。

两年的军旅生涯，是人生一段难忘的旅程。杨程宽深刻地理解了个人与集体的联系，更明白了家国情怀下个人抱负的可贵。“有意义”并不足以概括这730天，两年时间，改变的不仅是生活方式和做事方法，更是思维方式、做人准则。

“兵”非有趣 “兵”非无趣

——记武警原187师退役大学生士兵陈善东

陈善东，男，共青团员，曾服役于中国人民武装警察部队原187师，曾获人民三等奖学金；获首云矿业奖学金攀登奖、三等奖、二等奖、2015年团演讲比赛一等奖、2016年优秀士兵一次、营、连嘉奖各一次；获2017年优秀士兵一次、人民二等奖学金、优秀共青团员，曾任副班长、代理班长。参加过2016湖北抗洪抢险、“卫士-16”演习等任务。

座右铭 **为六连而战，舍我其谁！**

陈善东，土资学院采矿专业退伍学生，与军队有过三段缘分，第一次是高考时报考国防科技大学，遗憾的是体重超标，他只来得及在面试时回答了国防科大老师关于黄岩岛的提问，就与这“梦中情人”擦肩而过；第二次是在大一，那时候还是冬季征兵，北京下着小雪，预征对象在中关村医院体检，他的体检结果是心电图异常，需要复检，兴许是南方人不适应北方的天气，所以鬼使神差，他抱着必须去部队的决心选择了放弃复检，这是一次可笑的错过；第三次在2015年，陈善东念完大三，身体指标正常，年龄22岁，不需要抉择，他要去服役，去那一板一眼，又如歌似火的地方。

就这样，他与中国人民武装警察部队原187师结下了缘分，这是一支有着光荣传统的部队，走过了抗日战争、解放战争、抗美援朝战争，以及和平建设时期的激战广陵城、攻克新保安、铁原阻击战，还有历次抢险救灾，涌现出的英雄人物数不胜数，大家把传统看得很重。在那里陈善东经历挫折和磨砺，感受痛苦与喜悦，得到成长和锻炼，虽然现在回到了大学校园，但是他仍旧清晰地记得在那里度过的727个夜晚，仍旧记得那些战友，那些拉练途中、抢险路上给他们递来茶水的百姓，他们素不相识，却又血脉相连。

青春，迷彩

退伍已经几个月，常常有人问，当兵怎么样，是不是挺有意思的，或者是像“当兵后悔两年”讲的那样枯燥无聊。陈善东会告诉别人“兵”非有趣，“兵”非无趣。

入伍是在2015年9月10日，从北京到山西，高铁三小时就到，国家的发展给了他们这样的福利，不必像他们的先辈一样挤在“闷罐子”里几天几夜地赶路。到了部队已是深夜，运兵的车“嗡、嗡”地抖，车里柴油味很重，零星地有人问：“你是哪个学校的？”回答的人看不清脸，有一搭没一搭地聊着，话里有兴奋、也有忐忑。接下来分兵，享受一盘热腾腾的面条，然后就寝。接下来的日子，诚如诗中所言：“宿昔秉良弓，楛矢何参差。”当了兵，就要有当兵的样子，一言一行、一举一动，坐要如钟，站要如松，衣食住行都要令行禁止。强健的体魄必不可少，因此锻炼耐力的长跑、关系到爆发力的短跑、与臂力相关的器械、考验灵活性的障碍是体能训练的家常便饭。军事技能也不可或缺，是军人的必修课。当了兵，也会在无法入眠的夜晚想着远方的家人、外面的世界，想吃啥吃啥，想喝啥喝啥更是遥不可及的事，毕竟“名编壮士籍，企得中顾私”。当兵并非有趣，因为军姿站久了会晕、磕到碰到会流血、汗珠滴在训练场的沥青地上能把蚂蚁淹死，久了会厌倦单调反复，会失去新鲜感；当兵并非有趣，因为没有纪律外的自由，没有随时随地可以用各种姿势躺在上面的床，想着远方家人的不眠夜会躲在被窝里流泪。

对于那些问他当兵是不是很有趣的朋友，陈善东的回答是“兵”非有趣，因为军人首先属于军队，当一个人选择穿上军装，融入迷彩的方阵，他必须先说再见，才能说你好。

铁血男儿，人民需要你

后来陈善东去了湖北，参加2016年湖北抗洪抢险，从晋中到嘉鱼，机动了千多公里，东风车挤、热。到了驻地潘家湾中学，人们拿他们和1998年抗洪的战士作比较，年轻人信任他们，老年人则担忧90后的娃娃没吃过苦，有的小姑娘叫他们“兵哥哥”，他们很不好意思。紧接着就是上堤、扛沙袋、筑子堤，备战第五轮洪峰过境。西凉湖围堤，真长，四十多度的大热天，光秃秃的堤岸只需要半小时就能把人榨干，湖里就是蟹场和渔场，翻白的鱼、蟹和被淹死的蛇堆积在堤岸边，暴涨的湖水淹进人家堂屋，人们不愿意撤离，因为那里有家、有希望，更是因为有军人在，有他们在阻隔洪水。

作为北京科技大学采矿专业的学生，陈善东绝对想不到有一天他会穿着军装在湖北抗洪，更让他自豪的是，临战训练时，人手一本《抗洪抢险手册》，具体记录了堤防险情的成因和排除方法，里面所描述的散浸、漏洞、管涌等各种险情，早在学校矿山安全课程上王存文老师讲解尾矿坝安全隐患时已经做过详细解释，因此他自告奋勇走到队列前为战友们讲解，那时他就在想，在如歌的岁月里有多少北科学子在军队、在国防事业、在共和国建设中贡献着自己或大或小的力量。最后，任务圆满完成。部队开拔，走的时候才知道潘家湾中学又叫“高建成中学”，是为了纪念1998年抗洪时牺牲在簰州湾的空降兵某部指导员高建成烈士。当兵并非无趣，因为在那些循环往复的训练背后，有一名军人、一支军队的价值所在，实现价值很有趣。

接下来，陈善东又参加了几场演习，他们在模拟的街区、荒凉的山头和假想敌斗智斗勇。枪林弹雨之前总是诡异的安静，对讲机里只有背景噪声，小蜥蜴和蝎子从一个草丛转移到另一个草丛，蝗虫蹦得很高，爆震弹打破宁静、发烟弹挡住视线，子弹击打在岩石上“啾”一声跳出老远，迫击炮弹打在反斜面把壕沟上的土抖到嘴里，信号弹划过天际，战斗结束，他们侥幸地“活着”。冬季野营拉练，经过韩麟符烈士陵园，园里有句话“世界上有着最宝贵的生命，但是还有比生命更宝贵的自由，他们可以为了自由失掉生命。”韩麟符烈士牺牲在1934年，正值壮年，与之相比他们是幸运的，和平、安逸还有些许焦虑。当兵并非无趣，因为痛过后，人会发现生活的另一面，会明白安逸、焦虑后面战士们为了什么在奋斗，这很有趣。

再后来，就是退役。当退役命令宣读完毕，卸下军衔领花，每一个当兵的人都会享受到“下车面条，上车饺子”的礼遇，一碗热腾腾的饺子吃出千奇百怪的馅，离别的早晨战友们分列在连队门口，《送战友》的歌声萦绕在营区，走的和留下的会彼此握一握手，然后结结实实地拥抱在一起，也许大家平时拌过嘴吵过架，一贯流血流汗不流泪的男儿全都在哭，泪水里有后悔、有不舍、有许多故事，都是与软弱无关的故事。运兵车上，“敬礼！”“礼毕！”车上车下所有的右手举起不愿放下，因为自此一别或许再没有机会举起，约定俗成的仪式感让每个人明白，此刻以后，他曾当过兵，是生命里一抹绚烂的青春底色。

“兵”非有趣，“兵”非无趣。“当兵才知道自己的骨头硬不硬，当兵才知道什么是英雄。”一个“趣”字未免单调，那些常人看来的理解与费解，对每一个兵来说，是职业道德，是不可推卸的责任，是永不违背的誓言！

绿色军营，很高兴遇见你

——记原广州军区司令部退役大学生士兵常雪芹

常雪芹，女，预备党员，曾服役于原广州军区司令部。曾获2014年优秀士兵、2015年优秀共青团员、人民二等奖学金、2017年优秀共青团员、人民二等奖学金，任班级团支书。

座右铭 **不要在最能够吃苦的年纪里选择了安逸。**

对于常雪芹来说，当兵是一件机缘巧合的事，却也像是命中注定一般。常雪芹的爸爸一直很喜欢军事，最喜看的就是军事频道，年轻的时候就一直有一个军旅梦，奈何种种原因没有实现。后来哥哥凭借自己的努力，成为了一名海军军官，算是帮爸爸了却了心里的遗憾。而爸爸和哥哥对军旅生活的向往就像一颗种子，深深地种在常雪芹的心中。

2012年9月，常雪芹刚步入大学校园，初次离家的恐惧与不安，一张张陌生的面孔，充满未知的明天，她有些迷茫、有些困惑、有些不知所措。第一堂军事理论课上老师绘声绘色地讲着军旅中的事情，从那时起，常雪芹就萌生了去军营里历练的想法，但不得不考虑的问题是去当兵就意味着比别人晚毕业两年，意味着要到一个严肃未知的环境里吃常人未曾吃过的苦，对于一个年轻女孩儿来说，这无疑是个巨大的挑战。经过一番心理挣扎后，常雪芹终于坚定了内心的想法，她向往那一抹迷人的绿色，她向往这样一个全新的世界。最终经过初审、体检、复检、政审等层层考核，她总算走进了憧憬已久的绿色军营。

新兵营那些事儿

常雪芹被分到了广州军区司令部，在带兵干部的带领下，坐了整整二十一个小时的火车从北京到达了广州，第一次来到南方，广州的天气特别潮湿，她感到有些陌生与不适应。第一天到达新兵营，连队干部骨干就给她们分配了班级。在此之前一周已经有湖南湖北的战友们到达，她们相对更熟悉那里的环境，战友们的热情渐渐消除了常雪芹对这座城市的陌生感和内心的不安。常雪芹以前就听说战友情是最珍贵的情谊，到了军营她才深深体会到这种情感。

军营，是一个大家最能将心比心的地方。从第一天开始，常雪芹就把绿色军营当家了，之后便开始了紧张刺激的新兵生活。为期三个月的新兵生活，可以说是她两年军旅中最痛苦的一段时间，却也是这段备受折磨的时光让她成为一名真正军人。难忘的事情数不胜数，无数次的3公里，无数次的战术训练、重装拉练……仿佛永远不会结束一般。这对于体能不算好，跑800米都气喘吁吁的常雪芹来说是非常难熬的，更不用说3公里，那段时间真的是边跑边哭，但那又有什么办法呢？路是自己选的，再苦再累也要坚持住，坚决不当逃兵。班长和同班的战友为了帮助她顺利通过考核，晚上陪她一起跑步加练，那时白天的训练已经是高强度的了，累得大家一碰到床就能睡着，明明都累得不行了，但她们没有一丝怨言。考核的时候，常雪芹虽说有了一定进步，但速度相比其他战友还是慢，跑到一半突然发现前面的战友在原地跑等着她，最后她们一起冲过了终点线。那一刻，常雪芹又哭了，不过这一次不是累得难过地哭，而是一份盈盈的感动，几个女孩子手牵手冲过终点，没有疲惫，也感受不到辛苦，含着泪相视一笑，这是多么暖心的画面啊。

说到爬战术，那就更令人刻骨铭心了。全连47个女兵的手肘和膝盖都被磨破了，大家在午休的时候互相帮忙上药，上完药之后下午接着爬，衣服和伤口粘在一起，旧伤未好，又添了不少新伤。常常是疼得钻心，但她们还是强忍着，明明知道那块磨得特别严重，还要一遍又一遍地在地上摩擦。因为她们知道自己是一名中国人民解放军战士，绝不能怕苦怕累，那段时间手肘的伤就没有好过，以至于到现在还有些伤疤留在那里。现在已经感受不到疼了，但每次看到，她还会怀念和崇拜当年那样顽强坚定的自己和那浓厚的战友情。常雪芹说：“没有她们，真的不知道要怎样挺过那段艰难的岁月。”

三个月的新训生活结束，昔日的战友都被分去不同的单位，临走之前大家一起唱了最后一支军歌，“当祖国召唤的时候，挺起胸膛站排头……”最坚强的女孩子也流下了泪水，知是相见何年，只能寄予最真诚的祝福，千言万语又怎能表达内心的不舍呢？这种战友情和集体荣誉感贯穿了常雪芹的整个军旅生涯，在未来的岁月里，那些苦难与磨砺都已渐渐忘怀，而那份说不清、道不明的战友情却仍是刻骨铭心。

老连队的成长

下连后常雪芹被分到报务专业，那时候的她是激动的，从未想过自己可以接触到像电影《永不消逝的电波》里那样的电报工作，从学习报务专业、业务到上班值勤，似乎要比在新兵营轻松了很多，而且对于大学参军入伍的学生来说，学习专业确实会更容易一些，但是在学习的过程中她感觉到作为一名报务员肩上的职责之重，报务常说的一句话是“一字一码，千军万马”，通信兵是整个部队的耳目，必须做到严谨准确。通过不懈的努力，常雪芹幸运地成为班里最早独立担负执勤任务的人之一。在报务处，她不仅努力认真地做好本职工作，也积极地帮助刚入报务的同志们，就像当初那些热情的大姐姐教自己一样，能将这样好的风气传承下去她感到很幸福。她深深地感受到了作为一个兵，与每一个战友之间的联系。

部队是纪律严明的地方，两年的时间，没有回家，没有手机，想家的时候只能打个电话回去，打电话还有时间限制，偶尔和父母视频，常常话还没说完，部队就集合了。常雪芹感受到浓浓的思乡之情，但有这么多战友像亲人一般关爱自己，她又觉得很幸福。第二年元旦陈老师代表学校去慰问她，刚好赶上全团战备拉动，以至于只能在老师即将离开的那个早晨，和他在大门口见上一面，聊了大概半个小时，但是部队就是这样，有着铁的纪律，需要战士们有强烈的服从意识。纵然不舍，也只能咬咬牙服从命令。

部队也是个有趣的地方，过节的时候战友们一起战备、一起进行趣味比赛、一起包饺子、一起为文艺晚会进行节目彩排，在没有手机的两年中，可以不被手机束缚，大家可以坐在一起面对面地坦诚交流，从而建立了非常深厚的战友情。

两年的时光一晃而过，在离开的那一天，回想两年来的点点滴滴，或苦或甜，常雪芹鼻子一酸，哭了，有对这身军装的不舍，有对绿色军营的不舍，有对同年兵的不舍，有对班长的不舍，有对自己守卫的这片土地的不舍……这么多的不舍都融进泪水中，化作坚强激励她面对无限未知的未来。

重返大学生活

退伍返校后，一切都是崭新的，和入伍前的迷茫相比，常雪芹对大学生活有了更多的期待和规划。首先通过努力学习让自己实现了退伍兵和学生身份之间的顺利转换，同时在生活中团结同学，积极参加各项活动，在大二上学期她担任了班级团支书，积极组织各项团日活动，为同学们服务，为班级贡献自己的力量，同时在学校勤工助学办公室担任助理，生活过得非常充实。

大二下学期，常雪芹有幸获得去台湾交换学习的机会，其间与当地的同学建立了深厚的友谊，并且参与当地社区的敬老服务，度过了充实的半年。从台湾回来的暑假，又跟随老师赴迁西县进行专业认知实习，并参加了卫健委组织的中国家庭幸福感热点问题调查工作。大三上学期她还参与了新生小组工作，与安全1601班的学弟学妹们共度了5次的成长活动，正是那两年的军旅生活让她看到了生活的美好、生命的绚烂，更努力、更真诚地去帮助他人、服务社会，做真正让人生发光的事情。

戎程研究会是学校退伍老兵的家，从入伍前的培训，到服役期间的探望，再到返校后为大学生士兵们做的一切学习生活工作方面的指导，都是其他学校没有的。研究会所做的一切都让大家感受到家的温暖，所以作为一名退伍老兵，常雪芹表示愿意为研究会贡献自己的力量，做好传承，并代表戎程研究会去往宁波和苏州的部队进行调研，慰问在当地服役的同学们，同时积极参加戎程研究会5周年庆典活动策划工作及戎程研究会各项活动，发扬退伍老兵的作风，做到退伍不褪色。

退伍后的三年里，在学习方面，常雪芹年年拿奖学金，她会更珍惜来之不易的大学生活。在思想方面，她多次获得优秀共青团员的称号，并且光荣地加入了中国共产党。常雪芹即将毕业，在北京经纬恒润科技有限公司实习期间受到领导的一致好评。而这一切，都离不开她在部队学到的执行力和服从意识，也离不开在部队里学到的克服困难、勇于挑战的精神。

常雪芹已经退伍3年了，但她却从未忘记绿色军营的点点滴滴，人都说当兵悔两年，不当兵悔一辈子，但对常雪芹来说，当兵这件事她一刻都没有后悔过，部队带给她的东西是唯一的，是无可替代的，是最珍贵的。曾经很多人问她，一个女孩子为啥要去当兵，那么苦那么累，常雪芹总是笑笑。她认为青春正当年，就应该干点儿热血的事，把自己最好的青春献给祖国，去守卫一方土地，去做真正有意义的事，只有穿过那身军装，扛过钢枪，才会明白“头顶边关月，心系天下安”的情怀，才会以更加饱满热情的态度面对生活。

两年中的故事还有很多，故事写不完，而这些美好的记忆会伴随常雪芹的一生。或许那段时光对于她来说，可以用日记里的话来描述：绿色军营，很高兴在最美的年华遇见最美的你！

军营——痛并快乐着的故乡

——记武警原120师退役大学生士兵曾旺

曾旺，男，共青团员，曾服役于中国人民武装警察部队原120师。荣获十佳新兵、爱警习武好战士、优秀保障个人、优秀义务兵、连嘉奖。在学校担任班级班长，在部队任文书、通讯员及副班长等职务。参加过抗洪抢险、火灾扑救、武警部队两项集训保障等任务。

座右铭 **人生就像一杯茶，不会苦一辈子，但是总会苦一阵子。**

离开学院，前往远方

曾旺回忆起入伍的那天，不仅天气很温暖，心更温暖。学院还专门让同学送他上车，没有爸妈家人的陪伴，这样的安排能不让人感慨吗？所以从当时起他就暗自下定决心，复学之后要在冶金这一条道上走到黑，家的感觉不是每个地方都有的！对于大三的曾旺而言，学习生活其实挺幸福的，上面有大四的老同学，下面有大二的新同学。九月的天气没有什么大的区别，对于一个陌生环境的恐惧与兴奋使曾旺一路无言，一路伴随他的便是对部队大院环境的想象与憧憬。

刚到新兵连的时候，曾旺不由得感到惶恐，但是在班长给他拎包、打洗脚水及煮饺子时，曾旺的心里便渐渐温暖起来。班里10个人，按照身高排座曾旺便是站在排尾的，班里的战友也来自全国各地——山东、哈尔滨、内蒙古等，只有他一个是南方人。每个连队都有每个连队的光荣传统，而他在踏入新兵连的一刻起决心确定好了之后的老连队，所以每天听班长讲得最多就是连队的光荣事迹，有一句话是这么说的："铁打的营盘，流水的兵"，新兵连的作用就是传承。班长带训练，带干活，带他们学习条令条例不是为了班长自己，而是为了这个连队和部队的新老传承和发展，有一天班长离开了，身上的担子也就自然而然地放在了曾旺等人的身上，这也是他在新兵连学到的责任吧！在曾旺还在部队的时候，便听说了新兵班长复员之后在外“卷腕夺菜刀”的英勇事迹，曾旺感到异常的兴奋和自豪，并希望有朝一日能像班长一样英勇，不是说一定要做什么伟大的事迹，而是自己力所能及地去发挥一点作用！

曾旺觉得新兵连三个月主要是一个适应的过程，去适应从一个社会青年转变为一个普通一兵，从普通一兵成长为一名合格的武警战士；也是去适应思想的转变，去理解习总书记关于新时代的强军目标；去适应着努力成为一名“有灵魂、有本事、有血性、有品德”的“四有军人”，不吃苦还能叫当兵？每一个军人刚开始都避不开的一关：5公里、战术。为了在5公里跑里面拔尖，白天的负重沙袋训练，晚上睡觉前的加班是必不可少的；战术训练不出血都怕让被人以为自己偷懒。曾旺印象最深刻的一件事是：第二年从文职岗位回到战斗岗位后，他在很多军事科目测试，比如单双杠、武装这几个硬科目中连及格成绩都达不到。所以每天晚上十点后他都会自己加班锻炼，早上提前起床一个小时绑着沙袋出去跑步。他不负众望，有了一身的肌肉和顶尖的军事训练成绩！再说到新兵连三个月，对于他来说，很快很充实，曾旺回想起说，可能是因为有目标吧。偷懒犯错前，首先想到的不是自己，而是自己所代表的是北京科技大学，代表的大学生这一个群体；而且还代表着你的新兵班长和在部队里面所在的班级，在部队里面有这么一个习惯，你犯错了，别人第一不是先问你的名字，而是问：“哎，你的新兵班长是谁啊？”所以这些都是鞭策着曾旺在部队里闪光发热的一个理由。

文职积淀，武战扬威

下连后的日子截然不同，整个生活除了制度没变，节奏和内容却发生了翻天覆地的变化。曾旺开始站岗、干活、武装、摔擒散打、障碍、紧急集合，里面印象最深刻的就是站岗干活和紧急集合。而曾旺的经历可能和其他战友不一样，两年的部队生活，曾旺第一年基本是在文职工作，第二年则是回到了战斗班。

曾旺觉得相比起普通战士，文职工作更枯燥、更累，因为除了要干的活之外，还要考虑更多怎么与领导相处，保持一个良好的上下级关系。曾旺也挨过不少的批评，但这也锻炼出曾旺的心理承受能力。

关于战斗班的生活，曾旺曾一天最多站岗达到了十四个小时，长时间的枯燥里他想起自己每天这么拿着枪站在不足四平米的小屋里监控下，或者站在岗亭里，脑子全充斥着天马行空的想象，想着回到家、回到学校之后的生活。他也曾动摇过：我们这么站岗的意义是什么？后来曾旺渐渐明白，那就是忧患意识，那就是离不开每周的敌设情分析，毕竟社会环境日益复杂，暗流涌动。

在战斗班生活中，曾旺受过一次比较严重的伤。那是在400米障碍新老兵对抗中，曾旺在翻越高墙的过程中腰严重扭伤，倒也怪不得别人，主要是他自己心里轻视了，觉得肯定能赢，所以跑的时候注意力不是那么集中。所以这也让他懂了任何一件事无论大小都要认真对待，不求结果，只要问心无愧。那次伤也留下了不大不小的后遗症，不能做剧烈运动。

至于其他的活更是高标准、严要求。曾旺与战友们都会用刷子抹布将外环柏油路上两旁的白条擦亮，下雨后扫水，下雪后扫雪。而训练中，最让战士们脸红心跳加速的是紧急集合。要说到那些难熬的日子是怎么过来的，人不能只想着生活中消极的方面，摒弃让你消极的东西，你有你平时让你快乐的战友，你们一起调侃；一起畅想着未来的日子。曾旺也在这种训练和生活中慢慢找寻到了军营带给他的最宝贵的东西——军营便是痛并快乐着的故乡。

铁打的营盘，流水的兵

回想起军营里的种种，曾旺觉得挺过来是真的很不容易。过程虽然很艰辛，但有幸的是遇见了周围的战友，他们会互相调侃、开玩笑、吹牛来打发自己心里的酸、苦、咸，或者期盼着周末给家人朋友打个电话。大家聚成一团，想着办法去战胜那一个一个坎：“一天24小时，苦也一天，乐也一天。”这种的血性和团结就是在训练场上一次次的摸爬滚打中所练就出来。又想起战友间互相鼓励的话语：“上半身向前倾”“拉着我后面，我带你飞一段”“某某不错，挺住啊，晚饭给你加餐。”挺过去了就是胜利，挺不住也没关系，背后还有自己的战友。

曾旺有幸自己成为了组成这300万巨大洪流的一分子，渺小，微不足道。也正因为如此，他才想着去努力散发自己的光芒，想让自己在军队的历史征程中留下一点自己的汗水，才想着去寻找自己的存在感或者是为了更高的目标而奋斗——维护国家安全和社会稳定，保障人民安居乐业，参加国家建设性事业。想到这些，曾旺觉得每一天都是意义非凡的。

他感悟到：最重要的不是非要去当兵，而是在哪里都要有一颗报效国家的心，在哪里都要有着为人民为社会作贡献的思想，而不是成为负担。返校后，好好学习便成了他新的挑战！

从稚嫩走向成熟　从软弱走向坚强

——记武警原云南边防总队退役大学生士兵潘顺开

潘顺开，男，中共党员，曾服役于武警云南边防总队。曾担任文书、特战班战士、戎程研究会训练部副部长。参加过“2.09”中缅边境维稳防控任务，荣获优秀士兵。

座右铭 **路是自己走出来的。**

潘顺开回到学校已经一年多了，但两年军旅时光仍历历在目，那两年就像一把刻刀深深地刻在他的脑海里，永远也无法抹去。偶尔看到当兵前自己的照片，再看看现在的样子，才明白这两年带给他的是怎样一种成长，那是从稚嫩走向成熟，从软弱走向坚强，从慵懒走向挺拔。

初入军营

潘顺开现在还记得半夜两点坐在火车站冰冷的地板上，等待分配单位时的瑟瑟发抖，还有初进军营时班长递过来的一杯开水，那种暖到心窝的感觉。对于新兵连，他和大多数战友一样，害怕的不是每天的体能训练、队列训练，而是叠被子。每天压被子的感觉所有当过兵的人都知道，班长笑着说：“到了这里，你就要把被子当成你的老婆，每天都要“疼爱”她。”的确，对待被子，他和战友把每天的空闲时间都用来“疼爱”她了。看到被子一天天的向着“豆腐块”靠近，那种喜悦，不可言喻。还有每天一起摸爬滚打的战友们，一样令潘顺开难忘，那种感情是当兵之前不曾体会过的，每天一起起床压被子，一起训练，一起挨罚。是战友让他枯燥的新兵生活充满了色彩，让他在打退堂鼓的时候仍然迈着步子大步向前。

新兵色彩

相信每一名去当兵的人心中都有一个梦想，那就是摸到真枪，打一次真正的子弹。潘顺开也是，可是进入军营已经快三个月了，他都还没真正地实现这个梦想。直到整个新兵连快结束了，终于迎来了第一次打靶的机会，尽管之前经历过无数次的演练，但真到了打靶的那一天，他仍然是那么的期待、激动。直到现在，他仍清晰地记得，那一天，他开心得都忘记了近三个月来的训练纪律，当刚踏上靶场的时候，他居然是蹦蹦跳跳地上去的。于是，他得到了在军营的第一次深刻教训，他的动作被排长发现了，排长很生气，很严肃地告诉他："靶场纪律是关乎性命的事，不能马虎，也不能像刚刚那样，别忘了你是一名战士，以后真要上战场，你刚刚这些动作就会要了你的命！而且你的战友也会因为你而面临危险！一定要给我记住！给我严守靶场纪律！"

他那时还以为排长小题大做，不就是有点开心过头、激动过头了吗，这样罚他，有点过分了吧。而后来，他真的上了战场，每天晚上都听着从头顶上飞过的子弹拖起的长长的哨音，排长当初说的话在他脑海里就越发地深刻了。他后来再也不敢挑战部队各种纪律了，而每一名新兵，都是从五颜六色进化成纯净色的过程。这，就是新兵。

战士真谛

都说当兵就要当能打仗的兵，而潘顺开有幸亲历了战争。2015年2月9日，缅甸内战爆发，刚下连分单位一个月的潘顺开跟随单位奔赴边境执行维稳防控任务。在那里，他亲眼看到了战争的残酷。而让他记忆最深刻的是进部队的第一个新年。2015年除夕夜，那天潘顺开正好站"跨年岗"，地点就在祖国的国门附近，那时国外战事爆发还没几天，正是打得最激烈的时候，就在那晚上，国内张灯结彩，烟火满天飞，举国人民欢庆新年，而相邻的缅甸国门那边，一片漆黑，能借着灯光和焰火看到微风吹起的几片垃圾。十二点一过这边满天烟花，对面响起了阵阵枪炮声。一边充满着欢声笑语，另一边则充斥着凄惨的咆哮。就在那一晚，潘顺开深刻意识到自己站在那的意义，真正意识到自己在做的到底是怎样伟大的一件事，那是一种无上的光荣。正是有这些战士，才有漫天烟花和欢声笑语，那片欢声笑语，是战士甘愿冒着生命危险去守护的。潘顺开的内心也在那一晚充实、壮大。这，就是战士真谛！

难离难舍

天下没有不散的宴席，铁打的营盘流水的兵。不管这两年有多痛苦、有多快乐、有多枯燥、有多多彩、有多难忘、有多深刻，终归是要走了。还记得2016年9月5日，潘顺开就要离开部队了，早先时还曾笑着对中队长说："我要笑着走出这个大门，离开这个鬼地方！"然而没多久，就狠狠地打了自己的脸。"脱下军装，握着我的手……脱下军装，你不要悲伤……"当单位广播里开始播放这首"脱下军装"时，想着自己这两年军旅，潘顺开的眼泪忍不住地流下来。想着两年来领导的关心、班长的爱护、战友的鼓励，他脚下这片土地早已成为了第二故乡，怎能说走就走，又怎么能走得了。作为代表发言的潘顺开早已说不出话，站在讲台上，面对着战友们，他心中涌出浓浓的不舍，一张嘴就会流泪，早就准备好的演讲稿断断续续地也没说完，抹着泪就跑下讲台。没当过兵的人，始终体会不到战友情，那是不同于亲情、友情、爱情，但又更胜于它们的感情。战友，永远是潘顺开心中最深刻的记忆。

忆从军路

如果没当过兵，就不会知道早上五点要叠好被子是多么枯燥；如果没当过兵，就不会知道吼一首歌是多么的煎熬；如果没当过兵，就不会知道天冷了不能加衣服，天热了不能脱衣服是什么样的感受……回首两年的军旅生活，回顾往昔的点点滴滴，经历了风霜雨雪，尝遍了军营味道，也许这里不是潘顺开梦中的天堂，但一定是他梦想起飞的地方。虽然已经离开，但他依然爱着这里。

在部队，潘顺开学到了很多，懂得了很多。第一次5公里让他知道了什么叫坚持；第一次独自站夜岗让他明白了什么是思念，更懂得了珍惜；第一次出任务让他知道了责任的意义；第一次跑障碍、过云梯让他克服了恐惧；晚上训练完睡觉后起床上厕所看见班长给战友盖被子让他体会到了什么叫温暖。亲历战争更让他领悟到了战士的真谛，让他懂得守护的意义！

部队对潘顺开的锻炼是他一生受用的财富。当兵两年可能失去很多，但得到的却是保卫祖国所带来的欣慰和个人的成长。作为一名战士，把自己的青春默默奉献在军营中，还是那句话，当兵不后悔，后悔不当兵！

从今往后

成功的人生离不开成功的规划及在正确规划指导下的持续奋斗。人生如大海航行，规划就是基本航线，有了航线，才能不偏离目标，更不会迷失方向，才能更加顺利和快速地驶向成功的彼岸。

两年的军旅生活让潘顺开对于今后的路怎么走有了更加成熟的想法，学业是大学生立身之本，学习是学生的天职，大学生应当集中精力，努力掌握知识、能力和技能。具备和拥有好的学业，才会有好的就业、好的职业。离开部队后，潘顺开知道自己不再是一名战士，而是一名学生，所以在学业上他严格要求自己，学好并掌握本专业的知识，为今后就业打下坚实的基础。在生活方面，潘顺开继承了部队的优良作风，以艰苦朴素为荣，以骄奢淫逸为耻。他相信，一个生活简朴的人在学业和事业上是会成功的。

忆往昔，不灭的心

——记原总后勤部某基地退役大学生魏有杰

魏有杰，男，共青团员，曾服役于中国人民解放军原总后勤部某基地，获优秀义务兵荣誉称号，曾任机械1204班团支书、部队通讯员，参加过野外驻训、部队长途载重等任务。

应右铭 **有志者、事竟成，破釜沉舟，百二秦关终属楚；苦心人、天不负，卧薪尝胆，三千越甲可吞吴。**

魏有杰2012年来到北科，2014年当他第一次听到学校的征兵信息时，他的内心就已经坚定了，一定要去参军。参军是他从小的梦想，他直接报了名，经过体检政审，他有幸成为了中国人民解放军总后勤部的一名士兵。

在第一次穿上军装那一刻，魏有杰不自觉地挺起了胸膛，感觉无比的自豪，憧憬着到部队之后的种种生活，像电视剧里面的那些特种兵一样，有着高超的军事技能，保卫人民，守卫祖国。

结果到了部队才发现梦想很难成为现实，他是一名后勤兵，那些美好的梦想更加成了天方夜谭。他们后勤兵跟那些野战军、特种兵有很大的区别，别人基本上每天都是训练、执勤，很累，但也很充实，很精彩。后勤兵训练就很少，即使有训练也大多是专业技能训练，跟枪械什么的根本不沾边，曾经有一段时间魏有杰心情一直很低落，为不能成为理想中的军人，为不能手持钢枪保家卫国感到遗憾失落。

后来他还是调整过来了，俗话说得好，兵马未动粮草先行，后勤兵掌握的是现代军队的“粮草”，他们是获胜不可缺少的一环，他们负责让前线杀敌的战士们有力气，有装备战斗。

军旅琐忆

在部队生活了两年，魏有杰有很多印象深刻的回忆。刚到部队的那天，他到部队的时候刚好赶上中午饭，当时食堂饭菜不够了，他到部队的第一顿饭吃了面，先到的战友帮着盛面，大家都很热情，班长也很好，这是他对部队的第一印象。后来有一天下午，也忘了是因为什么，可能是大家适应了平时的训练，连长带着他们跑第一次负重5公里，每人背着自己的背囊，里面装着各自的生活用品，还在里面装了小板凳加上两块砖头，当时因为是第一次，大家情绪都比较高昂，后来的事实证明，情绪高昂是不错的，否则就跑不下来了。当时已经是冬天，大家跑着跑着把毛衣脱了，穿着秋衣跟外套跑，跑完下来全身都被汗水湿透了，背囊里的被子也湿了一大半，这是魏有杰到部队以后第一次参加这么高强度的训练，虽然训练过程中很累，但是跑完之后不管是身体，还是心理都很满足。

当兵第二年的时候，魏有杰从通讯员的位置上面下来，分到了班里，有幸参加了当时的一次野外驻训。他们先是在营区参加了动员大会，在会上领导对全体官兵提了要求，也作了动员，然后各自上车出发。当时车队好多车，在车上看着外面，看着他们的车队在路上紧张地前进着，有一种上战场的感觉。在高速公路上，他们有一辆车出现了问题，得到命令后战士们有序地下车守卫车辆，摆好各种警示信息。经过车队班长们的紧张抢修，车队又一次出发了。在路上行驶了几个小时以后，部队来到了目的驻训地，下车的时候考核军官已经在车下等着了，迎接他们的是武装3公里考核，在车上几个小时的奔波还没有得到休息，他们便从车上取下了各自的装备进行考核。因为之前从来没有参与过这种强度的训练，好多战友逐渐跟不上大部队了，前面跑得快的战友主动放慢脚步，体力好的战友，有的甚至是班长，也帮着体力不好的拿掉一些装备减轻重量。魏有杰当时体力也不是很好，是一个四期老班长帮他分担了一些重量，他才得以跑完，当时真的是无地自容。考核结束以后他们开始搭帐篷，由之前参与过驻训的班长带领他们，没有花太多的时间帐篷便搭好了。不过接下来的暴雨证明他们的帐篷搭得还是不够好，上面积水下面又漏雨的，当天晚上真的很狼狈，幸好旁边有消防部队用来训练的废弃楼层一幢，他们就连夜搬进了楼里，接下来的时间也基本上没有住进帐篷。

第二天他们开始清理场地，当时的场地杂草丛生，所以第一件事情就是打草。魏有杰被分到打草小分队，还有的战友被分到挖沟小分队，经过一整天的辛苦工作，他们将场地清理干净。经过几天的日常训练，他们迎来了最苦的一天，徒步行军。早上吃完早饭开始动员大会，接着便走出营地开始徒步行军，背上各自的装备。一开始出去的时候大家状态都还很好，还能保持基本的队形，各种科目大家做得也都还不错。但是他们那天的路线全是上山下山，经过两三个山头之后，体能差距开始体现出来，有人开始掉队，他们只能互相扶持，多找话题聊天来分散对疲惫身躯的关注度，让他们继续行走。再到后来，后勤兵与作战部队的体能差距更加显露无遗了，队伍拉得越来越长，开始有战友晕倒在路上，被抬上了跟随的医务车，再到后来领导看他们实在是不行了，开车把他们的装备装车，让他们轻装行军。那天魏有杰下午六点多才回到营地，而有的战友四点左右就已经到了，体能差距很大，部分原因是他第一年是通讯员，队里好多训练活动他都没有参加，当然大部分原因还是自己懈怠。

告别了，却思念着

部队的两年时间过得很快，转眼间就到了退伍季，仿佛昨天才踏进部队，今天魏有杰就要面临退伍了。临近退伍时，领导找了每一个面临退伍的战友谈话。找魏有杰谈话的时候，他回答得很坚决，他会选择退伍，当时心里什么感觉都没有。他以为自己真的是铁石心肠，即使退伍前一天也还是乐呵呵的，可真正到了退伍的那一天，各种退伍季的音乐轮番放着，当领导为他们摘下军衔的那一刻，他们都哭了，真心舍不得。跟各自单位领导战友们拥抱告别时，空气中充满了离别的悲伤。直到送他们的汽车离开营区，开往火车站，有的战友眼里还噙着泪水，虽然大家在一起的时间只有不到两年，但是他们这两年朝夕相处，在平常训练任务中大家互帮互助，真的是有福同享有难同当。战友情跟一般的感情是不一样的，战友是敢把自己的生死交给对方的，都能冒着生死危险帮助战友，还有什么能比得上呢?

回家了，放不下

如今魏有杰退伍回到学校已经一年半了，校园随意的生活也让他变得随意一些了，部队的严谨没有多久就忘却了，被子有的时候也不叠了，锻炼也少了很多，在平时生活中慢慢看不出来是当过兵的了。但是，每次看到国防生训练的时候，他还是忍不住想起自己在部队的日子，想起在部队喊过的口号、流过的汗，想起与战友们一起的美好回忆，有时他也会联系还在部队的战友，听听他们现在的生活，听听他们发发牢骚。他现在后悔离开部队，可能他更喜欢部队的生活吧，外面太多诱惑，太多选择，让人有太多的想法，他喜欢部队的这份简单。一个人在一个地方独自做着自己的工作，内心没有多余的想法，有的只是平静，这是魏有杰两年的生活。

蹲山守库，是他们大部分后勤兵的归宿，在深山老林里面，远离城市的喧嚣，四周除了战友、装备，就是大山，一望无际的大山，他们的生活没有野战部队那么艰苦，也没有特战部队那么精彩，所以他们需要耐得住寂寞。只有热爱自己的岗位，才能胜任自己的工作，才能在这日复一日、年复一年的枯燥日子里不迷失自我。只有认识到后勤工作的重要性、必要性才能明白他们存在的意义、工作的意义。后勤兵平时的枯燥，是为了在战争来临时绽放出他们应有的光彩，打仗打的就是后勤，后勤才是取胜的关键！

汽车没了后勤就没有油料上战场，枪械没了后勤便没有弹药杀敌取胜，战友没了后勤就没有温饱没有体力……无论在哪里服役，在什么部队服役，都是为了未来战争的胜利，都是取胜不可或缺的一环。

无论正在服役，还是已然退役，在其位，谋其政，活好每一天，过好每一天。这便是魏有杰参军最大的感悟。

4

难忘那抹绿色

阳光从远方的树缝里泻下
青春在高高的白桦里流浪
这正是士兵的豪迈与柔情
曾经的铁骨铮铮
往日的战友情深
往事历历在目
不能说，不能想
却又不能忘

青春不止诗和远方，还应该有家国和边关

——记武警原云南边防总队退役大学生士兵王竣渝

王竣渝，男，共青团员，曾服役于中国人民武装警察部队原云南边防总队。参加过某缉毒缉枪任务、军事演习、总队查缉大比武。担任战斗班副班长、戎程研究会宣传部部长。荣获个人三等功两次、优秀士兵一次。被评为北京科技大学优秀大学生士兵、北京市海淀区2016年度优秀大学生士兵。

座右铭　青春不只诗和远方，还应该有家国和边关。

携笔从戎圆当兵梦

儿时，每每看见穿绿军装的叔叔从身边走过，王竣渝都会不自觉地投去羡慕的目光，敬一个不那么标准的军礼，也许每个男儿心中都有一个军人梦吧。他幻想着有一天也能穿上那身橄榄绿，肩挎钢枪，驰骋在沙场。从那时候起，成为一名共和国军人梦想的种子便在他的心里深深地种下。时间如白驹过隙，王竣渝已经成长为一名意气风发的大学生，然而校园相对舒适的生活似乎让他有些颓废。正值学校对大学生应征入伍进行铺天盖地的宣传，保家卫国终不悔，驰骋疆场献青春，王竣渝儿时的从军梦再一次被召唤，热血再一次沸腾，他毅然报名参军。

稚嫩学子蜕变战士

就这样，王竣渝怀揣着对绿色军营的向往，离开本已熟悉的大学环境，穿上梦寐以求的军装，经历了一段充满艰难困苦而又多姿多彩的军旅岁月。回望来时的从军之路，记得当时得知被挑选到武警云南省公安边防总队服役时，他的心里是

忐忑不安的，对于武警云南边防这支部队，他知之甚少。这时，一个军官模样的人过来说，“小伙子，恭喜中奖了，运气不错啊。”什么意思？当了国门卫士，光荣啊！就这样，坐上军列，几经辗转，来到了昆明，在火车站集结，面临着再一次挑选。

王竣渝被分配到临沧市公安边防支队，这时，从旁边人口中得知，临沧市公安边防支队曾被云南省政府授予“缉毒缉枪英雄集体”荣誉称号，是云南省缉毒缉枪、查获大案要案数量的大户。该支队毗邻缅甸北部地区，扼守在长达两万多公里的中缅边境线上，深处缉枪缉毒一线。就这样，王竣渝坐上运兵车，忐忑不安地来到云南某边境大山深处里的新兵训练大队。来到新训大队，军营生活或许并没有别人想象中的那样总是激情澎湃，有时会感到枯燥、乏味、厌烦甚至不理解。记得刚到新训大队那会儿，政委说：“军人以服从命令为天职。”班长也说：“你们只需要记住服从、服从、绝对服从！”

部队的一日生活制度对他这个平时散漫惯了的大学生来说是一个极大的考验。经历了重复枯燥的工作和训练、日复一日的坚守和忍耐，他逐渐对军队这套管理模式有了新的认识，正是在这些看似枯燥单调的工作训练和日常生活中的作风养成中，才能收获强健的体魄、珍贵的战友情谊、熟练的技能和优良的作风。

记得新训结束分配下连队那会儿，班长给他写了这样一段话：“竣渝，我知道你是北京科技大学的高材生，其实班长也是大学生入伍，看到你初入警营那会儿仿佛就看到了当年的我，于是我对你进行了‘特别关照’，还记得你一进班宿舍，我就说：来了个大学生呵，不知道体能怎么样？先站半小时军姿吧。当时的你是无法理解，甚至觉得我是不可理喻的，但是看到你现在的变化，我觉得当时一切对你的严格要求、严格训练都是值得的。你从刚进新兵连时一顿只能吃一个馒头，现在能吃五个，从新兵连时的3公里跑不及格到现在的5公里越野成绩达到优秀，从新兵连时的枪都拿不稳到现在战术射击成绩达到优秀，从一名温室里的大学生，成长蜕变成一名合格的边防武警缉毒战士，与你的自身努力分不开。记得你每天坚持的三个一百吗？记得你端枪练习时手掌上磨出的老茧吗？记得你队列训练时不知缝补了多少次的裤子吗？又还记得在新兵连担任文书以来，除了日常的训练，在阅览室，总能看到你挑灯夜战，写新闻稿件的身影吗？当看到你所写稿件多次被评为优秀稿件，当听到你在新兵连多次被通报表扬时，当为你佩戴上列兵警衔和标兵奖章时，我内心的自豪和激动油然而生。现在，我可以放心地让你去一线缉毒缉枪单位，在新一轮禁毒战争中建功立业了！班长于2014年12月5日。”新兵连的三个月，王竣渝想要感谢的人太多，感谢新训大队这个温暖的集体，感谢军中之母——班长，感谢新训时期的摔打、挫折、考验，让他在这里淬火成钢，成为一名合格的边防缉毒武警战士。

第一次立功的喜悦

新训大队的训练结束之后，王竣渝被分配到军赛边境检查站，成为了一名光荣的国门卫士。检查站毗邻金三角，与缅甸北部遥遥相望，扼守在公安部公布的境外毒品向内地渗透的重点通道上。力斩毒流，形成一道贩毒分子不可逾越的城墙，是军人的使命和责任。

教导员带新兵来到荣誉室，意味深长地说：“从今天起，你们就是正式的、真正的国门卫士了，希望你们发扬伟大的戍边精神、禁毒精神，早立新功！”看着一面面锦旗、一张张功臣榜，王竣渝的内心暗流涌动，能来到缉毒劲旅的先锋站，是无比的光荣，同时也深感责任重大，他心里暗自发誓：“我只有为检查站增光添彩的义务，没有为它抹黑的权利，一定苦练缉毒本领，决不让一克毒品从眼皮子底下进入内地，残害家庭！”

有人问王竣渝当缉毒武警是怎样一种体验，他觉得更多的是一种经历，作为边防缉毒武警，在和平时期，是维护国家安全和社会稳定的重要力量。临沧地区气候比较炎热，战士们每天全副武装，除了要忍受恶劣的高温环境，实行24小时轮班不闭关查缉，还要面对几千辆车的过往，查缉工作量之大、危险性之高可想而知。面对载重几十吨的大卡车，一旦觉得车辆可疑，就要进行彻底的排查，一个班的战士就这样人工搬运货物，直到整个车体、货物检查完毕，确认没有夹藏毒品时，还要完好无损地将货物再搬回放好，才放心让车辆驶入境内。

还记得2015年7月，王竣渝负责查验一辆从边境小城开往昆明的物流车。面对堆积如山的货物，他采用了重点检查的方法，发现有一个纸箱虽然外观上与别的货物相同，但是它的重量却重了许多。王竣渝小心翼翼地用刀子划开货物，没有发现毒品。不对，他隐约闻到了一股麻黄素的香味！他用小刀挑开纸箱夹层，看到了诱人的红色，麻黄素！通过最后称量，从纸箱里成功查获毒品3.454千克。3.454千克毒品流入内地，不知道又要破坏多少家庭，作为缉毒卫士，能为国家和人民驻守缉毒一线，截断毒流，王竣渝感到无上光荣。由于这次缉毒成绩突出，他荣立了三等功。看着闪闪发光的军功章，他觉得所有的汗水和辛苦都是值得的，得其大者兼其小，只有把人生建功立业的理想融入为国家、为人民作贡献的事业中去，才能最终成就一番事业。

勇于担当　守卫国门

2015年12月至2016年3月，中缅边境局势紧张，2月9日，掸邦北部果敢地区发生军事冲突，一支民族地方武装攻击果敢自治区首府老街等地，造成包括平民和警察在内约30人死亡。从6日晚间开始，大量缅甸边民从果敢涌入云南南伞镇。为配合解放军部队进行边境演习，严守国门，做好边境管控，武警边防检查站做了战备动员，24小时保持高度戒备。同时，开始抽调检查站精干力量，开赴一线，维护边疆地区安全稳定。教导员问大家："你们有自愿请战的吗？境外流弹不断落入我国境内，此次任务会有很高的危险性。"王竣渝大声说："教导员，我去！"他心里在想："人民子弟兵，在人民危难的时刻，我们不上谁上？这个时候，正是要和人民站在一起，全心全意为人民服务！"

随后，王竣渝和战友们开赴一线。在执勤一线三个多月的日子里，他们每天为边民运送物资，发放食物，搭建帐篷。每名战士累计背运食物达1吨，搭建帐篷达200顶，有时候累得站着就睡着了。经过无数个日夜的奋战，边境局势终于得到了有效控制，王竣渝同战友们也圆满完成了任务。当边民们说："当看到你们那身橄榄绿的时候，我们的心就落地了！"在撤回单位途中，许多边民追着车跑，边跑边竖起大拇指，大声喊"中国军人，好样的"时候，王竣渝明白了身上这身军装的分量和意义。

中央领导慰问边境一线执勤官兵时向他问道："听说你是北科大的大学生兵，来到一线执勤很辛苦，很危险，你是怎么想的？"王竣渝回答道："穿上这身军装，就应该做一个军人该做的事，当兵两年，能在国家和人民最需要的时候冲上一线，是军人至高无上的荣耀。"

退伍前的生死搏击

以前，王竣渝总是觉得实战离他很遥远，看着电影里英勇的缉毒警深入虎穴，不惜冒着生命危险活跃在打击毒品罪犯的第一线，他心里强烈地迸发出对缉毒英雄的敬佩之情。时隔多年，没想到他自己也成为了缉毒警察的一员。作为边防缉毒武警，必须练就一双火眼金睛和扎实的战术技能，排查出可疑车辆，对贩毒分子实施控制、抓捕。贩毒分子带枪也是常有的事，经常遇到枪毒同流的案件，每一次的缉毒行动都面临着极大的危险，除了同贩毒分子斗智斗勇，还得学会各种技能，乔装抓捕、边境设伏、飞车大战，有时候出去外面堵卡就是好几天，还得学会野外生存，与贩毒分子打游击战、运动战。

2016年8月至9月，许多战友都即将退伍，但老兵们仍然发扬“在位一分钟，干好六十秒”的优良传统。边防大队接到举报：“近日将有武装贩毒人员企图从我站蒙混过关。”一场国门前的较量就此展开，他们迅速制订作战计划。

王竣渝主动请缨，全副武装地到达了设伏地点。一天、两天、三天……过去了，就在战友们都说情报可能有误的时候，他却觉得这是暴风雨来临前的平静。就在当晚，一辆小型卡车驶入设伏区域前20米处停了下来，“请熄火，我们是公安边防警察，怀疑你们携带有……”，就在我的战友发出警告时，对面响起了枪声，对我方来了一个扇面扫射，幸好没有人员受伤。我方参战人员立即进入战斗状态，卧倒，予以还击，对对方实行火力压制，就在双方僵持不下时，王竣渝向指导员提出建议：“我们可以采取围而不歼，用心理战术击垮毒贩的心理防线，同时在火力上对他们进行震慑，劝降他们。”指导员采纳了他的建议。

最终，凭借着参战人员过硬的军事素质和顽强的战斗精神，迫使贩毒分子投降。在这场战斗中，抓获武装贩毒人员两名，缴获AK47自动步枪两支，五四式手枪一支，运毒卡车一辆，毒品海洛因60.335千克（案值1.2亿元），狠狠地打击了贩毒分子的嚣张气焰，为边境稳定安全作出巨大贡献。

其实这样的战斗在云南漫长的边境线上每天都有发生，硝烟随时弥漫。内陆的平安与宁静，正是边防军人身披雨雪风霜日复一日的坚守，冒着生命危险同毒贩战斗换来的。军人的伟大就在于此，选择了奉献，选择了高尚！

耳边又响驼铃声，铁骨男儿泪洒边关

“送战友，踏征程，耳边又响驼铃声。”两年的青春热血奉献给云南这个第二故乡，卫国戍边，无怨无悔。要走了，父老乡亲们都来送战士们。那不是李大爷嘛，李大爷是检查站爱民固边定点帮扶的对象，他的儿子、女儿都外出打工了，所以他就成了空巢老人。每个星期王竣渝和战友都会去看望他，帮他做家务，同时和战友拿出津贴的一部分，帮助他解决一些生活上的困难。渐渐地，老人就把他们当成了自己的儿子一样看待，家里的鸡下的蛋，他时不时地送到检查站，非得让战士们收下："你们站岗执勤辛苦了，吃些鸡蛋补一补。"这就叫军民鱼水情，人民子弟兵为人民服务，人民就想着你，就为你竖起大拇指。男儿有泪不轻弹，只是未到伤心处。两年，同战友的生死情谊让王竣渝潸然泪下。回想起一起在边防线上的点滴岁月，一起摸爬滚打，一起同毒贩战斗，他真的舍不得，舍不得这个培养了他、教育了他、打磨了他的大集体，舍不得待他如亲人的老乡。

青春不只是诗和远方，还应该有家国和边关。人的青春只有一次，现在，青春是用来奋斗的；将来，青春是用来回忆的。携笔从戎，生命中有了当兵的历史，值得一生去回味！

从头迈，百炼成钢

——记武警河南总队退役大学生士兵冯威

冯威，男，共青团员，曾服役于武警河南总队某支队，曾获优秀士兵、人民一等奖学金、校优秀共青团员、全国部分地区大学生物理竞赛非物理A类三等奖、北京科技大学大学生工程训练综合能力竞赛一等奖，曾在部队担任过副班长，参加过火车站安保执勤、扑灭山火、看守所犯人转移安保执勤、总队百日练兵比武等任务。

座右铭　**既然选择了地平线，留给世界的就只能是背影。**

冯威上小学的时候，就在内心种下了一个穿绿军装的梦，可是当这个梦终于实现的时候，他才知道梦想与现实到底有多大的差距。刚到新兵连的他，每一项训练科目都不及格，虽然大多数新兵都和他一样，可是对于一向无比骄傲的他来说，内心觉得特别耻辱。然而体能是硬项目，没有空子可以钻。跑步的时候他只能勉强跟上集体的步伐，引体向上他也只能拉两三个，擒敌拳的动作总是不标准，虽然他已使出浑身解数，可也只是感觉有心无力。每日的体能训练让他疲惫至极，初来乍到的陌生感又让他倍感孤单，他没想到真实的军营竟会让自己这么脆弱不堪。甚至在刚到新兵连第三周的某一个夜晚，他躺在床上望着房间白墙上投射的淡淡月光，心之所想以至于黯然泪下，现实的打击让他有些意志消沉。

在最关键的时候，新兵连班长和他谈了一次心，班长就像兄长一样安慰他："不要以为自己比别人差多少，初到军营大家都一样，都只不过是一块铁，可部队是一个大熔炉，熬过去，你就能百炼成钢。千万不要泄气，不要对自己失去信心，我相信你。当兵前你是大学生，当兵后你就是军人，你要扛得起肩上的责任。"听了班长的话，他大受鼓舞，为了成为一块好钢，他开始化消沉为力量。除了日常的训练他更加积极面对外，每天晚上熄灯之后他还给自己加训练量，跑步不行每晚就练深蹲锻炼腿部力量，器械不行每晚就练俯卧撑锻炼臂力，练习仰卧起坐锻炼腹部力量，每个动作做一百次，用部队的话讲，就是每晚坚持三个一百。当然后来他也有坚持不了想要放弃的时候，可每当到了这个时候班长就会出来鼓励他，冯威不仅坚持下来了，而且把这些锻炼形成习惯，每日坚持都不再觉得苦。他的努力得到了回报，新兵连结束的时候，他各项军事素质在整个新兵连都算得上名列前茅，他终于从一个大学生，慢慢地成长为一名合格的军人。一块好铁，只要经过锤炼，总是可以变成好钢的。

唯命从，一往无前

冯威下连后去的是执勤中队，为了适应以后的任务要求，他有很多新的军事技能要学习，其中最重要的就是站岗执勤的一整套流程。应该就在下连后的第一周，他第一次训练换哨动作，中队长来到训练场观看他们训练。队长身高一米七左右，一张国字脸，眼睛不大眼神却极具穿透力，就只单往那儿一站，自有一股不怒自威的气势。感受着旁边队长的威严，老兵在做示范动作时都打起了十二分精神。当然，老兵的示范动作做得特别标准，一整套取枪、交枪、验枪、肩枪的动作如同行云流水般顺畅。在老兵示范完之后，负责指挥训练的班长问他们所有新兵有谁想上去学着试试看。若是平时，只有老兵和班长的时候，新兵胆量还大一点，可是队长在旁边站着，包括冯威在内的所有新兵都不敢上去尝试，害怕出丑。于是班长把老兵与新兵分组各自分散训练，队长也默默地离开了。

本来以为事情就这样结束了，可是当天晚上点名时，队长异常严厉地说对新兵的表现很不满意。队长说，作为一名战士，最重要的就是勇气，是面对一切艰难险阻也要一往无前，服从命令是天职，面对任务，有条件要上，没有条件创造条件也要上，可是他们，面对简单的训练任务都不敢上，不配称为武警战士。那时已是寒冬，夜晚的温度通常都是零下，冯威和其他战士一同用最笔挺的军姿站在院子里，感受着手上和脸上的冰凉，甚至到最后腿都发软，却始终一动不动。队长那天晚上一直说了两个多小时，以至于后来队长说什么他都已经听不进去了，可是脑子里却始终回荡着那几句话。的确，如果连一往无前的勇气都没有，还当什么兵。他把那天晚上队长的话记住了，时刻警惕自己，以后不管是日常训练，还是面对突发情况，他都从来不曾畏惧过。

一瓶水，战友情深

冯威第一年的军旅生活是在执勤中队度过的，第二年的时候，由于人员调整，他被调到了一个机动中队。机动中队勤务比较少，日常生活基本就是参加训练，或者出去参加比武。

大概在当兵第二年的四五月间，冯威跟着中队一共三十名战友去参加总队组织的百日大练兵，期间当然是强度更大的军事训练。在百日大练兵即将结束的时候，所有参加练兵的支队，根据安排去到一个大山进行为期一周的魔鬼周训练。魔鬼周，顾名思义也知道不会轻松，事实正是如此。

在魔鬼周训练的第二天，天还未亮他们就起床整理行装，因为当天的任务是武装徒步65公里。根据安排每个支队要集体出发，最后比赛看哪个支队所用时间最短。刚开始他们支队也是集体共同前进，可是后来为了争取时间，他们走一段然后跑一段，体能不是特别好的战士就会有些落后，以至于到后来他们的队伍已经稀稀疏疏前后有五十米长。那时候天已经开始炎热起来，大家水壶里的水在走完四分之一的路程时就已经喝完，而且在外的饮食也不好，大家都走得饥渴难耐。他们当时所在的山里住有人家，偶尔还会遇到一些超市，可是除了一名战士身上有五块钱，其他人都没有带钱。走在最前面的战士问遍了整个支队才要到五块钱，然后去前面的一个超市买了一瓶汽水。要知道，在当时那种情况下，任何一名战士喝完整整一瓶水都会觉得不够，可是他只喝了一小口，然后放在地上，告诉身后的战友也喝一口便继续前行，于是他们就这样一人一口，所有人都是喝完之后放地上给身后战友就继续前行，而且最后那一名战友，最后喝到的水是最多的。冯威当时虽然只喝了一口，可是心里却生出了无限前行的力量。那些集训的日子虽然苦，可是有了这样一群战友同舟共济，冯威很快乐地度过了那些日子。

功夫不负有心人

退伍返校之后，由于与书本两年的疏离，在学习上冯威不再像以前那样得心应手，很多时候哪怕自己再努力也只是感觉力不从心，就像新兵连刚开始的时候一样。但是他有了面对这种力不从心的经验，所以也就不再害怕，他知道，只要自己肯付出并坚持，最后一定可以迎头赶上。冯威给自己定了一个小目标，他想本科毕业之后可以拿到保研名额，让自己的能力获得更大的成长空间。为了这个目标，他每天的生活除了晚上在宿舍睡觉，基本就是在教室、食堂和图书馆之间穿梭。虽然这种生活有点枯燥无味，但与部队相比，明显要轻松得多，而且他知道必须先付出才会有回报，所以也一直在学习的道路上乐此不疲。大一学年结束时，冯威的加权成绩不到八十分，大二学年结束加权到了八十五，大三学年结束成绩仍然保持在八十五。最终，他实现了自己的目标，拿到了保研名额。工夫，总是不会辜负有心人的。

从前的冯威不喜欢运动，对于身体上的疲惫内心会产生本能的拒绝。自从当完兵回来，他知道那种先苦后甜的滋味，知道锻炼之后的身体才能让自己时刻保持最佳状态。所以尽管没有了军营的约束，他也从来没有放弃锻炼，他坚持跑步，坚持器械训练，而且还学会了游泳。虽然刚开始他对水是有畏惧的，但是他知道这种畏惧就像刚开始对跑步、对器械的畏惧一样，一切都是因为他不熟悉，所以越是畏惧越要积极面对，经过反复训练，终会由量变达到质变。大学每年都会有体能测试，每次参加测试的时候身边都会有一些很烦恼的同学，因为那些同学的体能不过关，但是他从来不担心，因为每次他都只需要正常参加考试，轻松就能合格。他能每天花大量时间学习，也是因为有好的体质。当兵，实在让他收获了太多，他现在这种坚持锻炼的习惯、良好的身体素质、坚韧的性格、迎难而上的勇敢、处事的稳重，都是军营教会他的，他也会一直把这些好的习惯和品质保持下去。冯威觉得，自己曾经是一兵，终身是一兵。

铿锵岁月，砥砺前行

——记陆军西藏军区退役大学生士兵齐洪

齐洪，男，中共党员，1995年1月出生于四川省宜宾市。2013年9月进入北京科技大学冶金与生态工程学院学习。自入校以后，先后担任班级团支书、冶本13级党支书等职务，于2014年11月获得优秀学生干部。在学习方面，认真刻苦，积极勤奋，多次获得人民奖学金。2015年9月即大二下学期，他毅然参军，献身国防，荣获优秀士兵、海淀区优秀退役大学生士兵。2017年10月退伍复学，担任北京科技大学冶金与生态工程学院冶本15级党支部书记。

座右铭 **宝剑锋从磨砺出，梅花香苦自苦寒来。**

这一次，选择梦想

也许，每个男孩儿都曾有过这样的梦想：穿一身戎装，擎一支钢枪，卫一片山河。然而，若不将机会紧抓，若不向梦想前进，随着时光小河静静流淌，梦想的轮廓也终将模糊弥散。

不甘梦想仅仅变成一场梦。2015年6月，当再次看到戎程研究会的征兵宣传时，齐洪握了握拳头，毅然在首都征兵网上报了名，这不是一个简单的决定。大一时，他就曾向父母表达过参军的想法，可父母不想让他吃苦，并不支持齐洪参军。参军，意味着要受累，甚至可能牺牲，好不容易挤过了高考独木桥，考上了“211”，眼看自己儿子再在学校里学习几年就能拥有一个比较不错的生活，又怎愿意再让他前往一个未知的甚至可能充满危险的地方呢？可是，自己已经20岁了，以后还能有多少实践自己想法的机会呢？人生，还能有几次能率性而为？所以，这一次，齐洪不想再错过，这一次，他将选择梦想！

这一刻，感到骄傲

2015年9月2日，武装部的老师发来了通知，齐洪非常幸运地成为了北京科技大学十多年来的第三名进藏兵。这一刻，数日来在等待政审与体检结果时的忐忑与焦虑已被激动与向往所取代——雄伟神奇的喜马拉雅山，缓缓流淌的雅鲁藏布江，充满大自然气息的牧民与牦牛，还有那美丽的藏家姑娘与洁白的哈达。齐洪在心底呐喊："我来了！"

两个星期后，齐洪乘机抵达了西藏，在前往营地途中，沿途美景震撼着战士们的灵魂。这才是人间仙境！天空就像蓝宝石一样，河水清澈见底，在一道道经幡中，牛羊满山遍野，三三两两，懒懒散散地聚在一起啃着小草。静谧肃穆，每一口空气都浸透着纯净空灵。

看着这块美丽富饶的土地，呼吸着这纯净圣洁的空气，叹服着造物主的神奇，齐洪也认识到，这人间仙境是军人用着自己的忠诚、青春甚至生命在守卫，能成为这伟大职业的一员，齐洪由衷地为他的选择骄傲，为军人这一崇高身份而骄傲！

这一回，无所畏惧

也许，对现在绝大部分士兵来说，打仗、战斗似乎都遥不可及，然而，并不是所有地方都那么安宁。

2017年6月的一天，齐洪和他的战友们一如既往地训练，突然接到上级命令"有外军袭扰我国领土，我边防兄弟部队正在与其对峙"。养兵千日，用兵一时。这一回，不是考核，不是演习，而是真的要亲历沙场了。怀着忐忑而激动的心情，齐洪和战友们立即准备物资，前往边境支援。

出发前，每个连队都必须要留几名人员下来看管营房，当连队长官询问是否有人愿意留下来时，回答长官的是长久的沉默。是啊，现在祖国有难，需要自己，而战士们个个都是热血青年，急于化解这场危难，哪怕付出鲜血与生命，也要阻挡外军进犯。最终在指导员反反复复地做思想工作下，几名身体有伤病的战友才同意留下来，为上前线的战友们看管好这值得依靠的后方。

到了前线，齐洪发现环境要比想象中的艰苦多了，我军与外军对峙的地方海拔接近5000米，扎营时，天天下雨，山高，气温低，战士们都被冻得瑟瑟发抖。特别是到了晚上，帐篷里并未因有遮挡而暖和，直到物资发配给前线，每顶帐篷配了一个火炉，情况才稍微得以缓解。

居住环境恶劣，工作条件更为艰苦。为了防备外军进一步入侵，齐洪和战友们奉上级命令，开始构筑各种工事。工事一般构筑在山脊上，由于山坡陡峭，车辆无法到达施工地，所以这些材料全靠人工扛上去，工作量之大，让人难以想象，通常向上爬10米左右，就不得不停下来休息。齐洪每天不停地从山脚往山顶运送水泥、钢筋等，每天累到在帐篷里躺下就能入眠。

为了按时完成各种工作，战士们每天都只能在宿营地吃早饭和晚饭，而至于午饭，由于营地环境多山，且通常山顶到吃饭位置就有五六公里，来来回回接近5公里，这既浪费时间更浪费精力，所以午饭通常是用几块单兵干粮或者一包方便面来充饥。

然而，对齐洪来说，居住环境和作业条件都不算什么，最让人紧张的还是随时可能发生的敌袭。晚上站岗时，每个人都把心提到了嗓子眼，时刻保持警惕，随时握着实弹弹匣，确保一发现敌人，就能发出警报。

就这样度过了极度紧张的三个月，敌军终于撤出了我国边界，战士们也终于感到了欣慰，感到了轻松，和平真好！当然，齐洪深知，只有自己强大，别人才会跟你谈和平！

这一瞬，泪眼模糊

2017年9月28日，这一天，齐洪转遍了营区，最后再喂一次他的老伙伴——藏獒小黑，最后再摘一下苹果树上的果子，最后再向军旗敬一个军礼。当上级首长宣布退役命令时，这一瞬，再也无法抑制心中离别的悲伤，他的眼泪布满脸庞。

再见了军营，再见了亲人，再见了，这一片他曾生活过的地方。齐洪将永远记得那些一起训练、一起生活、一起战斗的岁月，他不会忘记新兵连站军姿时，为了班级荣誉，即使连站两小时也纹丝不动，他不会忘记队列动作出错时相互偷偷地“拉袖子”，更不会忘记3公里时相互搀扶冲向终点；他也不会忘记老兵连时第一次戴上列兵军衔时的喜悦，不会忘记军事训练时相互鼓励、相互竞争，更不会忘记生活上相互关心、相互扶持，齐洪不会忘记犯错时一起被骂被罚，那是属于他们的热血岁月，那是只属于军人的飞扬青春。

这一生，将牢记本心

两年军旅生涯就这样结束了，没有了两年前的兴奋，有的只是平静、坚定、执着，这些，是部队给齐洪刻下的烙印。常常有人问他“当兵两年，你收获了什么？”齐洪便淡然地笑着答道：“我相信我能并且我要做到第一。”一日为军人，终身是军人，对于军人来说，就要做到见荣誉就要争，见红旗就要扛，不畏艰难，永争第一！这是属于军人的荣誉，是军人的骨气，是军人的尊严！而对于齐洪来说，这一生都将牢记自己的本心——退伍不褪色！

幸福都是奋斗出来的

——记陆军79集团军退役大学士兵苏威松

苏威松，男，原土木与环境工程学院2014级本科生，于2015年9月应征入伍，服役于79军工兵团，即雷锋生前所在团。服役期间表现优秀，尤其在理论学习方面，多次理论考试中获得第一名，并因此获得团嘉奖一次。2016年8月参加团新兵骨干培训，2016年9月执行连队军训任务，在沈阳工学院带机械方队执行军训任务，任务期间，表现优秀，受到连队表扬。

座右铭 幸福是奋斗出来的。

军旅第一站——难忘的新兵连

在两年的军旅生涯中，新兵连是特殊的一站，在这特殊的一站中，苏威松感触很多，但要说印象最深刻的，还是那天下午的战术操课。

那天是一个天气不太晴朗的下午，刚下完雨，训练场上不太干。不知道什么原因，当天下午一到训练场，苏威松和战友就被班长训斥，因为起床慢了，耽误了集合。对新兵来说，这是一个痛苦的经历，因为技巧掌握不到位，加上有人步调快，有人慢，再加上又是刚起床，很多人不配合，大家敷衍了事。班长看到这个情况，立马喊“停”，本以为班长放过大家了，结果却听到“准备防毒面具”，手不自觉地就伸向面具袋，“戴！”大家都按班长要求做，“跑步踏步走。”大家都傻眼了，头一次戴着防毒面具跑步踏步，呼吸顿时困难，满头的大汗和沉重的呼吸交叉在一起，没想到这还不算完，班长看大家踏得差不多了，让大家“卧倒”。这个时候躺在地上特别舒服，但是如果认为班长体贴为了让大家休息，那就大错特错了，因为口令还没有下完。“匍匐前进，没有我命令不准停，谁爬得慢我就踢谁，来回爬，开始。”然后就在地上练战术，因为刚下完雨，地上比较泥泞，爬一下身上都是泥，可这个时候谁还想这个，只是想着不要当最后一个。爬了一节课的时间，当时整个新兵营都吹哨让组织休息，大家眼巴巴地看着班长，班长简短的两个字使大家更加绝望，“继续。”看着别人在休息、喝水，心里不是一般的不平衡。别人都休息完了，继续训练，苏威松和战友还在训练，还在爬。后来班长看大家爬不动了，才让大家休息。“在你们休息的时候，有些话想给你们说，”班长说道，“我们都是从这个时候过来的，都有过这样的经历，不要以为我们在故意整你们。”接着班长说了最让苏威松印象深刻的话：“你们应该想一想为什么来这里，为什么受到这样的待遇，为什么别人休息，你们训练，别人训练，你们也训练，因为你们不懂得珍惜，不懂得珍惜生活的美好，不懂得美好的生活是自己创造的，不懂得看着别人挨打（在部队指挨罚），自己也疼的道理，所以你们有现在的待遇。”班长说得很对，如果好好训练，好好表现的话，就不会这样了。这时候，苏威松旁边的一个战友哭了，班长问他为什么哭，他说想家，班长说：“晚上用我手机和家里打个电话，哭一会得了，别没完没了，大男人像小姑娘一样哭哭啼啼的。”顿时大家都笑了，虽然接下来的训练还得继续，但是没有之前的那种压抑了。

通过这一下午的训练，苏威松懂得了几个道理：一是一定要珍惜自己的生活，珍惜身边人和身边事，不要等到失去才痛哭流涕；二是要有别人挨打自己也疼的觉悟，不要等到鞭子打到身上才知道疼；三是美好的生活是自己创造的，不要去破坏。从那以后，这三个道理一直贯穿他的军旅生涯，让他受益匪浅。

浓浓的战友情——老兵连

新兵连三个月后，该到下老兵连的时候，这个时候还发生了一个小插曲——抢兵，这个事还发生在苏威松身上。本来按照建制他应该到道路一连，结果在新兵连学习训练队列的时候被道路二连指导员看见了，下连时被他要到二连。

来到一个陌生的连队，没有了新兵连熟悉的面孔，苏威松的内心难免有些彷徨，他的班长看见了，专门找他谈心，班长语重心长地说：“在哪都一样，都是服兵役，为国家守卫。我虽然不怎么会说话，但是我的兵，谁也不能动，只要上级不通知我。”从此，班长成为苏威松在连队值得信任的老大哥。

刚开始虽然和同届兵不怎么熟悉，但是同届兵是最亲的，这是实话，摸爬滚打在一起，吃苦享乐在一起。在这些同届战友中，和苏威松关系最铁的是魏士喆，辽宁葫芦岛人，刚开始苏威松不认识那个“喆”字，就喊他魏士吉吉，后来慢慢就这样喊了。在相处过程中，最让苏威松感动的是站岗吃饭这件事，当兵就要站岗，站不好岗就不是好兵。那是2017年的夏天，天气很炎热，按照规定要在外面站岗，站在大太阳底下暴晒，帽子湿了又干，干了又湿。魏士喆训练回来看见了，就去宿舍给他拿水喝，中午接岗的战友吃饭有点儿慢，魏士喆回来看见苏威松还在站岗，就去服务社买了泡面、面包，还有水，回来后帮他站岗，让他去吃饭。苏威松感动得不知道该说什么，魏士喆是他在部队里的战友，也成为他一辈子的兄弟。

新的征程——退伍后

苏威松退伍后回到大学，难免有些彷徨。大学舒适懒散的生活和部队紧凑的一日计划明显不一样。他回想起在部队与班长的对话和对班长的保证：“班长，你放心，我回去一定好好学习。”回想起自己在部队的表现，在部队学会的道理：“美好的生活是自己创造的。”苏威松的心中又充满了干劲。原来写作业不会抄舍友的，上课不听讲玩游戏，现在自己独立完成作业，不会的多向别人请教。

部队还教会了苏威松不拖延，他回学校后一直坚持当日的事情当日完成。学习上，当天的作业当天完成，决不拖到交作业再写，不挑灯夜战，该打印的讲义立马就去打印；生活上坚持每天洗澡，衣服脏了就洗，不积攒到一起洗。

部队教给苏威松的这些道理，他不会忘记，也不会舍弃，因为它们是走好人生道路的良师益友，他会一直坚持，一直努力。

投身国防 绽放荣光

——记武警河南总队退役大学生士兵杨西一

杨西一，男，土木与环境工程学院，环境工程与流体力学专业2014级硕士研究生，2014年进入北京科技大学攻读流体力学学术硕士，在校期间学习刻苦，团结同学，后积极响应国家征兵号召，投身国防，服役于武警某支队，服役期间表现优秀，连续获得优秀士兵、嘉奖等荣誉称号。

座右铭 **自强不息，厚德载物。**

男儿何不带吴钩，收取关山五十州

徜徉于华夏上下五千年的文明当中，杨西一从小便对危难时刻大显身手、战场杀敌、奋勇向前的军人的生活有种莫名的憧憬，长大之后，军旅情怀更是常常萦绕心间。但是由于种种原因他总是与军营擦肩而过，屡次地失之交臂，他感觉此生要与军营无缘了。

当迈入北科大听说学校正在征兵时，沉寂在他心中的激情又被重新点燃了，但是随之而来的是困扰着他的种种问题：自己年龄超了吗？研究生去当兵家人同意吗？自己到了部队身体还吃得消吗？但是一个坚定的信念支持着他，军人靠的是什么——是坚韧不拔的意志，怎么能退缩呢！他的想法也得到了身边父母朋友对自己的鼓励和支持，让他更加坚定了参军入伍的决心。是啊，好男儿浑身是胆，当是壮志豪情四海美名扬，比起只在背后指点江山、激扬文字，何不弃笔从戎、亲着甲胄、保家卫民。机会就在眼前，他绝不会让机会再溜走。经过他的努力和准备，最终顺利通过体检和政审，成为了一名合格的军人。

自强不息，赢取尊重

进入军营是梦想实现的开始，但是对于他，生活的乐趣在于困难总是会接踵而来，只有勇敢战胜它，才能欣赏峰顶的美景。刚进新兵连，他学历高，一时成为了焦点，大家都对他非常好奇。但是军事素质差是他的短板，第一次3公里跑了15分钟，被别人远远地甩在了后面，这种期望和现实之间的差距是他入伍之初心头最重的阴影。这个时候脑海中忽然记起入伍之初，学校退役学姐曾告诫他们的话："到了部队就是一个全新的开始，你们要忘记你们大学生的身份，同时记住你大学生的身份。"在这时，他终于真正懂了这句话的含义，它似乎包含无穷伟力，为他指明了方向，于是他暗暗下定决心，一定要勇敢站起来，只要练不死，就往死里练，绝不拖班级的后腿。两个月的时候3公里他已经能够跑进12分钟了，也再没有人质疑他了。

对他来说，部队里面唯一和电影战狼里面所体会到的不同便是，相互搀扶的战友情远比一枝独秀换来的羡慕和自豪更受用。那是他结业考核时，班级里面有一个小战友因为怕拖班级的后腿，主动找到班长说不舒服，想以病号的方式将自己排除在外，以提升班级水平。可是这样的话那位战士又怎么会被分到好的连队呢。于是便有了这样的一幕，在一个阴雨霏霏的上午，班长在前面领头，杨西一和几个战友轮流来拉着他一起冲刺，独狼式的竞技场上竟然出现了齐头并进的一幕，而且速度还不慢！"我的兵，就是扛也要把你扛到及格线里面去！"这是那个个头不高、只有初中学历的班长教会他的永生难忘的一句话。尼采说过："心中充满爱时，瞬间即永恒。"最终全班以12分钟的成绩跨过终点线，他感觉，这一瞬间就是他们班心目中的永恒。多年过去即使沧海桑田，他们依然会记得对方身上的那一身泥泞、被汗水浸湿的衣衫和那不屈的笑容。

新兵连大家训练都苦，每天训练时间都很长，身边的战友年纪都很小，十七八岁的年纪听到他研究生了还来受这份苦，都非常不理解，可是三个月的摸爬滚打过去，留下来的就只剩下那品尝不完的甘甜和割不断的羁绊了。

立足本职，发挥热量

军人以服从命令为天职，下连时尽管很不舍，杨西一新兵连的班还是被打散了，有几个人去了别的中队，他被分到了负责机关首长安全的警卫中队。在警卫中队里面，“严寒眉上一抹霜，酷暑脚下两摊汗”纯粹就是他工作的常态，夜半清寒的时候被叫起来上岗是很平常的事情，即使这样，他依然牢记使命，认真履职，训练的时候依旧神采奕奕，从不叫苦叫累。

鉴于自己的学历较高，连队考虑决定让他担任文书职务，刚开始他还有点大不乐意，总觉得自己是来冲锋陷阵的，怎么被分配到文职，后面经过指导员的开导他才明白了，文书职务虽然和别人不同，但是殊途同归，都是为了肩膀上那份属于自己的责任和荣耀。并且，文书也是要训练的，也是要和战友们一起摔打、一起冲刺的，经常也是满身泥沙、磕磕碰碰，而且别人休息的时候，文书还经常要加班加点挤时间忙工作。他所在的连队人数多，是一个加强连，中队每天都会为了每一季度的争先创优做出很多努力，但是队长常说：“我们干工作既要低头干活、也要抬头看路，既要大干苦干、也要巧干会干。”工作怎么样才能得到上级领导的青睐和指导，怎样才能将自己中队昂扬向上的积极劲头传递给兄弟单位，连队很多感人至深的人和事怎么样才能得到鼓励和发扬？这些事情是一个连队的发展的内在动力，只有将这种好的作风和事迹广为流传，深入人心，才能为连队带来源源不断的动力和势头。想到这，他逐渐明白了工作背后蕴含的责任和信任，也暗下决心一定不辜负领导的信任。于是在他的努力下，连队相继推出了光荣榜、先进事迹小广播、警营新闻等各类栏目，对中队里面的先进人物、事迹进行褒扬。到自己快要退伍的时候，中队那种奋勇争先的氛围已经蔚然成风。他为有幸参与到这一具有建设性的事业中来，而感到骄傲与自豪。

付出总会有回报，最终，指导员亲自给他颁发的优秀士兵勋章便是对自己付出的见证。这是对他两年军旅生涯的肯定，是无悔青春的象征，是火热军营留给他永远的记忆。

时光荏苒，告别军营

铁打的营盘，流水的兵。两年的时光转瞬即逝，最后几天，所有的退伍老兵都从自己哨位上撤了下来，可是就在撤哨第二天这种喜悦就已荡然无存了，平常最渴望的就是能够好好休息一下了，可是当他看到别的战友依然忙碌的身影，内心就会产生一种莫名的躁动和忧伤。于是所有的退伍老兵自发地聚集到了一起，由他这个学问最高的文书向队长请求：“部队培育我们成才，给予我们荣誉，在即将离队之时，我们希望能坚守到底，贡献自己最后一份力量！走之前再站好最后一班岗——这是最后的留恋与不舍。”

夜深了，风乍起，令将要远行的旅人难以入眠。在连队的最后一晚，他选择回到岗位上，打开电脑，一张张翻看曾和战友一起拍摄的照片，有哨位执勤时在漫天飞舞的雪花中军姿笔直的战友身影，有炎炎酷暑中大家汗流浃背却咬牙对抗的摔擒场面，有为了重大典礼安保任务中树立武警良好形象的美好记忆，有节日里大家一起拔河套圈、举杯欢饮的温馨场面。第二天早上天不亮，中队的其他战士早已静悄悄地集合好了，在等待着退伍的战友们离去。无言是最好的表白，拥抱是最真挚的祝福！就像那句话所说“生命里多了军旅这两个字，一辈子都无上光荣。”

回归校园，暗香持久

回归校园，氛围一下子变得轻松起来，没有人时刻督促着你起床、跑步、执勤，学校的学习大部分取决于自己。落下的课业一时成了他心头的巨石，怎么样以最快的速度融入学习生活是当务之急。两年的军旅生涯，让杨西一学会了自强、拼搏、奋进，在潜移默化中他懂得了尊重、包容、作为。退伍归来，面对着两年没摸过的书本，心中却没有了该有的彷徨。两年没碰了，知识还记得多少，跟得上吗？军营里那般艰辛和摸爬滚打都过来了，他坚信通过自己的努力一定可以把进度赶上来的。他常打趣地说：“对于一个曾经喜欢赖床的人来说每天夜半最困的时候爬起来上岗，这样的苦自己都坚持过来了，以后还有什么困难是自己克服不了的呢。”

重回学校，他很少主动跟别人提起自己曾经是一名军人，军人也是普通人，不应该因为当过兵便感到骄傲。但是，他却从没忘记锻炼身体，放松要求，因为他知道，一朝戎装穿在身，一生流淌军人血，当有一天祖国呼唤的时候自己要能冲锋在前……

正确的路

——记联勤保障部队退役大学生士兵张乐

张乐，男，中共党员，曾服役于中国人民解放军联勤保障部队。曾获北京科技大学人民二等奖学金、新生二等奖学金、优秀义务兵、副师级单位嘉奖一次、“清华同方”杯北京科技大学第三届传感器创新大赛一等奖（最高奖）。

座右铭 **人生没有所谓正确的路，我们能做的就是努力把脚下的路变得正确。**

当兵的“种子”

张乐人生中第一次与军队擦肩而过是高考报志愿时，因为爷爷曾是中国第一批空军飞行员，后来参加西部大开发时到了新疆，此后就再也没有离开过新疆。在他爷爷那一代人看来，好男儿就是要当兵。因此在爷爷的熏陶下，父亲也继承了这一思想，可惜父亲由于身体原因没有过体检，于是参军入伍、报考军校的担子就落在了他的肩上。

在高中时期的张乐眼里，参军入伍、报考军校只是父亲自己的梦想。对于每天出早操都要想办法装病请假的一个学生来说，“军队”所代表的是那时的他绝对没有办法承受的痛苦。

他第二次接触这个概念，是大学新生军训时因为想要躲避训练，于是报名参加了军旅主题的论文答辩，选题正是“大学生应征入伍相关政策”，并且获得当时新生团二等奖。当时他并没有意识到，或者说当时并没有足够的勇气去承认，在那时，携笔从戎的种子已在他心中种下，并深深扎根。

从高中到大学，学习方式、生活状态剧烈地改变，使得张乐的大一学习并不顺利，生活也并不如意，一整年都在一种浑浑噩噩的状态中度过。或许是一种对于失败的生活的逃避，又或许是一种对自己失败的惩罚，“去当兵”的种子在他脑海中逐渐发芽，并疯狂地生长着。

可是当张乐鼓起勇气跟家里提出这个要求时，高中一直想让他报考军校的父亲断然地劝他打消这个念头，在父亲看来，既然他选择了成为一名大学生，那么他的当务之急是学业的问题。那时，朋友、家人反对的声音不绝于耳，支持他的却是他当时的女朋友，她是最了解他当时学习状态的人，她告诉张乐：“在你迷茫不知该如何前进时，请选择最难走的那条路。”

在她的鼓励下，张乐终于还是踏上了军旅征程……

一瞬间的蜕变

由于在入部队之前长期没有锻炼过，初入部队时，每天巨大的训练量及与外界的长期失联使得张乐的身心遭受到极大考验。但是他心中明白这就是自己的选择，他不想退缩，也并没有退路。每周难得的通话是张乐与外界联系的唯一途径，父母给予他心灵的慰藉，她给与他精神的支持。

日复一日的队列、体能训练、站岗执勤，在部队的生活总是单调辛苦而又充实。

尽管一开始身体吃不消，但这是张乐第一次做出的真正改变自己生活处境的选择，他还是一刻不放松地跟紧队伍。随着身体的强壮、体能的增加，单位开始组织他们进行400米障碍训练，这是最能考验一个军人综合体能的项目，也是及格率最低的项目。大部分人一开始别说是跑及格（两分三十秒及格），就是跑完全程都非常吃力。所谓有多大的能力就做多大的事，随着训练的深入，能跑及格的人逐渐多了起来，战友们很多都不满足于现状，于是张乐和他的战友中几个稳定在两分二十秒左右的同志都去找班长申请晚饭后“加餐”，所谓加餐其实就是将400米障碍中的每个项目分开，单独练习其中更节省时间的过法。然而当他在选择深坑时，一开始还在练习跳下后顺着惯性蹲下立刻跳起，试了几次之后便开始尝试“扑坑”的方法，或许是他太大意，低估了扑坑的难度，在跳下坑的一瞬间用力过猛，下巴直接顺着坑壁蹭了下来，剧烈的疼痛感瞬间蔓延他的下巴，鲜血喷涌而出……那天下午他整个人都是懵的状态，当他回过神来，已经躺在医务室，下巴被缝了四针……

虽然医生一再叮嘱他不能再进行危险的运动，班长也建议他好好休息，但是当第二天早晨，听到起床号响起时，他毫不犹豫地从床上跳起，穿上体能训练服准备进行每天早晨3公里的晨跑。

那么一瞬间，他发现，潜移默化中，他的确变了。在来部队之前，他并不知道自己会变成什么样子，曾经也不止一次为此而担忧，可是当他突然看到自己现在的模样时，他发现他已经努力让他变成了自己所期望的样子。

第二年，因为自己大学生的身份，张乐被借调到了政治部工作，因为政治部经常会加班到半夜，所以连长便给他不用训练和站夜岗的特权，他当时不加考虑便回绝了，后果则是白天别人训练时他训练，下午别人休息时他工作，晚上别人休息时他加班，半夜别人睡醒去站岗时，他或许才刚刚加完班……甚至干事经常拿他开玩笑说："我们每日的主题，都是张乐辛苦了。"

那两年，包括回来之后，他都不会再纠结于自己选择的这条路是否正确。他说："因为往往我们并没有办法预测人生的航道最终会驶向什么地方，正因如此，我们能做的，就是通过努力，让自己所走的路，变得正确。"

所谓正确

当再回到这个令曾经的自己备感失败的校园时，张乐心中的感觉无以言表。仿佛那两年如一场梦一般，兜兜转转，最终还是要回到这个梦开始的地方。

一样的校园，不一样的是他不会再因为前途的未知而迷惘，也不会再去逃避学业与生活的不顺。从回到学校到现在，他认为自己自始至终都只在做一件事，就是为了弥补两年的学业断层与提升自身建设而努力。

尽管课程的断层、转专业的补课使他回学校的生活没有一刻清闲，但是他还是和舍友一起参加了"清华同方杯"北京科技大学第三届传感器创新大赛。为了弥补和舍友层次的差距，不拖他们的后腿，日常的学业已经让张乐吃不消的情况下，他每天晚上还要加班进行传感器、单片机及各种编程能力的训练。

这种状态让他想起了部队第二年在连队训练，政治部加班的生活节奏，这正是他在部队最痛苦，却最熟悉的状态。此时一种感激之情油然而生，感谢自己当时的那股狠劲，让他即使处于这种让人焦头烂额的状态中，也明白自己真正应该做的是什么。他明白，或许自己现在的努力并不会迅速改变生活现状，但是现在所做的一切，在将来都会将点点滴滴回馈给自己。

最终，他们队伍通过初赛、复赛和决赛的层层选拔，突出重围，从11个学院、114个队伍、500多人中脱颖而出，一举夺得一等奖，并且得到暑假去清华同方实习的机会。与此同时，他本学期所修课程加权平均分超过80，处于专业中上游。虽然并不算突出，但是他明白凡事难以一蹴而就。

他很难说清楚在部队两年的经历对自己的帮助有多大，但是他相信，那两年的努力，正在一点一滴地回馈自己。他也明白，以后的人生中还会有更多、更大的困难等着他去跨越，他也永远不会忘记那句："在不知道该怎么前进时，请选择最难走的那一条路。"

冰山上的坚毅

——记武警河南总队退役大学生士兵陈宏彬

陈宏彬，男，共青团员，曾服役于武警南阳支队社旗县中队。在部队获得优秀义务兵一次、嘉奖一次，担任中队文书职务，参加过“卫士－16”演习。

座右铭 **生活总是如此的艰辛，可是我依然对生活抱有激情。**

数九寒天踏征途

正逢隆冬腊月，天气十分寒冷，伴随着寒冷，祖国的大江南北降下了一层厚厚的雪，朋友圈里晒雪景的刷了屏。陈宏彬却不自觉地回想起那两年军旅生涯，或许是在部队里的冬天，给他留下了太深的印象。

那个冬天，是在新兵连的时候，每个刚刚走进军营的新战士，新兵连的磨砺都是少不了的。三个月的训练，让陈宏彬从一名地方大学生变成了部队的一员，整整三个月的体能、队列、战术训练，其实他已经记不得哪一次训练有什么别样的体会，但是新兵连的结业考试——野外拉练却让他至今记忆深刻。

野外拉练之前，每天被队列、战术、体能等折磨得死去活来的新兵们几乎每天都要问问班长：“什么时候我们去拉练啊？”直到有一天，突然响起来警报声，新兵们都愣头愣脑地不知道怎么回事，听到班长们在走廊里大喊：“紧急集合！紧急集合！”大家这才反应起来要往外跑。这样一连几天，大家丝毫不敢放松警惕，时时刻刻提防着是不是警报要响了。陈宏彬现在回想那些每天神经紧绷的日子也是面带笑容，颇感有趣。

一个多星期下来，终于到了野营拉练的日子。早上不到五点，一声凌厉的警报声把所有的人都叫起了床，说时迟那时快，每个人把自己的被子褥子大衣及自己提前准备的食品打成背包，慌慌张张地跑到外面集合。支队长、政委等领导在外面等候已久，几十辆运兵车、战地指挥车、给养车也已经一字排开，这个阵势看起来真的很有准备开赴前线的感觉。待到所有战士就陆陆续续地集合完毕，教导队大队长整队之后，支队长开始宣读命令："拉练任务开始！"所有人开始蹬车。由于陈宏彬是他们班里的排头，他们班又是他们排第一个班，所以陈宏彬第一个蹬车，坐在运兵车的最里面。列车开动前陈宏彬暗自得意，在寒冬腊月，这个位置可比在车尾的战友幸运多了，可是当运兵车开动之后陈宏彬才知道，运输车的篷子裂开了一个缝。数九寒天，运兵车出动后不出十分钟，陈宏彬就被吹进来的冷风吹得毫无知觉。车里面的战友互相拥在一起取暖，可是依偎在一起产生的热量远没有被风带走的热量多。后来陈宏彬想到一个办法，他把打好的背包堵在漏开的缝那里，虽然还是有不小的风，但是已经温暖许多。再加上和战友拥在一起，这么一直熬了三个小时，运输车终于把他们拉到了拉练的营地。运兵车一停，所有人就开始下车卸帐篷、武器等物资，根本没有调整的时间。好在这个时候外面已经出太阳了，车外面比车里更暖和。一下车，陈宏彬感觉全身都沐浴在阳光的温暖之中。基于平常的训练，下车卸完物资后，每个班的战士就在最短的时间里搭好帐篷、整理好营地。虽然这一天起得早，但是大家都很精神，正像排长说的那样"自从离开新兵连的那个大院，连空气都变得好闻了。"忙活了一上午，他们搭好了帐篷，整理好了营区，做好了美化，在午饭后，他们班被分到在宿营车里午休。一个大卡车里住了近四十号人，非常拥挤，毕竟陈宏彬都忙了一上午，能够休息已经是心满意足。下午开始拉练，排长班长们一直在鼓舞士气，战士们背着行囊，看着祖国宏伟壮丽的山水，陈宏彬觉得苦中也带有了美好的甜味。

滴水成冰立岗哨

一直让他难忘的是第二天一早，这一天是十二月三十一日，是元旦前夕，此时他们正在大山深处安营扎寨。每到过节之际，才能感觉出什么是军人，军人就是别人在工作的时候，他们在工作，别人在过节的时候，他们仍在工作。这一天按照轮岗规则，陈宏彬班没有拉练任务，而是负责留守，被分到6～8点的营区防卫岗，负责警戒营区的四角。他不到五点就起来，把自己的装备和内务整理妥当，被分到营区的最边上一角的岗。没有吃早饭，寒冬腊月，又是在高山之上，陈宏彬感到饥寒交迫。

岗位挨着后勤班，上岗的时候后勤班刚好开火做饭，闻着香喷喷的饭菜味，他感觉身上更冷了。这个时候其他的战士还没有起床，又是在深山之中，周边除了后勤班，再无别的声音，这里的黎明静悄悄。

时间慢慢推移，开始有光芒从山顶的树叶后投射过来，这个时候有几位首长起来巡视完营区，来到后勤班旁边的一个大水管处洗脸刷牙，洗着洗着水流渐渐变小，最后竟然被冻住了。

太阳正在慢慢地升起，他也感到了阳光带来的温暖。阳光照在树叶上，薄薄的冰晶化为露水。他站在这里，想到这三个月来的辛苦，想起自己舍弃学校相对部队里优越很多的物质条件，可是他慢慢觉得，这一切又算得了什么呢。现在的寒冷，不过是当年爬雪山的万分之一，现在的苦，可以算得上是曾经先辈们的梦想。寒冷固然可怕，可是阳光一出来，寒冷就消失不见了，周围后勤班正努力地为战友们做早饭，营区宿舍里休息的战友们也起床开始了一天的工作。寒冷已经过去了，在这两年里，这样的寒冷陈宏彬经历过很多次，可是他再也不觉得这是可怕的，不论多冷的天气、多可怕的任务，一切都会过去的。

军营尾声话曾经

陈宏彬回忆起在学校时，体测里的长跑也就是1000米，可是每次一到体测的时候，就紧张到不行，浑身发抖，每次跑完更是头昏脑涨，喘不上气。如今来了部队，就连每次训练的热身运动都不止1000米，至于专门的体能训练，1000米更是不值一提，3000米、5000米也只算是家常便饭。还记得第一次3000米排名的时候，每个人都拼尽全力，可是跑不过一半就精疲力竭，上气不接下气，有的人甚至都走了起来，刚开始的那种争第一的劲也下去了不少，这个时候拼的就是耐力，拼的就是毅力。到最后冲过终点的时候，陈宏彬已经累得难以自持，倒头就躺在了地上。

日常的3公里，5公里对他来说也是一个巨大挑战。以前种下的缺乏锻炼的因在这个时候终于结出恶果，每一次训练完，他就感觉到双腿涨得生疼，走路都要一瘸一拐的。

临近复员，陈宏彬自然想起当初在学校时的温暖。他想起在学校里的时候，常常抱怨学校里的楼太高，每逢冬天，总是遮住温暖的太阳；常常抱怨学校里的暖气不够分量；想起学校食堂里的饭菜不够可口，单调的饭菜甚至让他有些反胃，现在只是闻到后勤班的味道，也觉得曾经的食堂是美味佳肴；又想起当初一心想着参军时，只知道部队里激情四射，却不知那汗水与艰辛。还记得在新兵连里第一次拉单杠的时候，看见前面的战友们拉得起劲，轮到自己的时候却怎么也拉不上，手上火辣辣地疼，两臂就像绷紧的橡皮筋，可是身体上再疼，也没有心理上的羞愧更加难受。所以陈宏彬加紧地训练，一直到追上战友们的脚步，永不服输的精神、永远不甘人后才是陈宏彬到军营最大的收获吧。

如今陈宏彬不再是人民解放军的一员，每当回忆军旅生涯，陈宏彬总会不自觉地想起当初在新兵连的那次冰山上的执勤。记忆里执勤的那天很冷，在冰山上的自己很坚毅。

戎马三秋暖，抵御一世寒

——记陆军原13集团军退役大学生士兵迪力木拉提

迪力木拉提·阿克木江，男，共青团员，曾服役于中国人民解放军陆军原13集团军，在2016年度荣获优秀士兵。

座右铭 **把努力变成习惯。**

满怀激情，初入军营

刚刚走进大学一年，迪力木拉提就作出了一个令家人和同学意想不到的决定：到火热的军营砥砺人生！

回想起新兵连的第一次瞄靶训练，对热情澎湃的迪力木拉提来说无异于当头棒喝。皖东的冬天虽不能用严寒来形容，但对于天生怕冷的他来说，确实难以忍受。“卧倒！”排长下达口令后，“刷”的一下全排20多人都毫不犹豫地卧在了冰冷的地上。迎面吹来的北风从衣服的缝隙中“入侵”着身体的每一寸肌肤，靶场草坪上的冰霜渐渐融化并向迪力木拉提的衣服里渗透，他感到握着冰冷步枪的手指钻心地疼。

迪力木拉提原以为可以到部队好好发挥自己大学生的特长，干出一番事业，可面对严格的要求、枯燥的训练、浑身的汗水……他内心感到很失落。这时新兵大队组织观看影片《冲出亚马逊》。当他看到中国军人在战火硝烟中不畏艰险、拼搏进取、为祖国赢得荣誉……迪力木拉提第一次明白了自己所从事的是天底下最有意义的事。从那以后，每天早晨迪力木拉提都比别人提前起床叠被子、整内务，被子也由原来的“面包”变成“豆腐块”，屡次被中队评为“内务标兵”。他加班加点训练，训练成绩也在班长和其他战友的帮助下终于赶了上来。

“蓝色代表沉稳，黄色充满激情，蓝与黄的结合便是绿色。”迪力木拉提觉得这句话很有道理。军人的事业是伟大的，但每个军人的工作却是具体的，正是在这些平凡甚至是不断重复的工作中，每一名军人都承担着属于自己的光荣责任，做着无私无悔的奉献。

砥砺成熟，新兵下连

他怀着依依不舍、既怀念又向往的心情告别了新兵连，来到新连队。从营长、教导员到连长、指导员的亲切话语中，迪力木拉提体会到他们对新兵的关心和爱护，感觉自己已经是这个大家庭的一分子了。刚下连，感觉压力比高考时都大，一方面领导的关心和自己的表现不成正比；另一方面，自己虽然是大学生，但在各个方面都存在很多不足，有很大差距，但班长却一直给他鼓励，使迪力木拉提一直充满信心。

记得在新兵连时有好几位将军视察他所在的连，亲眼目睹了将军的风采后，唤醒了迪力木拉提儿时的将军梦，也更明确了他在部队的奋斗目标。但理想和现实终归有不小差距，有段时间迪力木拉提总是心情浮躁。下连后，看到身边有很多军龄很长的班长，想象他们这么多年的付出与努力，让他急于求成的心一下子平静了很多，悟到了“踏实”二字才是一名士兵干好工作的前提。当连长带领战士们去保养武器装备时，看到那么现代化的武器装备，迪力木拉提只能用震撼来形容自己的心情。回到宿舍，他就想自己什么时候能“摸”一下那些装备。激动过后，他静下心思考，如果自己不努力，以后可能连“看”的机会都没有。迪力木拉提告诉自己，只有踏实地学习和工作，有了真才实干，才有资格去操作那些装备，完成各项任务。踏实，是一名合格士兵必备的品行。理想在前方，来不得半点心浮气躁。

角色转变，重归校园

军旅生涯，缠绕着岁月，两年转瞬即逝。风风雨雨的军旅岁月把他人生的幕帘缓缓地掀开，如歌如诗的回忆就像潮涌般一幕幕在眼前走过，迪力木拉提双眸逝去的是当年的天真稚嫩，而蓄满的却是属于自己的沉稳和智慧。军旅岁月一载载缓缓划过，抹去了稚嫩，却倾注了成熟。

回到母校复学后很多同学问我当兵后悔吗？对于这个问题，很多人都会说当兵后悔两年，不当兵后悔一辈子。但迪力木拉提肯定地答道：“当兵时我不后悔，退伍回来，我仍然不后悔。”

回到学校后，他一时“看不惯”大学生自由散漫的状态，在部队养成的生物钟是每天早上六点就起床，将被子叠成豆腐块……毕竟，部队和学校两个环境的转换，需要一定的缓冲期也是正常的。

随着生活环境的突然改变，迎面而来的适应性问题也就逐渐产生。两年的军营生活让迪力木拉提有了很大的变化，他从一名军人又变为在校大学生。回到充满青春气息的大学校园，他在生理上和心理上还有着一定的差距，他需要很长的一段时间来适应学校的人文环境，重新适应新的学习内容，也要用很长的时间在身份认同和角色转换方面做出改变，以最快的速度全身心地投入到学习当中。从军队到校园，因环境变化，日常交往对象也随之变化。有时会感觉与现在的同学“无话可说”，也“说不到一起去”，在人际交往和社会沟通方面存在困难。

不过有了两年的军营生活，在服兵役期间因为军队的严格要求，迪力木拉提培养了很好的生活习惯，有着比别人更强的政治素养和军事素养；在学习上，他有更加认真的学习态度，办事效率更高；在思想上，他相对其他在校大学生来说更为成熟。在军队服役的两年里，长时间的军事训练，不仅让迪力木拉提拥有了强壮的身体，更是在意志方面进行了深度磨炼。对于当代大学生来说，缺乏丰富的人生阅历，一路走来平稳顺畅，没有遇到过太大的困难，也就缺少了磨炼的机会。当有了在部队生活的经历以后，迪力木拉提觉得会比同龄人更懂得和平的意义，更懂得学习的重要性，也就更加热爱和珍惜生活。退伍以后，无论是进入学校或是步入社会，他就会更加敢于去担当和面对。

回首过往，展望未来

岁月悠悠，悠悠岁月，曾经有过挫折的创伤，更有收获的喜悦；曾经有过生与死的考验，更有作为军人荣光的骄傲。在迪力木拉提眼中，军旅生活有苦也有甜，有挫折的痛楚，更有成功的喜悦。“只要自己从没有放弃过人生追求而虚度过年华，你就会感受到军旅生活给你的恩赐是如此的慷慨！只要你从没有在危难时刻退缩不前而羞愧于军人的荣耀，你就会感受到生命是如此的美丽，军人的价值是如此的高尚！”迪力木拉提如是说。

走过岁月，迪力木拉提没有徘徊于收获的喜悦，也没有对失败和挫折耿耿于怀，更没有为尘封已久的梦幻而忧伤。有谁不向往幽径中漫步、月光下私语、杯光烛影下开怀？又有谁不向往繁华都市的生活、轻歌曼舞的陶醉、家庭团聚的温馨？但踏入军旅生活，双肩就要挑起山一样的责任，经受雨雪风霜、爬冰卧雪的痛苦磨炼。在危难时刻，经历过生与死的惊心动魄而获得的慷慨豪烈却也是难得的一种渴望。他的老班长曾经说过："人，如果仅求于'三点成一线'的生活，过得虽然自在，但人生会失去真实的意义。"也曾有诗人写道："大海如果失去巨浪的翻滚，就会失去它雄伟力量的壮观，沙漠如果失去飞沙的狂舞，就会失去金色曲线的美丽。"军旅岁月就像一首让人回味无穷的歌，它将永久激荡在迪力木拉提人生的每一寸空间。

"戎马三秋暖，抵御一世寒。"迪力木拉提相信，两年的戎马生涯已经打造了一个全新的自己，让他对未来的工作和生活充满了信心。

难忘军营岁月

——记武警原120师退役大学生士兵周鹏

周鹏，男，共青团员，曾服役于武警原120师，参加过扑救兴城龙抬头森林大火、两项集训安保、卫士演习等任务，荣获嘉奖、优秀士兵等称号。

座右铭 **天行健，君子以自强不息。地势坤，君子以厚德载物！**

军旅梦起

岁月荏苒，曾经一起挥洒汗水、一起奋斗、一起奉献的画面还在眼前萦绕，褪去迷彩已经快四个月了，似乎两年的时光还在眼前。周鹏记得当初怀着对军旅的向往离开校门踏进军营，在部队的两年收获颇丰，他从一个普通的大学生逐渐成为一名合格的战士，变得更有担当、更有力量、更有信仰。他不仅收获了难得的战友情谊、强健的体魄，还有保家卫国的责任感。那两年是成长的两年、进步的两年，那两年有太多难以忘怀的经历。他还记得李云龙那句“独立团不会丢下任何一个兄弟”的情谊，心中萦绕着狭路相逢勇者胜的气概，抱着为祖国站岗执勤的信念他填下了那份申请表，即使身边的人不理解，但他说“大一的时候错过了，心里面有个声音告诉我，我要去，去祖国的边疆！”就这样他放下了手中的科研项目，退了还在学习的驾驶证，甚至没来得及跟家人见一面就踏上了开往部队的列车。

新兵生活

周鹏不知道自己会到哪儿去，心中除了激动更多的是对未知的迷茫与紧张。车停了，他看到一排又一排站得笔直的老兵夹道欢迎他们，锣鼓声喧闹而有秩序。新兵们站在院子里，一个又一个人被班长选走，周鹏不知道自己会分到哪儿去，内心忐忑地跟着班长来到住的地方。班长热情地帮他拿东西，提前到的战友跟他介绍需要做些什么，尽管还没缓过神来，但他知道第一天的军旅生活就此开始了。

第一天的晚饭吃饺子，提前到的战友告诉他，每到一批兵都吃饺子，从这一刻他感觉到这里似乎比想象的多了些温度。刚到部队每天都是在整理内务中度过的，"豆腐块"是那时的阶段目标。新兵开始规范生活方式，从被子、床、椅子到走路的三人成列两人成行，每天听到最多的就是服从命令、听从指挥，纪律开始走进了新兵的生活。

作为大学生的周鹏心中总是有好多问题，甚至对于上级的命令他也有自己的看法，为此没少挨训。直到他又一次质疑班长的指示被班长狠狠地批评，班长看着他不服气的眼神，领着他到操场，班长平心静气地说："我知道你有想法，也许你是对的，但也许你还没有意识到什么事是对的，如果战场上每一个人都有自己的想法，就像脚下的蚂蚁都朝着自己的方向使劲，你觉得该怎么办？"那天班长和他谈了许多，周鹏第一次对军人与普通人有了区分，他开始明白纪律的重要性，意识到部队是一个团体，而他不再是一个大学生。

新兵三个月的训练很苦，每天大汗淋漓却也大笑不断，跑步、体能、战术、射击，喜欢的不喜欢的都必须用心学习，课间休息时大家也会展示才艺。周鹏开始习惯部队的生活，习惯纪律的约束，还有半夜响起的紧急集合号，军装不再干净，但很接地气。期间部队办了一场晚会，当他身着军装观看这场晚会时，前所未有的认同感与自豪感在心间环绕。

新兵训练累着但也笑着，战士们用盆运土、搬砖，周鹏第一次体会到哪里需要就去哪里、让干什么就干什么的感觉。来自五湖四海的新兵初入部队，也会因为风俗习惯的不同引发争吵，而这也是部队的不同之处，大家坦诚地交流自己的不满，随后隔阂尽失。周鹏在新兵团崭露头角，连续获得了两次演讲比赛第一、爱警习武好战士。在师长下团考察的时候，他被安排去座谈，当时能跟师长对话他很兴奋，时间一分一秒地过去，座谈的战士跟师长聊得很高兴，最后结束的时候排长把他叫过去狠狠地批评了一顿，当时周鹏觉得很委屈，后来他才知道因为要等座谈结束，外面演示的战友在寒风中站了一个多小时，从此周鹏做任何事，都先为别人多考虑。

在淬炼中成长

转眼新兵生活结束了，周鹏和战友被分到了不同的单位。在新兵连他们已经从地方青年转变成一名战士，现在他们需要从一名战士转变成合格的指战员，这个过程不只需要训练，更需要任务的锤炼。2016年清明节，他们山上植树回到连队后，不多时紧急集合号响起，警笛长鸣，周鹏听到连长宣布所有人进入战备状态。连长说："记住，这次不是演习。"周鹏当时很紧张，不知道运兵车会把他拉到哪里去，但他知道这一刻自己是一名战士。跟着大部队一路疾驰，最后到达事发地域，原来是森林大火。火光映红了半边天空，他们沿着峭壁山路，赶赴任务地域，在路上没有手电，只能高呼战友的名字保持队形。那晚没有月光，道路的一侧是悬崖，另一侧是峭壁，但没有一人抱怨，大家都在为了一个共同的责任而奋斗。那晚大家都没有睡好，虽然很苦很累，不过能为人民做些事，顺利完成任务，心中却无比地欣慰。在周鹏的记忆中那是他第一次执行任务，而任务来得那么突然，在车上的时候很热，几十个人挤在运兵车上，汗水夹杂着心跳声似乎空气也变得黏稠。他说当时听着警笛阵阵，他想到了天津塘沽牺牲的战友，他很紧张，但他心里已经做好为了任务一无所惧的准备。下车，周鹏肯定这是自己见过的最大的火，路上的山被烧得一片荒凉，满目望去尽是焦炭，一只兔子在奔跑中死去，僵硬的身体还保持着奔跑的样子，这是大自然的力量，但这一刻他们将面对它！分好任务，他还记得指导员严肃地告诫："要小心，不然我们会死。"相较于死亡周鹏突然明白了一种责任、一种信仰、一种坚持。热浪打来，他们无所畏惧，始终坚守着属于自己的岗位，那天的天很冷，而那里却热气腾腾。火势得到了控制，该下山了，摸黑回到车上，他们还不能休息，还有下一个地方等着他们。天色很黑，路上只有沙沙的行军声，终于在半夜的时候他们吃上了第一口饭，随后他们还需要去山上守夜，防止有地方复燃，在那荒郊的山上，远方的不夜城也开始沉寂。周鹏想：原来这世上有那么多的人在黑暗中守护着我们的宁静，而现在的他开始成为一名真正的战士！

2017年冬季野营拉练的时候，七天六夜，一路行进一路训练，周鹏和战友爬雪山过草地，雨雪风霜中磨炼自身。在开始拉练的第三天，他的双腿便像灌铅般沉重，双腿受伤甚至每走一步都是锥心的疼痛。每一个战友都主动帮助受伤的战友减轻身上的负重，而受伤的战友一直坚持自己走，每个人都在为别人考虑，到最后每走一步都是毅力的坚持。同时周鹏还担任队伍的宣传员，即使疼痛难耐他也一直在队伍中鼓动士气，主动帮更严重的战友分担负重。到达宿营地之后，周鹏迈着浮肿的双腿，跟其他战友一起抬墙柜，一起搭帐篷，一起警戒。他不允许自己拖累队伍，他要坚持！连长让周鹏上车，“不，我要坚持下去。”之后无论是奔袭还是训练，周鹏都咬着牙坚持下来了。路上的训练简直让周鹏浴火重生，一路上各种高强度训练不停：搜救人质、炮火侵袭、卫星搜索、快速奔袭。无论哪个项目对正常人来说都不容易，但周鹏没有选择放弃，咬着牙，刚开始真是锥心的痛，好像双腿都要掰折掉，直到三天后他习惯了这样的强度。他知道于他而言，这叫蜕变，作为一名军人，要适应多变的战场环境，更不能轻言放弃。此后无论是战备执勤还是武装备勤，无论遇到多少困难，周鹏从不放弃！

在训练的时候，周鹏因为身体矮小，总是被排在最后，但他坚信付出才会有收获，给自己加班加点，耳边一直萦绕着习主席对新一代四有军人的要求。后来他成了连队龙虎榜的常客，代表连队参加了各项比武。他说练为战，只有训练多流汗，战时才能拉得出、打得赢，在祖国需要时候才不会有心无力！

有一次发单兵干粮，有一个战友不在，大家没给那个战友留，所以最后他少了一份，排长知道了非常生气，狠狠地批评了大家，后来排长把自己的干粮留给了那个战友。通过这件事，周鹏开始审视战友二字的更多内涵，以后无论在哪都会记得给战友留饭，帮执勤的战友铺好床，也许战友之间曾有过冲突有过矛盾，但战友情是世界上最牢固的情谊，直到现在周鹏还保留着班长给他的子弹壳。

周鹏还记得他第一年春节站岗的情形，看着天上的烟花，听着团聚的欢笑，他知道自己的选择没有错，他是军人要守护难得的和平安宁。这一刻他真正完成了作为一名军人的蜕变，那抹绿色开始融入他的血液、他的灵魂。因为不懈地努力，周鹏荣获爱警习武好战士、拉练之星、优秀士兵等嘉奖。虽然没有惊天动地的功绩，但在平凡的岗位上活出了不平凡的自己。他说，习主席说过：我们绝不允许任何人、任何组织、任何政党、在任何时候、以任何形式、把任何一块中国领土从中国分裂出去！不要指望我们会吞下损害我国主权、安全、发展利益的苦果。国家自强，军人就要站得直、打得赢！

军装褪下，军心不改

时光飞逝，还记得在月光下和战友们一起诉说着各自以后的打算；还记得为战友留饭留床，一起偷吃零食；还记得训练时一起挥洒汗水，站岗时一起在岗亭里思念远方的亲人。分别来得如此突然，转眼到了离开军营的时候，脱下军装，仿佛只是一场梦。然而看着手里的弹壳、凸起的肌肉、棱角分明的自己，周鹏知道这两年不虚此行。无论是炊事班的饭、靶场的枪、战友的呼噜还是新年的歌声都会萦绕心间，此生难忘。当兵的岁月是一辈子的财富，今后的时光也要以军人的标准要求自己。

回到校园的周鹏不再只是那个抱着书本的少年，经过军营的磨炼，他学会承担责任。他给自己制定了新的计划，考驾照、学乐器、考四六级，一个又一个曾经很困难的目标被攻克。周鹏相信秉承着军人精神，他会越走越远，没有什么困难能轻易击倒他，对于军人，没有完成不了的任务，没有克服不了的困难，没有战胜不了的敌人！

迄今为止性价比最高的成长经历

——记武警原120师退役大学生士兵黄金鹏

黄金鹏，男，共青团员，曾服役于中国人民武装警察原120师，担任卫生员、通信员、文书，获2016年优秀士兵、2017年优秀士兵，参加抗洪抢险、武警部队某演示集训、“一带一路”备勤演习、军事比武等任务。

座右铭 **没有什么事情，是过不去的。**

退伍半年多了，每天忙于功课，努力追赶落下学习进度的黄金鹏，闲暇下来时，军营里的点点滴滴便会不由得浮现在他脑海中，想起那一起挥汗如雨的日子，那一起和他放声大笑的兄弟们，那一起唱嘹亮军歌的战友们，亲切而又感伤。

为什么当兵

说来好笑，问起周围的战友，为什么来当兵？有的会告诉你，有的是因为看了《士兵突击》，有的是因为看了《亮剑》，觉得军营生活丰富多彩，也有的是从小就向往军营，实现国防抱负，还有的是因为看了国庆大阅兵，想成为一名英姿飒爽的军人。黄金鹏当初当兵的理由很简单，那时候已经大二的他，每天基本就是上课抱着手机、下课捧着电脑，只知道刷微博、玩游戏，周末晚上再疯狂补作业，并沉迷于其中悠然自得。虽说他心里明明知道这样百害无一利，却仍旧不能自已。直到那天，他看到发到宿舍的征兵宣传单，觉得不能够再这么颓废下去了，想着可以去部队锻炼一下，这样才能够有更加坚定的意志力和更好的自控力，学会吃苦，回来才能更好地面对社会、面对考研、面对自己的未来。

大一军训时，黄金鹏就觉得军训的两周过得很充实，很有意思。同学们奇形怪状的齐步、正步，威武帅气的军体拳，还有莫名获奖的定向越野，军训短暂又有趣的经历让当时的他觉得部队是个很有意思的地方。那个时候，心里面就埋下了当兵的种子。然而，当黄金鹏真正来到部队，来到真正的部队，他才发现，自己的想法太天真了。

当兵真难受

入伍前参加学校和海淀区的欢送大会，看到国家对参军入伍的大学生如此鼓励，想着自己要成为一名真正的军人了，黄金鹏的心里还有些小激动。领装、报到、踏上去往部队的列车，在火车上悠闲地玩着手机，吃着出发前武装部发的吃都吃不完的干粮，欣赏着列车外飞驰的美景，心中惬意万分。可是，随着列车的行进，车外的建筑越来越少，田野高山越来越多，看着周围郁郁葱葱的植被，他有点儿不敢相信列车就在这种地方到站了。下车后领兵干部招呼着他们换乘了早已等待多时的几辆大巴车，又匆匆上路。他没想到，一辆大巴车竟然能在放眼望去全是苞米地的田间土路上穿行得如此灵活，车子七拐八拐行进了将近两个小时，经过了数不清的苞米地，终于到了目的地。下车后分班，班长们帅气地跑步入场踏步立定，热心的班长还帮大家提行李，终于要开始真正的军旅生活了。

习惯了自由悠闲的大学生活的黄金鹏，虽说已经有了心理准备，但还是没有想到理想与现实相差得这么多。早六晚九，整理内务卫生、训练体能，每件事情都只有有限的时间去完成，因为别的时间还有别的事情要做。慢，就要付出比别人更多的努力，这种时时刻刻都在被催促的感觉令他非常不适应，开始想打退堂鼓，但一想到半途而废就回去的话，那也太丢人了，羞耻感把他逼出了一股子不服输的劲儿，每每在他难受想放弃的时候涌现，使他继续咬牙坚持下去。

因为是大学生的缘故，刚开始，黄金鹏被同班几个战友瞧不起，认为大学生身体素质很差，而那时的他确实身体素质很一般，在学校体测都不及格。于是，黄金鹏开始不断在难受中强迫自己，并咬牙挺过去。叠被子慢，就早起二十分钟叠；跑步跟不上，别人蹲起做100个，他就做150个，怎么难受怎么来，训练绝不偷懒；军姿不标准，咬牙训练军姿，膝盖夹紧，挺胸收腹，身体前倾，手型扣紧，到后来他全身像泡在醋缸子里，除了酸就是疼，汗水浸到眼睛里又酸又涩也强忍着睁开；训练正步，踢出去就是半小时，一动不动，期间不停地有水滴在后脑勺，他当时还以为是下雨，但也没敢动，后来才知道那是作训帽吸出来的汗水浸满了，承受不住重量继而渗了出来。

当兵最难忘

一路走来，黄金鹏开始得到班长的认可，他也主动去跟瞧不起他的战友聊天，干工作积极主动，同班的战友们也不再因为他是大学生而轻视他，发现大学生训练其实并不比别人差，慢慢地，其他班长对他的评价也越来越高。黄金鹏经常受到表扬，体能素质也一天比一天强，慢慢体会到当兵的快乐所在。都说部队苦，但亲身经历过，部队的经历是一生中最美好珍贵的财富。

还是在新兵连的时候，有一次他的战友小山生病了，发烧，加上有轻度胃炎，黄金鹏给他送了饭，打了热水，从自己带过去的小药箱里拿出胃药给他，东北的冬天很冷，他和战友们住的那个屋子因为是学习室，没有暖气，晚上要套棉衣盖被子，再盖一件厚棉大衣，即便如此，晚上还是会被冻醒。因为担心小山病情加重，睡前他把自己的大衣给了小山盖，第二天，小山身体好多了，因为这是自己第一次主动照顾别人，黄金鹏的心里别提有多开心。2017年黄金鹏服役期满，在退伍前，连队开茶话会，互相临别聊天，小山第一个站起来，特意向说了自己发烧这件事，并向黄金鹏表达了感激之情。黄金鹏很意外，他已经忘了这件事，而小山却一直记到现在。黄金鹏通过这件事体会到，战友情就是这么纯粹单纯，一件两件的小事，但却能记住一辈子。

两年，值得珍惜一辈子

两年的军旅生活让黄金鹏懂得了努力的过程和结果一样重要，不要觉得目标遥不可及，其实只要向前努力，在不经意间，就是另一番天地。认真对待身边的人，就是最好的珍惜。战友，不是兄弟，却胜似兄弟。身为一名大学生，这份经历更是难能可贵，到如今他都暗自庆幸当初没有打退堂鼓，两年的军营锻炼让他成长为了更坚韧、更懂事、更有担当的全新的自己。

刚回到学校的时候，黄金鹏确实有点不适应校园生活，忙着办理复学手续，办理住宿，转专业，等一切安顿下来以后，已经开课一周了，到上课前跟每位老师阐明自身情况时都是有点战战兢兢的，渐渐地，他发现老师们都很热心而又平易近人，让人感到亲切。

接下来的学业就只能靠他自己了，毕竟停滞了两年学业，刚开始会有一点吃力，但是，在部队的经历让黄金鹏能快速调整状态，虽然课业繁重，但在部队里锻炼出来的吃苦耐劳及严格自律，让他很快跟上了学习进度。黄金鹏打心底里感谢两年部队生活，在部队里学到的让他受益终身。

携笔从戎，谱写生命的壮歌

——记武警原187师退役大学生士兵曹阳

曹阳，男，共青团员，曾服役于中国人民武装警察原187师，曾获北京科技大学2012—2013年度优秀共青团干部、2016年十大新闻人物、青年五四奖章、第十二届中国大学生年度人物入围奖、武警部队优秀义务兵两次（2015年、2016年）、嘉奖两次（2015年、2016年），曾任装甲车车长、文书，服役期间参加过上海海关监管执勤、湖北洪湖抗洪抢险、“卫士-16”系列演习等任务。

座右铭 **艰难困苦，玉汝于成。**

麻袋和肩膀筑起的堤坝

那是2016年的夏天，那时的曹阳已经入伍整整两年了。褪去了刚入伍时的青涩稚嫩，收敛了曾经的锋芒，他似乎更加明白了什么是责任与担当。经过了两年的集中训练，曹阳已经不是初来乍到什么都不懂的新兵了，他似乎在期盼着什么，亟待着为祖国为人民奉献自己的力量。那天，他本按部就班地在部队训练，突然接到第一时间装载好各类装备物资开赴第一线抗洪救险的任务，他既是欣喜又是担忧，欣喜自己终于有了为国效力的机会，担忧灾区民众现在的状况，大范围降雨已经持续了很多天，安徽、湖北等多地告急。他突然有了一种牵挂，心被揪得紧紧的，就好像自己的亲人正处在危险中似的，恨不得立马飞到那里抢险救灾。

就这样，曹阳和战友们开始了从山西太原到湖北洪湖的长途奔波。由于时间紧迫，战士们和自己的背囊、方便食品及救生衣、救生圈等各类物资一起挤在带着顶篷的卡车上。为了节省更多的空间放救灾物品，有的战士们就直挺挺地站立在车上，那情景，有点像超市里卖的金针菇，挤得满满当当。军车一路向南，在闷热而又狭小的车厢内，他们只能吃随身携带又干又硬的馍馍，累了就靠在战友身上休息一会儿，有的为了不影响别人，站得直挺挺就睡着了，倦了就一起高唱军歌相互打气，在最难以忍受的岁月里，军歌就像是一种信仰，再苦再累咬咬牙就过去了。还有很多战士利用下车吃饭的间隙，一下车就往地上一趟，便进入了梦乡。途中碰上三十五度以上的高温天气，几十人一辆的卡车简直就是个蒸笼，坐在副驾驶的连长想进车厢看看情况，结果手刚一碰到铁车厢，就被烫得直接从车厢上掉下去，车厢内的温度由此可想而知。就这样，在星夜兼程28小时、连续机动1200余公里后，部队总算抵达了湖北省洪湖市。受前期多轮暴雨影响，洪湖市各湖、河水位持续上涨，多地水位全线超警戒，防汛形势非常严峻。短暂的休息后，便奔赴一线，曹阳和战友们就全力投入到抗洪抢险工作中。

雨过天晴后的洪湖地区，气温迅速回升。很多北方战士对湿热的气候表现出极度的不适应，刚到达便一直汗流浃背，更有甚者出现了干呕头晕等症状，但一想到灾区人民生活得不到保障，就都重新振作起来，硬撑着继续投入工作。为了防止后期再出现险情，战士们将沙土装入编织袋中，一层层垒起来，对子堤进行加高、加固。烈日炎炎下，大家挥汗如雨，中暑、头晕，喝下一瓶藿香正气水加一碗绿豆汤，休息过后又继续投入战斗；皮肤晒得刺痛，随手往胳膊上抹点淤泥，又继续扛起沙袋；很多人一下午能喝五六瓶矿泉水，都变成了汗液；等到晚上回去，酸臭的衣服脱下来硬邦邦的，上面全是汗液蒸发后留下的白色盐渍；睡觉的时候，发现浑身上下都是痱子，还有被蚊虫叮咬的小红点，奇痒无比……装袋、扎口、扛运、堆放、筑堤，六七十斤重的沙袋，平均每人每天要完成至少六十个，算下来就是用麻袋和肩膀将两吨的沙土变为保护洪湖地区群众安全的防汛堤坝。曹阳自己回忆当时的情景都觉得不可思议，那种坚持和干劲儿完全超乎自己的想象。

在汛情得到有效控制后，曹阳被选派进行新闻撰写工作。在那段时间，他一边同战友扛沙袋战洪魔，一边发挥在校大学生的文化优势，不断收集抗洪过程中的视频、图片素材和事迹材料，并积极向军队内部网站和地方媒体投稿，宣传报道抗洪过程中的感人事迹，记录基层官兵所思所想，向社会传递正能量。在发表的文章中，由北京科技大学微信订阅号“贝壳学子”推送的《北科学子曹阳：他，冲在抗洪第一线》真实记录了他参军入伍尤其是参与抗洪抢险任务的点滴生活和思想感悟，该文章一经发布就获得校内师生、校友的大量转载和评论，短短几天就有7800余次浏览量。在文章最后曹阳写道：“当兵两年，能在国家和人民最需要的时候冲上一线，是军人至高无上的荣耀。能在此刻同无数的战友在一线战斗，必将是我军旅生涯乃至人生中最珍贵最美好的回忆。”“携笔从戎，放下的是牵挂，陪伴的是感恩，改变的是性格，成就的是人生。在‘中国梦，强军梦’的引领下，我和一群同为在校大学生的学生兵们一道，用这样一种特殊的方式实现着自我价值，为祖国的国防事业奉献着自己的青春。”引发了广大师生对抗洪抢险官兵和在校大学生士兵的广泛关注。

湖北省《荆州日报》2016年7月29日12版八一建军节特别策划“向奋战在洪湖抗洪一线的武警官兵、民兵、预备役人员致以节日祝贺”中，曹阳发表的军旅诗歌《现在，你选择担当》和文章《这一次，我们别无选择》，反映了抗洪一线官兵听党指挥、敢于担当、勇上一线的大无畏精神，充分展现了当代革命军人、大学生士兵的思想政治觉悟和文化素养。

温暖与感动的交织

在抗洪期间，曹阳和战士们受到了洪湖群众及各级领导的大力关怀和帮助。湖北省委书记、武警部队政委、湖北总队司令员等各级军地领导多次莅临抗洪一线慰问，革命老区洪湖的广大百姓积极协助士兵们进行险情排查，做好重点防范工作，同时还为曹阳和战士们送来药品、食品等物资。由于纪律要求，只许接受政府、企业的慰问，不得接受群众个人的慰问。有一位阿姨拎着一筐鸡蛋，连续几天来到营地门口想把鸡蛋送给这些不辞劳累、解救灾民的勇敢的战士们，都被部队领导耐心地劝回家了。后来抗洪结束后，部队近百辆车组成的车队选择在凌晨四点悄悄撤离，然而还是有数千市民闻讯前来夹道欢送，其中有一位老大爷深夜踩着脚踏三轮车从老家赶过来，当他实在追不上逐渐加速的车队时，竟对着车队驶去的方向跪了下来。

感人的画面不单单只有电影。曹阳回忆说，抗洪过程中“军民团结一家亲”的场景，抗洪结束时《十送红军》的感动就像发生在眼前，若不是亲身经历，他也会把这些画面当作红色电影里的片段。但是在革命老区洪湖，在“洪湖水浪打浪”唱响的地方，在数万军民齐心协力抵御洪水来犯的时候，这些感人至深的场景就在身边。那时，曹阳才深深地体会到军人不仅仅是一项职业，更是一种担当，这种担当，是当代新青年实现自我价值的最好体现。服役这两年，他虽然有了强健的体魄，但是心却变软了。当告别家人和校园孤身一人来到军营时，当父母的照顾、老师的关怀、朋友的帮助等这些在他看来理所应当的事情突然远去后，原来并没有所谓的理所应当，只是之前的他还不懂感恩。不要以为感人的场景只会发生在电影中，试着去珍惜生活中的每一点感动，学会感恩，才会更好地回报这个社会。

何谓军人

军人的口号不仅仅只是口号。军营中，随处可见标语和口号，刚入伍的时候曹阳甚至有些质疑这些看起来有点不接地气的标语。直到真正执行任务、冲在抗洪第一线、用生命去保护人民群众生命财产安全的时候，那些曾一遍遍重复的“为人民服务”的宗旨、“听党指挥、能打胜仗、作风优良”的优良传统及“维护国家安全和社会稳定、保障人民安居乐业”的使命职责等，他们都做到了。在经历了训练场上“流血流汗不流泪、掉皮掉肉不掉队”的残酷历练后，他们有勇气也有能力挑起肩上的担子，他们所喊出的口号不仅仅只是口号。其实在大家的生活中，也有很多标语和口号，很多人未曾注意过这些标语上到底写的是什么，有人甚至暗地里说搞这些形式主义有什么用。在国家飞速发展的今天，难道“实现中华民族伟大复兴的‘中国梦’”只是一句口号吗？当然不是，正因为有了这些口号，才有前进的方向，才有拼搏的动力。

曹阳说自己只是北科大200余名老兵中的普通一员，也只是无数革命战士中的一员，他们都曾抗洪抢险、站岗执勤、守护着一方安宁，也都和他一样在“中国梦，强军梦”的引领下，用这样一种特殊的方式为祖国的国防事业奉献着自己的青春。正是有了他们在危难时候的冲锋和每时每刻的坚守，人民才有了和谐、美好的生活。

入伍一直都是曹阳的梦想。和许多血气方刚的男孩子一样，从小他就羡慕既能在战场上浴血奋战、保家卫国，又能在阅兵式上威武雄壮、步伐整齐的军人们。2014年秋，曹阳终于实现了这个梦想，进入了绿色军营。真正的参军可不像军训那样站几天队列、打几天棍术就结束了，进入了军营就意味着时时刻刻要准备好去上战场。有一句话这么说：“平时多流汗，战时少流血。”

曹阳是17岁考入北科的，由于上学早，他最引以为傲的资本就是“年轻”。但是现在看来，那时候的他只是“年轻”，不能算是合格“青年”。因为回望历史，一代代青年在新民主主义革命时期，为争取民族独立、人民解放舍生忘死、抛洒热血；在社会主义革命和建设时期为恢复国民经济和时间赛跑，冲到生产劳动最前线，勇挑重担、艰苦创业；在改革开放新的历史时期，为祖国繁荣富强开拓奋进、锐意创新。他们用满腔热血、奋斗激情和聪明才智谱写出一首首壮美的青春史诗。相比之下，只有冲劲却缺乏目标、只注重享受却忽视感恩和回报的当代大学生做了什么，未来又将怎么做呢?

现在大家都还年轻，但并不是所有的“年轻”都能被称为“青年”。只有理想信念坚定、奋斗目标明确、懂得回报社会、在时代进步中焕发出绚丽光彩的年轻人，才是合格的青年。

两年的军旅生活，曹阳不仅有了强健的体魄，更有了更加坚定的信念和更为开阔的视野，也成为真真正正的钢铁小伙。今后，他将坚持把服役两年的收获转化为成长的动力，同时带动身边更多的同学去努力规划并实现远大抱负，为学校的建设、为国家的繁荣富强贡献自己的力量。

两年的军旅生活让曹阳收获了很多很多，不仅是体魄之强壮，更是人格之独立，最主要的是，在艰难困苦面前，他学会了鉴别哪些是人最可贵的精神和品质。

忠于责任　敢于担当

——记陆军装甲兵学院退役大学生士兵廖廷雄

廖廷雄，男，共青团员，曾服役于陆军装甲兵学院，担任文书，参加过两次军事演习，获优秀新兵荣誉称号。

座右铭　**忠于责任、敢于担当、不畏苦难**

廖廷雄当初刚踏入军营时，他看到军营大门的岗亭上站着两个荷枪实弹的同志，军姿挺拔，眼神严肃地看着前方。随着军车慢慢向营区驶去，一路上所看到的同志，两人成行，三人成列，走的每一步都是那么整齐协调。那一幕幕给他的内心带来了巨大的冲击，慢慢感受到了军营的纪律严明。那时的他内心充满了忐忑，因为不知道自己接下来将会面临什么样的挑战。到达后发现班里的战友来自五湖四海，正如后面班长教大家唱的那首歌“战友战友亲如兄弟，你来自边疆，他来自内地”。那时候，这群新兵什么都不懂，不懂军人的含义是什么。廖廷雄清晰地记得班长教大家的第一句话就是：“军人以服从命令为天职，令行禁止。”当初很难理解这句话的含义，但是也正是为了理解这句话的真正含义，付出了不轻的代价。班长教的第二句话就是：“作为战友，一定要做到团结友爱，互帮互助，不管遇到再大的困难和挑战都要一起抗。”接下来的日子，按时吃饭，按时睡觉，几乎每时每刻都紧绷着神经，就这样在忐忑中度过了第一个星期，每个人的内心也开始逐渐沉淀下来。

开始训练每天都是站军姿，不管天晴还是下雨都是站军姿。随后是体能训练，刚开始的时候班长比较体谅大家刚入伍，训练强度不大，每天几乎都是小强度的训练，但是对于他们这群新兵来说就算只是站军姿，不管是身体上还是精神上都是一种考验。然而这只是开始，真正的考验在后面。入伍半个月后，基本开始真正的训练了，不管什么天气，雷打不动的作息表。大家渐渐地适应了军营的生活，也逐渐褪去了曾经的学生身份，开始转变成一名军人的模样。廖廷雄印象比较深刻的是，那几个月，他们每天都睡得很安稳，每天不管训练再怎么累一到晚上，班长吹完熄灯哨之后，他们每个人都能立马睡着，第二天即使没有起床哨也都能按时醒来，然后叠被子，被子的每个棱、每个角都被叠得一丝不苟，床单雪白，没有一丝褶皱。廖廷雄记得在刚步入军营的时候，他们和班长照了一张合影，三个月后他们也和班长照了一张合影，两张合影对比，每个人都能清晰地感受到自身的变化。刚入军营的他们，眼神里充满了不安与胆怯，处处都充满着小心翼翼，因为他们犹如刚脱离父母羽翼下的雏鹰，对未来的天空虽充满着向往，但也缺少一种勇于搏击长空的勇气。三个月后，再看看大家，每个人的眼神变得更加的坚毅，皮肤变黑了很多，脸上的棱角也更加分明。

在分兵前的一周，廖廷雄和他的战友们在准备为新兵连的结束画上句号的同时，也在幻想着他们即将到来的军营生活，幻想着他们接下来的军旅生活也能一起走过，因为他们早已习惯了彼此，他们已经拧成了一股绳。这三个月不管再苦再累，他们都不曾叫过一句苦和累；这三个月教会了他什么叫作军人，什么叫作掉皮掉肉不掉队，什么叫作男儿流血流汗不流泪；这三个月里教会他们什么叫作儿行千里母担忧，每次打电话都知道报喜不忧，不让自己远方的爹娘担心。在班里的很多同志在刚踏入军营的时候是多么的稚嫩，每个人都犯过不少的错误，从进入军营之后的每一餐、每一次训练，甚至每次犯错后一起受到班长的批评和教导，他们相互鼓励，相互支持，做彼此的家人。如今他们即将告别彼此踏入新的军营。

廖廷雄记得分兵的那天，早上起床后，每个人开始收拾自己的行囊，整理宿舍，原本充满活力的宿舍瞬间变得安静，大家各怀心事，谁都不知道自己将会分到哪里。廖廷雄清晰地记得那天起床后外面下着小雨，九点左右的时候雨就停了，还有三个小时大家就要被分走了，十点左右开始往训练场赶去，每走一步都会情不自禁向他们的连队望去，那不仅仅是训练的地方，也是他们的家啊！但是每个人都不曾回头，因为他们收到的命令是向前，目标训练场，而那里也是即将分别的地方。十点后，训练场上每个人带着自己的行囊，整齐地站好。随着时间一分一秒地过去，原来看着很大的训练场逐渐变得拥挤。十一点开始分兵了，上面的首长开始念名字，念到的人站一起，有相应的负责人将人领走，首长会在念名字的同时告诉分到哪个地方。廖廷雄觉得自己是一个很理性的人，能很好地控制自己的情绪，但是他高估了自己，或许是低估了战友情这个词的分量。首长念到他的名字时，训练场上的人已经走了一大半，他慢慢看着曾经的战友一个个离去，眼泪在眼眶里打转。有一个战友从廖廷雄身边走过的时候突然停了下来，红着眼用力地抱了他一下，那一刻廖廷雄再也忍不住了，哭得稀里哗啦。军营让廖廷雄懂得了什么叫作战友情，也让他日后更加懂得珍惜身边的每一人，他希望战友们能在以后的日子走好自己的路，不管面临什么困难和挑战都能勇往直前。

最后大家都被分走了，各自踏上了属于自己的新征程，开始成长为一名真正的兵、真正的军人。后来很长的一段时间，由于各自通讯不方便，大家都没有机会再联系，在接下来的时间里，他们各自在各自的岗位上成长，各自有各自的使命和职责去履行。

廖廷雄在部队的两年，转变最大的还是心态，不管做人还是做事不会像当初那样毛毛躁躁，遇到一些事情就会失去分寸，手忙脚乱，他慢慢地褪去稚嫩，变得更加成熟和稳重。没穿上军装之前不理解什么叫作职责大于一切，穿上军装之后，才知道什么叫作责任，什么叫作担当，什么叫作荣誉。有时候他一个人在深夜时分站岗执勤，很累、很困，最累最困的时候他总会想起远方的父母，这个时候父母应该睡觉了吧，不知道他们现在还好吗？这么久了，父母一定很想他，现在的他应该能让家长充满骄傲，想到这些就感觉浑身充满了力量。

两年里，廖廷雄从一名什么技能都不会的新兵，逐渐成为了一名合格的装甲兵，在训练的日子里，不管天气有多么的炎热，不管道路有多么的泥泞，都会坚持出任务，准时到达目的地，只有一句话能最能形容：晴天一身土，雨天一身泥。有时候外面下着瓢泼大雨，山上的路已经泥泞不堪，即使穿着雨衣，也挡不住外面的风雨，雨滴一滴滴地打在脸上，滂沱的大雨逐渐使视线变得模糊，身上很快被雨水浸湿，身上的体温开始降低，但是任务还没完成，不能撤回，由于训练的时候要注意隐蔽，所以只能趴在一堆烂草的掩体里任由风吹雨打，只为任务完成。

廖廷雄记得快要退伍的那一段时间，由于连队人员紧张，任务繁重。所以几乎每天都在出任务。八月份的太阳依旧那么毒辣，而外面的高温通常都在四十度左右，由于保障任务，时间安排几乎每次都是在下午两点左右，而这时的太阳也是最毒辣的时候，场地上只有一些简单的农作物和杂草，没有任何可以遮挡的地方。只要站在那不出几分钟就便汗如雨下，唯一降温的办法就是只能多带点水，尽量避免脱水而导致中暑，因为一旦中暑，只能撤回，也就意味着任务失败。正因为这样的天气，所以每隔几天几乎都能在脸上和脖子上撕下一层因晒伤而褪下的死皮，直到退伍的前一天结束任务，才开始准备行囊，与军营告别、与战车告别。

两年的时间不知不觉就过去了，廖廷雄记得刚入军营时，感觉时间过得真慢，每天除了睡觉、学习、训练之外，脑子里就没有其他事了。但是随着时间流逝，对军营的生活适应后，就觉得时间真的如白驹过隙般转瞬即逝。不知不觉两年过去了，他的军旅生涯即将结束，本以为结束了就会轻松，可是退伍后却感觉责任依然在肩头，褪下军装不意味着卸下责任。

退伍后，廖廷雄从一名军人的身份转变成一名大学生的身份，刚从部队回来回到校园，已是物是人非，校园不曾改变，但是曾经熟悉的人已离开了这座象牙塔。再次回到这里，让人感觉既熟悉又陌生，廖廷雄很清楚自己接下来应该做什么，那就是充分利用剩下的时间好好给自己充电，用知识武装自己。大学很美好，大学时间很宝贵，大学对每个人都是公平的。“珍惜大学时光，不要在最美好的年华辜负自己。”廖廷雄不想浪费大学的每一分每一秒，他想成为更好的自己，而且坚信自己能够做到。

5 你一直未曾走远

离别的钟声滴答滴答走个不停

美好的时光即将成为回忆的图景

那比骨血还深的情谊啊

永远地扎根在了心田

感谢那段时光

感谢有你

伴我走过最艰难的岁月

以梦为马 不负韶华

——记陆军77集团军退役大学生士兵马晓平

马晓平，男，中共党员，曾服役于中国人民解放军陆军77集团军，担任连队团支部副书记，荣获优秀学员（军训）、优秀义务兵、优秀学生干部、“首云矿业”起航奖人民三等奖学金。

座右铭 **趁我们还年轻，做自己想做的事。**

马晓平不知道自己曾经是否有过那么一丝犹豫，犹豫要不要去当兵，但他21岁之前是没打算过要去当兵的，进入大学校园，看到征兵宣传，他突然想去体验不一样的生活。就这样从报名到军营，从一名在校学生转变为一名战士，体验与校园生活截然不同的军旅。转眼两年，他从部队退役回到了象牙塔，多了段经历，得到了历练。以梦为马，不负韶华，趁着年轻，敢想敢做，去做自己想做的事。

还记得去军营的那天，当火车缓缓驶离北京时，马晓平的心中并没有不安与彷徨，反而很平静，因为他知道自己要做什么。整个车厢都是清一色的迷彩绿，虽然每个人的初衷不同但大家的目的地是一样的——军营。经过28个小时的旅程，到达了终点站，那是凌晨三四点的重庆，天空飘着小雨，看着灯火阑珊的重庆，马晓平心中有些欣喜，重庆的夜景很美，那也是他两年来唯一一次看到重庆的夜景。

到了宿舍，一个没睡醒的肌肉男指着一张空床说：“你睡这张床，”然后递过来一杯水“早点休息吧。”马晓平想“既来之，则安之，睡觉。”衣服也没脱就睡了。一睁眼早上六点十分了，赶紧起床，初来乍到，一切谨慎行事。他第一次出早操、站军姿。

三个月的新兵连生活是最轻松的军旅生活。马晓平决定这三个月要过得让自己不后悔，首先要与周围的人相处融洽，只要自己真实勤劳就能得到大家的认可；其次和班长处好关系，办法很简单，不要总是冒冒失失做错事；最后就是提高军事素质，新兵连过后应该成为一个像模像样的战士。马晓平自认为他在这三点上做得还算满意。

新兵连的几件事让马晓平到现在都难以忘怀。部队有个好习惯，开饭前要集合唱歌，音可以不准但是声音必须大，为增进认识，班长要求大家来段三分钟即兴演讲，一天一个人演讲。作为副班长，马晓平必须第一个上。他来了段“人之初，性本善”，旁敲侧击地说了一下关于大家如何在集体中主动承担各种琐事。就在快讲完的时候，副参谋长走过来了，他也在那听了起来，搞得马晓平非常紧张。马晓平刚讲完，还没来得及入列，副参谋长就上来进行点评，不仅表扬马晓平讲得好，顺带表扬干部组织有方。这是马晓平在新兵连第一次受到表扬。

有一次，中午训练回来通报了被子叠得差的名单，马晓平也在其中，虽然被批评名单里有很多人，但他总感觉有种不祥的预感。吃完饭回来，班里人排成一排，小心翼翼地抱着被子，班长阴着脸“把被子举在头顶，鸭子步到俱乐部，叠好再回来。”一群“鸭子”就这样排着队跳走了。事情并没有完，屋漏偏逢连夜雨，恰好晚上要开班会，看来不愁没话题了。马晓平比较羞愧，他感觉自己能力有限，当不好这个副班长，于是在班会上提出让别人来当副班长。班长听后一脸严肃，接着讲了道理，恭敬不如从命，马晓平就这样继续当了三个月的副班长，不仅他自己有较大的成长，也把他们班带领得很好。

备战雪域高原

有人说和平年代的兵没有血性，但他认为现在已经不再是冷兵器时代，刀光剑影已经离我们远去，但当兵为打仗的理念从未变过，真正的血性是内心的无所畏惧。既然选择了当一名战士，就不会畏惧流血牺牲。2015年入伍的兵是见证了整个军改过程的一届，移防的消息早就下来了，但具体去哪大家都不知道，无论是西藏还是云南或新疆大家都只说一句话，让我去哪我就去哪。2017年6月初移防命令下达，他们最终还是留在了重庆，一个星期的时间所有移防工作全部完成，训练工作正常开展。两个多月的训练结束后，就要到退伍季了，留队的在准备考核，离队的在体验最后的军旅时光。就在离退伍还不到一周时，突然接到准备物资准备驻守高原的命令，所有关于退伍的工作都停止了，只有一场简短的动员，所有的人都进入备战状态。

那段时间大家都在为上高原做准备，白天进行临战训练，晚上进行夜间训练多以夜间射击为主，很多时候都是吃完晚饭就准备夜间射击设备，天色黑了之后就进行射击训练，经过多轮射击后都已经过了凌晨，但训练场上还是有序进行着夜间训练。回到连队已是凌晨两点多，离休息还有一段时间，因为武器装备用完之后必须当天保养才能入柜，每一个零件都要拆下来擦拭上油，军人视武器为第二生命，这一点都不假。即使这样第二天还是正常起床进行第二天的训练。

不仅要进行临战训练还要准备物资，利用午休和一些零锁的时间来准备生活物资、清洗帐篷。作为侦察专业的他还要调试各种侦察装备，练习操作使用，维修保养。连续一个月的时间都在训练和准备物资中度过，一周只有周日下午是休息，而且是用来大扫除，维护室内外卫生。上级也在了解基层战士的思想状况，那天全连官兵齐聚一堂，连长向大家介绍了当前的状况，最后他看着坐在底下的兵，语重心长地问了句："如果明天命令我们去战场，有没有不敢去的，无论是家里原因还是个人原因。"大家被他这么一问感觉有些意外，因为战士只有服从命令，从来都不会因个人原因而选择妥协，底下的战士还是正直地坐着，没有一个人选择逃避。回到班里后，班长问了同样的问题，班里有入伍还不到一年的列兵，有上等兵，也有十几年的老班长，虽然年龄相差很大，但在这时大家的回答是一样的"没有"。

过了九月份很多一起去当兵的同学都陆续返校，而马晓平和他的战友却在进行着比往常还严格的训练，面临着走向战场的考验。家里人也很好奇为什么过了退伍的时间自己的孩子还没回来，即使怎么问在部队的孩子也只字不提真正的原因，只是说还没得到退出现役的命令。是啊，越是在这种时候越要把好保密关，绝不能透露部队的动向。

九月初局势开始得到缓和，但退伍命令一时未下，所有人就要严阵以待。眼看就要开学了，马晓平和学校取得联系并说明了情况，学校给予支持，部队发函说明情况，退伍后入学就不会有困难。

到九月底，他们接到退出现役的命令。他和其他战友一样脱下军装离开生活了两年的军营。铁打的营盘，流水的兵，即使有再多不舍还是要离开。

军人不好战，但军人也绝不会畏惧战争，因为军人为战而生。

短短两年，在部队经历了很多第一次，每一次体验都有不同的收获。同一件事，不同的场合，不同的人，不同的时间，就有不同的感受，只有亲历过才会真正感受到。

第一次实弹射击、第一次投手榴弹、第一次演习、第一次野营拉练、第一次热火朝天的抗洪演练、第一次在部队过年、第一次送老兵、第一次被老兵训、第一次武装

10公里、第一次在大年三十晚上和战友在哨台旁谈未来、第一次大冬天睡在水坑里、第一次戴着防毒面具烤火、第一次当老兵、第一次通宵加班、第一次获奖、第一次表演、第一次外出……军营生活里有太多的第一次，每个第一次都是锻炼、成长，让马晓平难以忘怀。

有人问马晓平为什么去当兵，有人问他当兵后不后悔，以及当兵最大的收获是什么。其实他也在问自己为什么去当兵，现在再次回到校园，他再回顾那段当兵的经历，却一点儿都不后悔。只有经历过才会懂，没有功成名就，也没有战功赫赫，但对得起自己的两年青春。马晓平认为自己没有资格谈奉献，他只是个匆匆过客，但他认识了那群用青春守护国家安宁的人，八年、十年甚至更久，他们才是真正做出奉献的人，他们从不后退也不埋怨，就这样日复一日，年复一年，守护一方安宁。马晓平现在还是会想起战友们，还是会联系他们，互问一声安好。

有梦就去圆，做更好的自己

——记海军南海舰队退役大学生士兵王佳宁

王佳宁，女，中共党员，曾服役于海军南海舰队，服役期间获优秀士兵两次。在校期间曾担任戎程研究会副秘书长、经管本科13级管理类党支部书记、经管研17兼职辅导员等职务，获得优秀共青团员、优秀共青团干部等荣誉。

座右铭 **做更好的自己。**

王佳宁出生于新疆石河子的一个团场，对于她来说，身为兵团的子女，总觉得自己属于部队与地方的一种联结。她从小看着爸爸每年一次的民兵训练长大，所以小时候对部队总有着一种特殊的向往。随着生活重心不断向学业转移，她对部队的记忆被暂时封存起来。2011年，她考入北京科技大学，怀着对未来无限的憧憬，踏入北京这片土地，她也第一次踏入了北京科技大学的校门。

在大学生活的前半段时间，她一直处于一种慌乱忙的混乱生活中。对老师上课的进度而慌，对完全需要自己打理的生活而乱，在各种社团活动中窜行而忙。期中成绩出来，她被打击到了谷底，社团工作也因没有足够的精力兼顾，当时的她迷茫、自卑，找不到自己的位置。

选择了参军入伍对她来说就是大学的转折点。2011年9月入学，2011年12月正式确定参军入伍。三个月的时间，恍如一场梦，她从小的军旅梦，就这样一点一点实现了。

圆梦之旅

回忆起部队的点点滴滴，王佳宁印象最深刻的就是新兵时期参加比武的那段日子。那时候，刚刚下连队没多久，她和所有同年兵一样，都处于一种来到新环境高度紧张的状态中。从内务到业务，对她们来说都是一种全新的挑战，这种不安的日子，就像是刚刚进入新兵连那样一种令人压抑的感觉。周围都是陌生的人和事，和刚刚熟悉的新兵连班长分开，然后进入到一个班长更多的地方，对于本身就处处小心的她来说，熟悉并适应环境就是一种挑战。

然而，就在她祈祷着什么特殊事情都不要发生的时候。一天中午，业务班长把她叫去教室，跟她说了参加比武的事情，听完班长的描述之后，她的第一反应是拒绝。虽然那时她的业务是同年兵中的前列，但是她只是想抱着一种安安稳稳、平平凡凡的心态，过完这两年。业务班长看出她的犹豫，追问原因，她战战兢兢讲了自己的想法。班长对她说，话务人员的使命是好好工作没错，但是一个战士的使命就是听从指挥、服从命令。不仅要能保障前线的工作，还要有集体荣誉感。既然有能力为单位的荣誉争光，但是却退缩了，那这样和逃兵没有什么两样。

听完业务班长的话，她顿时清醒了。新兵连三个月的紧张、不安、到最后与新兵连班长的不舍，都让她不想融入这个新的地方。她突然感觉到怎么自己已经变成了一个这么不负责的人，没有了在学校的那种热情，没有了在新兵连那种求上进的心态。一个人如何能成为更好的自己，是在不断经历了挫折和困难之后，才能锻炼自己，找到自己的方向。只有在明确了自己想要成为什么样的人之后，才能不断朝着那个方向努力，变成最好的自己。

那次的谈话后，她认识到自己之前的想法很幼稚狭隘，要为连队争光，并对业务班长进行了保证，开始了那段令她至今难忘的比武时光。尽管汗水泪水都有，尽管有时候会碰到瓶颈，自己无法提高，尽管有时候要在完成正常内务、业务工作之余，抽出晚上、午休的时间去练习。功夫不负有心人，她和班长都顺利地通过了比武考核，拿到了最好成绩，给集体争得了荣誉。

如今她返回校园，这样一种强烈的集体荣誉感，让她最是留恋。同学之间的友谊相比于战友之间的友谊，尽管都很真诚，但是战友情中总含着一些说不清道不明的特殊感觉。或许是因为她们战友的故事是汗水和泪水的交织而成的吧。

这一次的经历，改变了她在部队两年的生活方向，本来想碌碌无为，轻轻松松过完两年的她，因为这一次的思想的改变，成功拿到了优秀士兵，并且在部队光荣入党。王佳宁相信，这样的改变不仅仅是对她两年的军旅生活有着影响，对她的人生道路也有着潜移默化的影响。

两年的生活匆匆，刚刚入伍时，她会每天划着日历过日子，待到马上退伍时，同样也是划着日历过日子。不一样的是，前者多是担忧，后者总是不舍。不舍得的东西太多，想要留住的东西太多。害怕之后见不到的人，害怕之后忘记的事，在最后那几天都想多看两眼，多记在心底。

收拾行囊再出发

两年后，再一次踏上北京这片土地，再一次回到母校北京科技大学时，王佳宁充满着熟悉与陌生。从部队回来的她，有一段时间很难适应整个班集体，很不想离开自己之前的学院，很不想离开自己之前的班级。尽管只有三个月的交集，但是就是感觉那里才是自己的归属地。

但是由于转专业，离开了原来的学院、原来的班级，再融入到一个所有人年龄都比较小的班级，她心理上有点难以适应。而加入戎程研究会这个北科大退役大学生士兵自发组成的社团，让她找到校园中的一方温暖。学校武装部的老师、学长和同年兵们给了她很大的支撑，这都是当兵给她带来的财富。

经过调整之后，王佳宁充分展现了退役大学生士兵及党员的思想觉悟和文化素养。曾任职东凌经济管理学院本科13级管理类党支部书记、北京科技大学戎程研究会研究室主任，先后参与两次北京科技大学新生军训相关工作，并在此期间先后获得北京科技大学“优秀共青团员”和“优秀共青团干部”等荣誉。

除了在学校工作中积极要求上进之外，她还注重培养自己的创新创业能力。曾于2016年以小组为单位完成论文《基于延迟时间模型单一机组系统的设备维护策略》并荣获北京科技大学本科生科研训练计划国家级一等奖，2017年1月跨学院合作完成Classic掌上课堂项目，主要负责战略及财务报告书写部分，最终荣获第二届中国“互联网+”大学生创新创业大赛北京赛区三等奖。

王佳宁同时也注重培养自己的社会经历，2014年12月至2015年9月，与其他两位同学合作运营一家O2O模式的校内小店，在真实运营的四个月，主要负责运营及财务工作，体验整个创业过程，整个过程中共盈利四万多元，并在后来加入台湾交换项目。在交换生学习生活中，为了更加贴切地了解台湾服务行业的优势，利用周末假期，进行了为期两个月的销售实习，并对所在实习公司台湾伊斯凡妮国际有限公司员工手册进行了修缮。此外，她还利用大四空余时间，进入京东金融进行了为期三个月的全职实习，期间，独立完成了多项线下活动的筹划与实现。

2017年对王佳宁来说是重要的一年，她作为学校武装部征兵工作助管，协助校武装部的老师完成整个征兵流程。从校内宣传、网上报名指导、组织体检、协助政审、模拟训练到最终的定兵环节，一共为兵营送去47名北科大学子，这也是学校走兵最多的一年。在这一年中，王佳宁把征兵工作融入到了自己的生活中，制作展板、校内征兵宣传手册、入伍宣讲会、专家座谈会，以及24小时微信线上答疑，从点滴小事为学校的征兵工作作出了贡献。

2017年9月，她通过“大学生士兵专项计划”成功考入北京科技大学东凌经济管理金融学研究生。在研一上学期，克服跨专业的压力，完成23学分的课程要求，并在老师的指导下，完成英文论文一篇。同时，她还申请了学院兼职辅导员的工作，在完成学业与科研之余，发挥余力协助专职辅导员处理研究生一年级和博士生日常学习与生活事务，并参与了研究生开学典礼及博士生毕业典礼等相关工作。

尽管前路依旧很长，还有很多不确定的挑战在前方，还有很多困难等着她去克服，但是，她不曾害怕。经历了这么多，她已然明白什么是士兵精神，她坚信一定能克服所有困难，成为最好的自己。

今后，她也决心继续发扬退伍大学生的意志品质，牢固树立党员意识，以身作则，让身边的人注意到退伍大学生士兵这个群体，带动身边更多的同学去了解部队，了解国防知识。

于艰苦中砥砺　于平淡中沉淀

——记原第二炮兵某基地退役大学生士兵田广臣

田广臣，男，预备党员，曾服役部队于中国人民解放军原第二炮兵某基地，在部队获得了新兵连嘉奖一次和优秀士兵两次，在学校获得优秀学生干部两次、优秀共青团干部两次、优秀三好学生、三好学生，担任过班级团支书、校友联络与发展协会会长、戎程研究会副会长。

座右铭　**所谓成长，就是眼泪在眼圈里打转，还能保持微笑。**

“向前！向前！向前！”偶然间听到了这首熟悉的军歌，田广臣不由得想起了他的军旅生活，想起了那些一起摸爬滚打的战友们。转眼间他已经退伍三年多了，也不知道老连队现在是什么样了，那些战友是不是都已经退役了，说起来他真的想再回去看一眼，看看那个工作一丝不苟的陈班长，休息的时候总一起调侃的郭班长，训练时总是带大家休息的王排长，还有那个偷偷摸摸查岗的王指导员。

在田广臣退伍回学校的这几年里，不断有人问他，为什么要去当兵，部队的生活有意思吗，苦不苦，这两年都学到了什么。这些问题他不止一次地反问自己，当初为什么要去当兵，这两年值得吗？

其实田广臣当兵的想法很简单，主要是为了学费，家里经济条件比较差，为了缓解父母的压力，他决心要去当兵，在报名的时候他纠结了好几天才作出决定，自己并没有跟家里人商量这件事，因为他觉着可以为自己的人生做决定了，况且如果跟父母商量了，他们不会同意。田广臣报名后一步步走流程，等到体检的时候，才把这件事告诉父母，在武装部老师和导员的帮助下，一切都很顺利。

都说部队是大课堂、大熔炉，田广臣觉得他在部队总共上了三堂课。

第一课：艰苦、坚持

艰苦是田广臣到新兵连的第一感受。他入伍的时候是2012年12月13日，下了火车坐着卡车到了新兵连，放眼望去一片荒山，这跟他想象中的军营完全不一样，没有整齐漂亮的营房，没有宽阔的营院，他在一片荒山中完成了新兵连三个月的训练。

刚开始田广臣想："没关系，所有军人都要完成新兵训练，别人能过这一关，我有什么不可以。"可是真正开始训练的时候，他才知道，训练量之大，超乎他的想象。早上四点钟起床叠被子、整理内务。六点早操，冬天的早上六点天还是漆黑一片，早操结束大概七点钟，这个时候天才亮起来。七点半早饭，对于新兵来说，吃饭不是一件幸福的事，反而变得很可怕，所有人以排为单位，带队集合吃饭，从宿舍到食堂大概有300米的距离，在途中要喊几十次口号，他清晰地记得，新兵连不怕训练，不怕整理内务，最怕的就是喊口号，因为不论你喊得多么用力，甚至是撕心裂肺，带队班排长的回答都一样："喊得不响，我听不见，什么时候喊响什么时候开饭！"有的时候一整排甚至是整个连都吃不上饭，喊着口号到食堂，在门口站半小时军姿，再喊着口号回去训练。

早饭过后就是一整天的训练，开始的一个月没有午休，午饭过后紧接着下午训练，晚饭后就是政治教育或者学习军歌。所有的政治教育或者军歌学习时，要么蹲军姿，要么蹲马步，基本上每次理论学习，都是一次对意志的考验。理论学习之后基本上就晚上九点多了，大家洗漱整理内务，当然，这并不意味着就可以上床休息，其实对于当时的田广臣来说，这一天才刚开始。从晚上九点半到十一点半是体能训练时间，俯卧撑、仰卧起坐、深蹲、负重训练，力量上是田广臣的弱项，所以这些偏力量的训练对他来说难度很大，但是他依然坚持，因为他在到部队之前就做好了心理准备，虽然是一名学生，但绝对不能让别人觉得自己是文弱书生，所以在训练的时候他对自己比较狠，总是比别人做得多、做得时间长。

新兵训练的日子没有花样，每天都重复着同样的科目，虽然很苦，但对人的意志力是一个很好的磨炼，在那里只有两个字"坚持"。

第二课：平淡、耐心

下了老连队之后，生活的转变让田广臣一时没反应过来，每天的训练量下降了许多，也不用再单独加练体能，饭前更不用撕心裂肺地喊几十遍口号，生活完全进入了另外一种状态，每天重复着同样的活动，要么站岗，要么训练。日子真的很平淡，平淡得几乎没有一丝波澜。可能这种平淡跟他所在的部队性质有关，那个时候它的名字还叫作“中国人民解放军第二炮兵部队”；可能这种平淡也和部队的位置有关，在一片山区，附近只有一个小村子，距离最近的小镇都有将近20分钟的车程；可能这种平淡跟他本人的岗位有关，他所在的连队几乎相当于保障单位，不是后勤，但也不是作战单位，日常的工作是对阵地的维护和保障，当然还有站岗训练；这种平淡可能最多的还是与他个人有关，作为一名大学生士兵，来自于学校，自打进部队的第一天起，他就已经决定好两年之后还会回到学校，所以在部队里踏踏实实做好自己的本职工作，没有参加过什么技能或者军事上的培训。可正是这种近乎让人崩溃的重复，才真正地使人沉淀，在如此躁动的年代中，田广臣幸运地能够在这平淡的军营中获得难得的宁静和沉淀，没有什么比这更加珍贵的。

入伍前的田广臣，不会想象到部队的生活会如此单一，他又是那么庆幸，可以有两年的时间重新考虑自己的人生，审视自己的选择。

第三课：战友、情谊

田广臣这一代生长在和平的年代，在他的军旅生涯里没有战火纷飞，没有枪林弹雨，没有那种机会培养出生入死的战友情，可是他所拥有的战友情，依旧不是一般的朋友情谊可以比拟的。两年时间里，他和战友同吃同住，在军营里，没有亲人，却全部都是亲人。没有一同上战场，但也一起摸爬滚打，没有流血牺牲，却也一起挥洒青春，流汗流泪。

战友二字，在军人的心中分量很重，只有真正体会过军旅生活的人才能够体会。两年的军旅生涯给田广臣留下最宝贵的东西就是“战友情”。虽然没有哪件事，能够让他记忆犹新，但是战友情的可贵就体现在平淡和真实中。连长、指导员、排长、班长、同年兵，那一张张笑脸，让人发自内心的舒服。

一转眼，本科快要毕业了，部队给田广臣的人生打下了印记，军旅生涯带给他的是没办法用语言形容的，单单是那份单纯的回忆，就是无价的财富。听说军改之后，战友们的待遇又有所提高，退伍后他也回过老连队，可是只能在外面看一看，因为是核心涉密单位，他已经不再具备进入那里的资格，但是远远看到拔地而起的新营房，可以想象连队生活条件有了极大的改观。希望那些战友们能越来越好，青春无悔。

过去的生活有再多的不舍，也终究是回忆，田广臣知道自己应该带着部队锻炼出的能力，在新的路上继续向前！向前！向前！

钢多气更盈，英勇胜利铸辉煌

——记陆军原38集团军退役大学生士兵朱天安

朱天安，男，共青团员，文法学院社会工作专业，辅修法律二专业。曾服役于中国人民解放军中部战区陆军原38军，曾荣获北京科技大学百优志愿者、优秀共青团员等称号，并在部队服役期间，参加新兵营尖子比武获一等奖，被评为优秀新兵、新训工作先进工作者，获得优秀义务兵两次，荣立三等功一次。曾任营、连文书、通讯员等职务，服役期间曾参加野外驻训两次、师弹药库重要目标执勤等任务。

座右铭 多忆彼时之苦，当思今甜之不易。

愿做一枚小弹壳，携笔从戎强军梦

大学生和士兵，一个是潜心学习的知识青年，一个却是英姿勃发的铁血英魂，两种原本毫无关联的身份，因为国家政策的下达，使得平行的两端最终实现了交汇，与此同时，也唤醒了校园里这群埋首书海的大学生们“不安分”的心。

朱天安便是这群“不安分”的读书人中的一位。入伍前的他，在北科大过着自己平静的学生生活。火热的夏天，北京迎来了火热的征兵季，日常勤工俭学担任学生助管的他，和往常一样到学校武装部办公室值班，办公室的老师一边整理着学校下达的征兵文件，一边不经意地随口对他说：“要不你也去试试吧，你身体素质看起来还不错。”老师的话像一枚小石子投进了朱天安的心里，激起了层层涟漪。是啊，他从小就有一个参军入伍、投身军营的梦想，现在终于有机会了，为什么不去试一试呢？满腔热血一朝沸腾，投笔从戎蓄势待发，朱天安立刻进行了志愿填报，经过一层层的选拔，并通过了政审体检，“不安分”的读书人最终实现了自己小时候的从军梦想，成为了一名光荣的万岁军红军团员。

半个多小时就从繁华的北京到了河北高碑店的新兵营，初到军营的朱天安因为体形偏胖、肩宽体阔，便被班长和战友调侃地称作“大块”，“大块”是大块头的缩写。高中起就疏于锻炼，导致体重持续增长，当兵前夕，体重一度达到了巅峰，近190斤，大块头有大忧愁，身为大块头的他，搞起体能就愁白了头。在他新兵的第一个月，手榴弹投掷不及格，单杠考核像秤砣，队列训练不标准，3公里全新兵排老末，不仅战术动作吃力得就像大虫子在蠕动，甚至连戴防毒面具都不合格。新兵排第一个月的综合训练成绩考评，除了俯卧撑训练勉强及格以外，几乎所有的训练科目都亮了红灯。其他战友们私下也少不得议论他几句：北科大的大学生也不过如此，就是一头烂蒜。

面对这种惨淡的局面，朱天安心里不服气，可是训练成绩摆在那，光不服气也没用。看着灰心丧气的朱天安，班长拍了拍他的肩：“不行就练，没什么大不了，男人就要对自己狠一点。”抱着不想被瞧不起，也不想给母校抹黑的心态，朱天安强迫自己去接受并适应这种磨炼。跑步体能跟不上，他就给自己额外加练，别人背沙瓶，他就再加上一个重达三十斤的沙袋；单杠不行，他就咬牙吊杠，手上磨得血肉模糊也绝不放松；在晚上大家已经睡下了，除了完成基本的三个“一百”，他再给自己多加两百个仰卧起坐，专攻腰部力量不足；战术不及格、不标准，他就一次又一次地扑倒，趴在地上一直练。这样的加练力度，以至于每天晚上班长作总结的时候，他站着都能睡着。三个月下来，他瘦了三十多斤，人变结实了，体能上去了，成绩也达到了科科全优。朱天安还参加新兵营组织的尖子比武，并获得了一等奖，这下子他成了连里的训练尖子，人人都对他竖起了大拇指。

除了体能训练的磨砺，生活上要迎接的考验更是接踵而至。作为学生，大学象牙塔里舒适的环境让他习惯了自由散漫的生活。初到军营，条条框框把朱天安撞得头破血流，没少被班长批评。记得有一次没请假就在连门口打起了羽毛球，最后被班长抓到并对他进行了惩罚，多次的教训让他逐渐明白了遵守纪律的重要性。正如部队里广为流传的一句话：纪律是个圈，生活在里面，纪律是块铁，谁碰谁流血。遵守纪律意味着服从和克制，落实在日常生活中，什么时间干什么事，也有需要服从的规则，干活要利索，不能磨蹭拖拉，要注意细节，不能大而化之，而是角角落落都要注意到。

生活上的适应期刚刚过去，就迎来了文化学习的考验。朱天安原本以为到了部队就不用再苦啃书本了，没想到要学的东西却更多了，要求也更加严格。从理论题、武器操作知识、队列动作要领，到条令条例，甚至还有歌词，每一项都要记，而且必须一字不落，连标点符号都不能错地背下来。虽然很头疼，但任务还是要完成，朱天安把要背的题，记成小纸条，写在小本子上，嘴里不停背记，手上重复动作，就连说梦话都是我军的性质宗旨。战友之间也互相帮助提问，共同提高。终于到考核的时候，学习到差点“走火入魔”的他居然取得了一百分的佳绩，并在新兵营结束后，被评为学习强军目标先进个人。

进部队有些日子了，越来越适应部队生活的朱天安也渐渐跟自己的战友们打成了一片，虽然是战友眼中的“高材生”“文化人”，朱天安并没有摆出大学生的谱，而是愈发谦虚平和，战友们都很信任朱天安，推选他为副班长。肩上有了担子，朱天安更是带领大家干得有声有色，战友情，胜兄弟，人心聚，有情义，凝聚一心，劲往一处使的战友们，最终在四个新兵班中表现最出色，训练成绩最好，战友们都说这个成绩有他的一份功劳。

苦练本领强素质，模范带头保安全

由于朱天安是大学生士兵，文化素质和电脑操作水平相对较高，新兵下排后，连队就安排他在连部担任通讯员一职，以接任文书，并承担一部分文书工作。在2015年初，团部下达了“九三”阅兵选拔的通知，并在全团范围内选拔官兵进行集中封闭训练，朱天安因为符合身体条件而有幸入选其中。然而使命是光荣的，任务却是艰巨的，河北的一月，正是三九寒冬之时，温度低至零下十几度，然而他们的训练却一刻也不得放松，他们在寒风中踢正步、夹纸牌、脚后掌悬空站台阶、头顶板凳，每一次的军姿训练都是两个小时起步。训练结束时，当教官示意大家可以休息了，但大家的身体早已冻僵，几乎动弹不得，只能缓缓地移动脚。这样的训练无疑是对人的意志和品质的磨炼，朱天安坚持了一个半月，从未松懈。最后连队希望他能够继续留下来为连队工作，他经过综合考虑，尊重组织对他的安排，放弃了去阅兵的机会，但这次集训的经历在他的心里留下了不可磨灭的深刻记忆。

由于朱天安在各项工作中表现出色，他在后期被选为营部通讯员。在营部担任通讯员时，他积极主动向老班长了解日常工作内容，学习业务专业知识，并积极向营文书班长学习相关业务内容流程，平时积极协助文书班长工作。在野外驻训、集团军标杆营整治申报及上等兵复转时，由于文书工作区分驻训和留守两个方向，一段时间内，在上级领导的信任和帮助下，他承担大部分营文书工作，出色地完成了相应工作任务。由于表现突出，2015年年底他被评为优秀士兵。

到了年底，朱天安所在连队受领上级任务，移防至师北弹药库，担任执勤任务。从往年经验来看，弹药库属于重要警卫目标，领导首长和上级对口部门不定期会有突击检查，且无规律性，突发性强，检查发现问题就进行通报，迎检压力较大。在领导的信任和帮助下，他临危受命担任连文书一职，并负责赴弹药库人员政审工作及相关文书资料的编写审批。作为文书来说，迎检压力较大，日常工作千头万绪，如果没有认真的心、负责的态度和时刻紧张备战的思想，很容易出现问题。俗话说得好：好的文书顶半个指导员。面对空如白纸一般的软件资料，他利用一周时间加班加点，不分白天黑夜，基本搭建了弹药库执勤所需要的所有软件资料，并在后期不断完善充实，充分发扬“前人栽树，后人乘凉”的精神。

在日常工作中，他自己设立了连部日常运行的一套基本流程，在什么时间应该干什么事，发生什么情况应该做什么，平时应该注意什么，日常维护包括什么内容，日常软件的维护和一些软件资料的更新编写应该怎么做，他总结了各类检查的特点，根据以往迎检经验，设想了各级检查到来的各种情况，组织演练了预案措施，确保在各级各类检查中不出现问题。

自朱天安担任文书职务以来，在领导的关爱扶持、战友的细心帮助和他对自身的不断严格要求下，取得了比较难得的成绩。由于在弹药库期间表现出色，复退期间连里为他请功，经团里批准，成为为数不多的几个义务兵中获得三等功的人。

退伍不褪色，争做优秀钢小伙

退伍之后，朱天安依然没有放弃对优秀的追逐。正所谓优秀是一种习惯，复学的第一个学期，朱天安就积极参与实习工作，在北京市团市委下属的北京市志愿服务联合会国际部进行实习，在三个月的实习期间，他组织并参与了多次活动，并在其中发挥了重要作用。

大三下学期，朱天安又积极争取了学校公费赴台湾交流的机会，在台湾暨南国际大学交流期间，他不仅走遍了台湾的城市和大街小巷，还积极与当地学生进行交流沟通，感受当地风土地貌和人文情怀。除此之外，朱天安从未忘记自己对未来的规划，迈入大四的他面临着考研和工作的双重选择，他选择了继续深造，挑战自我。在台湾交流期间，他除了完成繁重的双学位学业，还积极准备跨考法律专业研究生事宜。生活虽然忙碌，但是他很享受这样的学习状态，并持之以恒，收获了较好的成绩，实现了自己当初的梦想。

作为一名北科的钢小伙，勇于投身部队大熔炉，接受锻打淬炼，人生漫漫，只有青春时光才最珍贵，而朱天安的青春正因有了迷彩的装扮而显得更加明媚。对于朱天安而言，当兵的经历是他人生旅途中一缕绚烂的阳光，当兵的滋味，犹如风雨中海燕的无畏，犹如硝烟里幽兰盛开的坦然，犹如搏击苍穹时雄鹰的潇洒。

人生一世几着戎装，风雨骄阳利剑，唯固祖国荣光！

不忘初心　不违本心　不负真心

——记海军北海舰队退役大学生士兵刘民颂

刘民颂，男，预备党员，自动化学院测控技术与仪器专业2014级本科生，现被中国科学院大学自动化研究所拟录取为学术型硕士研究生。曾获人民二等奖学金、优秀共青团员、北科优秀退役大学生士兵等荣誉。

座右铭 **不忘初心，不违本心，不负真心。**

时光荏苒，白驹过隙，一眨眼，大学生活就这样要结束了。回首6年来的时光，刘民颂发现自己已经不再是2012年刚踏进贝壳校园的那个青涩少年了。一路走来，有迷茫，有痛苦，有煎熬，也有感恩、感动和自豪，不论未来的路向何方，至少在过去的6年青春里，不忘初心，不违本心，不负真心。

路在何方？迷茫之中看到光明

还记得那是2012年8月的最后几天，一个青涩的、无知的、满怀敬畏的少年走出了北京火车站，迎接他的是一场带着浓厚“京味”的大雨，大雨仿佛在呼唤着他，呼唤着心底劈波斩浪、勇往直前的勇气。

在北科的第一年，应该是刘民颂大学生活参与度最高的一年，那一年，他担任了专业班的班长，奔波于班级的日常事务，烦琐但是快乐着；那一年，他参加业余党校的学习，枯燥但却乐在其中；那一年，他还参加了院学生会求是学会，担任了学院、学校的数场活动的主持人，紧张刺激而又满足。而那一年，刘民颂的成绩并不好，由于过多地参加课外活动，把大部分精力都放在了学习之外，导致他大一学年的成绩一直徘徊在中下游。那时的刘民颂心里有一丝愧疚，仿佛自己成绩不好，就愧对同学们，愧对班长的职务，充当了一个反面教材。现实的骨感和梦想的丰满形成了鲜明的对比，19岁的少年感到十分迷茫。

一次偶然的机会，刘民颂看到了征兵的宣传，这才知道原来大学生也可以去当兵。再仔细研读征兵要求，他发现自己各个方面都符合要求，突然心里有个声音被唤醒：去部队，去那个曾经幻想了无数次的地方！从来没有哪件事情像参军入伍这样让刘民颂兴奋不已，他出身于军人家庭，父亲是曾服役15年的退役志愿兵，他从小就在这种紧张严肃的环境中耳濡目染，对军旅生活充满了深深的向往，一直梦想着成为一名像父亲一样挺拔坚韧的军人，可惜一直没有机会去实现这个梦想。这次的征兵给刘民颂打开了一道崭新的大门，一片新的天地正在向他呼唤。然而，现在休学去参军，意味着刘民颂将会失去很多，经过一个晚上的挣扎和考虑，他最终决定参军入伍，一往无前的决心还是战胜了对过去的不舍和对未来的恐惧。去部队历练，就能真正起到一个班长的带头作用，带头吃苦，带头突破自我，带头锻炼自己的意志力，这样就能让自己成为一名像父亲一样的，勇敢坚强、凛然伟岸的中国军人。

很快，五月的征兵宣讲会，六月的体检，七月的复检，八月的入伍前集训，九月的送兵大会，一切进行得都是那么顺利、那么自然。2013年9月5日，在老师和同学们的送别下，刘民颂踏上了前往中国人民解放军海军北海舰队的军旅之路。

不忘初心，真实残酷的军营

真实的军营是什么样？没当过兵的人永远也想象不到，当过兵的人却不知该如何用语言去形容它。当兵之前，刘民颂心中的军营是神圣的，是沙场飞扬、斗志激昂的，但是现实的军营，是神圣的，也是平凡的，没有沙场飞扬和枪林弹雨，但也是热血激情，充满挑战的。真实的军营，真实的磨炼，两年的军旅生涯，三段军旅经历，刘民颂在军队这个大熔炉里不断翻滚，完成了人生的蜕变，人生的升华。

山东省青岛市，是刘民颂军旅生涯开始的地方，就是在这里，他完成了由普通大学生向合格士兵的转变，以及合格士兵向专业合格的水兵的成长。三个月的新兵连加六个月的学兵连，经历的是过去不敢想象的高强度训练，每天的生活不是训练就是走向训练的路上，很枯燥，很累。但是这种生活，恰恰是锻炼毅力的最好环境。每当刘民颂觉得自己不行了、挺不下去的时候，他总会想到一件事，那就是为什么来当兵？对呀，为什么要来当兵呢？太多冠冕堂皇的话，并不是刘民颂的本心。在过去一年的大学生活中，他看似做了很多事情，参与了很多活动，但是，他真正想要什么？他的目标是什么？当时的他都不知道，他只是想要一个新的环境，锻炼自己，督促自己，可以找到倾心奋斗、无所畏惧的勇气和目标。他的初心，就是在部队这个大熔炉里，锻炼自己，激励自己，让严格的军营磨砺出更好的自己。不忘初心，是刘民颂挺过所有的训练，度过所有困难最本源的动力。

不违本心，方可出淤泥而不染

2014年7月，本来梦想着踏上军舰、驰骋大洋的刘民颂，被分配到了烟台市海边的一座高山上，后来的他总是自嘲：带着一颗上舰心，结果上了山。从此，刘民颂开始了他五个月的难熬的岸勤军营生活。

为什么说难熬，因为这是刘民颂第一次走出校园，失去了校园和家庭的保护，必须自己独立面对所有可能发生的事情。如何能够不违本心、遵守原则、坚守底线，真的是一件很重要的事。在这里，刘民颂第一次无依无靠地踏入一个“小社会”。在这里，他遇到了乐观开朗、谈吐风趣、待人温和的前辈，也遇到了脾气倔强、不好相处的班长。在军营里，刘民颂更加明白什么叫是非对错，什么是值得坚守的，他也更加坚定地相信，终有一天他的付出会得到回报，当他一尘不染地走出这里时，迎接他的一定是更加美好的未来。五个月后，刘民颂就因为优异的表现被特调到营部担任文书一职，开始了充实满足的美好生活。

不负真心，天道酬勤

2015年，退役复学后，没有任何犹豫，刘民颂再次做了一个里程碑式的决定：转专业。搁浅两年学习的陌生再加上转专业之后学习新知识的压力，一度让他感到疲惫。不过，部队的两年锻炼并没有白费，除了健康的体质，部队教会他更多的是坚韧的意志和精神，“一不怕苦，二不怕死”迎难而上的精神不论在哪儿都是一剂灵丹妙药。带着这份精神，刘民颂度过了最艰难的复学适应期，也是带着这份精神，在过去的半年里，他放下一切，安心准备研究生考试。

考研的道路从来都不是一帆风顺的，枯燥、寂寞和煎熬永远都是考研人生活的主题曲。考研的生活总是那么单调—学习、吃饭、睡觉，每一天都是这样的枯燥循环。考研，不仅仅是学习的征途，更是一场毅力的考验。有时他觉得，考研的过程更像是一场自己与自己的战斗，只有战胜自己、不断提高才能找到出路。两百多个日夜，每天朝七晚十地在图书馆里泡着，沉浸在学习的世界里不能自拔，纵然枯燥煎熬，但也充实满足，内心充满了激情和希望。经过了半年多的学习，辛勤的付出有了初步的回报，刘民颂接到了中国科学院大学自动化研究所的复试通知，走出了他研究生梦想的第一步。而在接下来的复试中，刘民颂也没有让自己失望，坚定的信念和不屈不挠的精神支撑着他成功通过了复试，接到了来自中国科学院大学自动化研究所的录取通知书。刘民颂前进的道路再也不会迷茫，在未来的日子里，他会带着自己的梦想，怀揣着坚韧和激情，继续去追寻更美好的未来。只要有决心，够努力，天道酬勤，厚德载物，定能无悔真心！

就像霍金说的：生活是不公平的，不论身处何种环境，你能做的只有全力以赴。两年的军旅生涯，带给刘民颂的正是全力以赴的勇气、决心和信心。这些精神，将是他受用终身的宝贵财富，也是激励着他不断前进的动力源泉。

转眼就是毕业季，相信在部队两年带给刘民颂的经历他将永远深藏于心，它们将是刘民颂人生中最艳丽的一抹色彩。青春年少，又到凤凰花开的时候，愿他毕业快乐，前程似锦。

纪念曾经的光荣岁月

——记武警原187师退役大学生士兵安留福

安留福，男，共青团员，曾服役于武警某师，获优秀士兵、嘉奖一次、人民二等奖学金，担任过电视台副台长、校青协宣传部部长、文书、副班长，参加过2016年湖北抗洪抢险、2016年新训、“卫士－16”实兵对抗演习、武警总部半年军事训练考核等任务。

座右铭 **男儿当兵为打仗。**

在退伍的时候，安留福终于将慢热的情绪发泄了出来，眼含热泪地讲出了他自己的故事。

退伍，九月来了一波，萧瑟的十二月又来了。两年军旅如梦一样。

入伍时，把当兵当成自己的成人礼，期望羸弱不堪的身体和心灵能在枪弹和血汗中凤凰涅槃浴火重生。如今，安留福是否已淬炼出钢铁的意志和坚定的信仰？两年又有着怎样难忘的回忆？

刚刚入伍，副团长问他们这群新兵来当兵有什么感受？依稀记得端坐的人群中安留福的答案是，军队集结了一个民族的精壮，这群精壮强，那中国就强。所以身处军营，他认为他看到了中国。那时候初生牛犊不怕虎，一颗侠义心肠，一身忠肝义胆，想到身为中国军人，真好。

入伍初体验

回首往事，安留福很感激当初给他领路的人，比如新兵连的班长红班长，那是开启安留福军旅生涯的班长，也是一辈子的班长。班长比安留福只大一岁，却处处照顾着他们这些新兵，一遍遍教他们叠被子，甚至替他们把被子捏好；教他们打扫卫生，就连厕所班长都身先士卒示范给他们怎么刷；带着他们训练，教他们队列、擒敌拳、射击、战术……没有文化的班长讲着最朴实的话给新兵们做思想工作，一点不严厉但却声声入耳、句句入心，让安留福和战友们顺利度过了新兵“第一适应期”。

新兵连的训练是苦并快乐着的。苦是在所难免的，比如烈日下的军姿，比如寒冬里的警棍盾牌应急棍，比如据枪瞄准一个姿势定一上午，比如蹲下起立一次做两千个，比如做单双杠磨掉皮的双手，比如跑完吐酸水的3公里。

军人之所以为军人，必然要经历常人所经历不到的历练，必然要坚持常人所坚持不到的意志，这样才可顶天立地，保家卫国。安留福明白，这是责任、是担当、是使命。但他也知道没有那帮亲密无间的战友，自己坚持不下来。

在青葱的岁月里，在兄弟的陪伴下，所有的磨砺都来得如此酣畅淋漓，毫无畏惧。在哭与笑中经历风吹日晒，在汗与泪中体味血肉模糊与踉跄跌倒。他体味过一个馒头分着吃、一壶水分着喝才知道一起扛过枪的友谊，真正在跑不动时被拉到终点才知道不抛弃不放弃的友谊，这友谊最单纯无瑕，最感人至深。所以退伍总会流泪，不是军人不坚强，只是兄弟情谊终难忘。

由于海关执勤缘故，安留福的新兵连近乎七个月。他记得很清楚，2016年4月7日，老兵返营，不再执行海关任务。因为那天他把军装捋得笔直，腰杆挺得杠杠地站岗迎接，在鞭炮声中迎来了光荣回团的战友们。那时候他认识了人称八连第二好的纪班长，认识了跑得最快的吴班长，认识了他们班的老兵汪启凡和徐毅。

薪火相传

下连后马上就是单兵训练阶段，也是一年中最苦最累的时候。老兵总是比新兵要强一点，这大概就是当过一年兵的不一样。训练上他们跑得更快，器械做得更标准；生活上被子捏得更好看更板正，打扫卫生更彻底，跟老兵一比安留福和战友们顿时显得好无知，好差劲。

然而令他感动的，也是部队最可贵的一点，那就是绝不抛弃、不放弃任何一个人。跑不动会有人拉，帮助新人克服心底里对于艰苦训练的恐惧和惰性，帮他们超越自己身体的极限；生活上老兵会在有意无意间照顾着新兵们，难度比较大或者比较脏苦累的公差从来都是老兵打头阵，而自己当老兵时有意无意间受汪启凡和徐毅的影响，会学着他们的做法去对待新兵，把新兵当成弟弟看待，军队的优良传统大概也是这样代代相传的吧。

万家灯火，是战士们在负重前行

四月份下连，七月份便去了湖北。

国家需要时，他们必须义无反顾冲上去。当兵为打仗，这一点在湖北抗洪的任务中显得格外耀眼。2016年夏季南方等地发生大规模洪涝灾害，湖北告急，安留福所在团奉命火速机动赶往湖北抗洪一线执行抢险救灾任务。他清晰记得那是7月8日，大家坐车上了高速，出了山西，星夜疾驰，炎炎夏日吃睡都在拥挤的运兵车上。在晚上九点到达河南南阳贺龙体育馆休息吃饭后，夜里一点又驱车出发，他们就像上了战场，不敢疲劳，不怕困难——那就是战场，那是中国人民武装警察部队的神圣使命。

湖北的天气热得让人发昏，就算是坐在树荫下什么都不做，汗水依旧流个不停。然而就是在这样的天气下，可敬的人民武警扛着沉重的沙袋，沿着晒得干裂的河岸筑起长长的子堤，用朴实却强大的力量遏制着洪水猛兽，遏制着高过警戒水位的水位线。战士们到驻地的第二天身上就起满了痱子，挠也不是不挠也不是。扛着沙袋从这头走到子堤，汗水就把脖子上的毛巾打透，拿下来拧干，再搭上，再扛起沙袋继续干。有的人晕倒了，打了点滴，有的人中暑吐了还在坚持，更有无数的战士在默默坚持着。

还记得前往汉北河加筑子堤时拿着锹镐沿岸走了差不多5公里，岸的这边是浩瀚的江水和与河岸平齐的水位，听说水里还有血吸虫，岸的那边便是低于水位线的村庄，就像一大盆水悬在头上，当真是十万火急！这个时候部队不来救急谁能来救？第二天有一处决堤了，他们紧急去村庄疏散人群，看还有没有未撤离的人员，进村时地面还是干的，不到两个小时水位就没过小腿了，那不是一盆或者一缸水，那是一个村子。村民家里的鞋子、椅子等小件的物品顺着水漂出来，还有很多蝼蛄甲虫，还有蛇，都被泡出来了。

不当兵不知百姓之灾难，不当兵不知国家之神圣，不当兵不知奉献之珍贵，不当兵不知使命之光荣。

如今退伍，安留福始终铭记：万家灯火，是战士们在负重前行。

新兵连文书

在安留福看来，能够当一次兵，带一次兵，就算仅仅只有两年也是很有意义的经历了。2016年9月5日他们新训干部骨干到达新训营基地，正式开启新训生活。如果说高强度的训练带给他的是强健的身躯和坚强的意志，那么新兵连文书兼通讯员兼军械员的生活带给他的，则是受益终身的雷厉风行的做事风格和孤身奋战、不言放弃的必胜信念。

当初选拔新训文书的时候，连里本来就没几个大学生，安留福的大学又是211大学，加上他平时表现不错，顺理成章被挑去保障新训。还记得9月12日晚上第一批北京的新兵到达营地，他拿着相机小跑迎接，拍了照片写新闻发表在团里的新闻网上，作为平时政治教育方面的评比。看着新兵白白胖胖的，加上新兵们都会毕恭毕敬地叫一声“安班长”，他瞬间有了“老兵”的感觉。

然而新训文书兼通讯员兼军械员不是听人叫一句“班长”那么轻松的。二十四小时对讲机不离身，加班熬夜写新闻、做表格，管理武器库武器，更有许多不顺心的事情，想发泄不知该冲谁发泄，只能咬碎牙往肚子里咽，安留福心里明白现在承受越多，将来成长就越多，所以他选择了坚持。事情多他就合理安排，发动副班长和新兵，群策群力，共同攻关；时间紧他就寻找方法加快速度，形成了自己高效的解决方案；要求高就一次一次完善，直到领导说不出批评的话来。就这样，他的新闻评比长居第一，提交资料速度不是第一就是第二，武器检查无一纰漏，规章制度烂熟于心，直到顺利下连。

天将降大任于是人也，必先苦其心志，劳其筋骨，饿其体肤，空乏其身，行拂乱其所为，所以动心忍性，增益其所不能。所有不具备的能力都将在磨砺中生长，所有不明白的事都将在坚持中顿悟。军旅难忘，当文书新兵连当是最为难忘。

退伍不褪色

火热的九月，迎来的是平稳退伍的号角吹响。那时候《成都》这首歌很火，被人改编成军营版《成都》更是不绝于耳。

让我掉下眼泪的不止思念的苦
让我依依不舍的不止身后的路
军旅还能走多久我付出我所有
让我感到为难的是家人的等候
离别总是在九月战友不放开的手
夜深人静的时候其实我也泪流
在霓虹闪烁的城市里我默默守护你
军装带不走的只有你
和我在营前的操场走一走就算大风吹乱了迷彩也不停留
你会依旧起步往前走我会拉住你拽一拽兜
走到忠诚路的尽头对哨兵道一声问候
和我对军旅的青春挥挥手就算时光吹老了面孔也不忧愁
你弹着吉他唱歌我们搭着肩一起和
漫漫军旅路的尽头感谢战友们的相守
和我对军旅的青春挥挥手就算时光吹老了面孔也不忧愁

最后一天，团里终于放起了送老兵的歌曲，可真要拖着行李走出连门口时，眼泪就止不住了。人是一波一波走的，看着先走的，总想多送几步，轮到自己时却不敢回头看，又忍不住回头看，就要离开身边的战友们啦，再拥抱下老班长，再看一眼亲爱的团，眼泪早已模糊了双眼，什么时候才能再见啊！

登车，开动。车后的战友紧拉着不松手，新兵们敲锣打鼓欢送老兵，九月就在这欢送声与泪水中渐渐定格……

退伍归来，安留福早上还是不到六点就醒，却再也听不到起床号，偶尔朋友间开玩笑放紧急集合号还是如坐针毡般紧张。当兵后悔两年，不当兵后悔一辈子，2015年9月10日到2017年9月5日，两年军旅，一辈子的战士。

军旅梦回

——记武警山西总队退役大学生士兵杜海亮

杜海亮，男，共青团员，曾服役于武警山西总队直属支队，担任话务员，曾参加武警部队特勤人员比武，获优秀士兵荣誉称号。

座右铭 **方向不对，努力白费，方向大于方法，动力大于能力，做人大于做事，凡事都说这都是我们的错。**

追寻儿时梦

毕业前夕，学校进行了大型的大学生入伍宣传活动。那时杜海亮顿时萌生了到军营去历练一番的想法，心动不如行动，他就瞒着家里在学校应征报名了。经过资料审核、体检、政治审核，他通过了入伍前的所有流程，然后他才回家把这个消息告诉了爸妈。刚开始父母有些担心杜海亮吃不了部队的苦，但是看到杜海亮这么坚决就决定尊重他的想法。两个月后，杜海亮怀揣着对军营生活的无限憧憬于2014年9月顺利启程入伍，正式开始他两年的军旅生涯。

今朝去圆梦

新兵连是每个军人军旅梦开始的地方。杜海亮出发前一天晚上，在首都人民的欢送仪式之后，他们一行60人乘坐由北京站开往太原站的列车出发了，坐了一夜的火车于第二日早上八点钟到达太原站。记得当时太原下起了小雨，出了站的他们就由几辆军车带走，一路上杜海亮都在看着窗外，淅淅沥沥的小雨正好迎合了他那时惶恐不安的心情。随着车程越来越远，他们离市区也越来越远，因为下雨的缘故四面八方都充满着水汽，朦胧中他看到了大山的轮廓，随即视野中出现了一条单行车道直通大山深处，经过一个半小时的车程他们到达新兵连驻地。刚下车看到了锣鼓喧天、鞭炮齐鸣的一番热情的景象，很多军人排成两列夹道鼓掌欢迎他们，压抑的心情瞬间化为乌有，紧接着他们就被分到了各自的新兵班。

部队是一个把礼节礼貌发挥到极致的地方，一个新兵，只要在部队看见穿军装的人就要问好。在部队有这样一种说法："进门看内务，出门看队列。"叠被子这些都是部队入门必修课，每天的生活就是整理内务、训练、吃饭、睡觉。就这样一天一个脚印，他也在慢慢地适应、改变。新兵连45天之后部队对他们举行了授衔仪式，当国歌军歌响起的那一刻，杜海亮为自己真正地成为一名的中国武警战士感到无比的自豪和骄傲，这一个半月所受的苦和累都不算什么了，领子上不再是光秃秃的，而是有了闪耀的军衔。

虽然已经经过了新兵连，杜海亮也有了当兵的样子但刚下连到中队的时候，他还是有点不适应，体能训练的跑步从3公里增加到了5公里，和更多的老兵一起训练，经常跟不上，他心里知道自己还有很多的不足，便努力向优秀的老兵看齐，经常向那些技能、体能好的老兵取经。作为当代大学生，杜海亮一直以为自己一定会比别人学东西学得快，可事实却并非如此，他开始发现，那些从地方入伍的战友们可能文化水平不如他，但是他们在训练的时候体能比自己要强很多。他下了很大的决心一定要把自己的体能给提上去，所以给自己制定了计划，每天晚上熄灯之后，杜海亮都会做来"三个一百"（一百个俯卧撑、一百个深蹲起、一百个仰卧起坐）再睡觉。就是这样他经过日复一日地坚持、努力，体能素质不断地得到了提高，各项训练任务也能跟得上、练得好了。只有各种技能都练好，拥有一个好的体能素质才能不拖大家的后腿，才能保质保量地完成上级交给的任务。

下连之后杜海亮被分到了武警山西总队直属支队。这是一支使命重要、任务艰巨而历史光荣的部队，是山西省唯一的一支机动部队，担负着处突维稳、保卫人民生命财产安全、守护三晋大地的光荣任务。这支部队没有那么多哨位执勤，每天主要的任务就是训练，训练，再训练。

杜海亮刚开始被分到了国旗护卫中队，他们这个中队除了基础训练之外，还要进行国旗护卫队列训练，他所在的中队担负着山西省主要大型场合的升国旗仪式，任务重大，不敢怠慢。国旗护卫队的训练虽然非常苦，非常累，但是他训练的时候很努力很认真，因为他知道国旗代表着国家，国旗护卫队代表着国家形象，当他完成升旗任务后，他感觉之前受的所有的苦，所有的累都是值得的。日复一日，年复一年，一代代官兵就这么一直传承下去。在这里，杜海亮明白了荣誉必须要用汗水来捍卫。第二年，杜海亮被调到机关担任通信兵，主要负责通信、电话、传真和电台。到了新的岗位杜海亮又要重新开始业务学习，学习关于通信方面相关的知识，他接触新的班长和战友，慢慢地融入新的环境，担负起新的使命任务，同时也学到了更多为人处世、待人接物的道理。

归来筑新梦

两年的军旅生活，对于杜海亮来说，是人生中特殊而又精彩的经历。在这里他受到了困难的磨炼，有了明显的成长，那里的记忆也让他无比留恋。退伍后很多人问起他当兵后悔吗？他会说很辛苦的时候就问过自己为什么要来到部队，从没想过后悔这两个字。

或许，有人会认为部队的生活枯燥无聊；或许，有人觉得军人的训练强度太过繁重；或许，有人感到驻守深山或是边陲，是对生命的一种蹉跎。但是，对于杜海亮来说，两年的部队生活，让他的人生彻底改变，也让他具备了更加刚毅、成熟的性格。训练场上汗水无数疲惫不堪，高强度的训练有时候是一种难以忍受的煎熬，但正是那种彻骨的疯狂，使他身体里潜在的能量得到突破，练就了优秀体能的同时，更锻炼出了一种勇往直前、无惧一切困难的军人气概！作为一名生在和平年代的士兵，虽然没有机会上战场，杜海亮却依然有这种战斗豪情，无论生活和学习中遇到什么困难，只要想起那时候的挥汗如雨就不再畏惧，再艰苦的训练都熬过来了，还有什么可怕的呢？

如今，杜海亮回到校园，继续他未完成的学业。刚回来的时候他还有点不适应，同学们的年龄都比他小，给了他很大的压力。而且经过两年忙碌的军旅生活，书本上的知识也遗忘了很多，本身基础就很薄弱，这对于即将考研而且还是跨考专业考研的他，难度可想而知。还好部队两年的经历让他更加成熟，意志更加坚定，不怕苦不怕累，能够及时地发现问题，并不断地调整自己。苦心人，天不负，经过他近半年的努力，终于考上了他向往已久的大学——北京科技大学，去学习他喜欢的专业。开学后，他虽然基础差，但是他和老师同学们相处得很融洽，得到了大家的热心帮助，渐渐地他也重新找到了学习的感觉，开始新的学习生涯，完成还没有结束的求学生涯。

希望在远方

面对人生的风雨，不同的人会有不同的态度：有的人唉声叹气，悲观失望，自暴自弃，最终因走不出挫折的阴影而无所成就；有的人积极面对，越挫越奋，越练越强，勇敢地跨越坎坷，驾驭人生之舟劈波斩浪，胜利抵达成功的彼岸。要想实现人生理想，就不能害怕挫折，而应敢于在风雨泥泞中不断摔打自己、丰富自己、提高自己、完善自己。部队的经历让杜海亮经历了人生风雨的磨炼，练就坚强的意志与过硬的素质。沧海横流方显出英雄本色，不经风雨哪能欣赏到美丽的彩虹？他相信坚持下去一定能迎来人生的彩虹。

鲁迅先生曾经说过："希望是附丽于存在的，有存在，便有希望，有希望，便是光明。"人活着不能没有希望，否则会像失去控制的小船，随波浮沉。若有了希望，便有了前进的动力，有了战胜困难的勇气，有了奋勇拼搏的力量。希望是热情之母，它孕育着荣誉，孕育着力量，孕育着生命；它使濒临死亡的人看到了生存，使屡遭挫折的人看到了成功，使身处绝境的人看到了力挽狂澜的可能。坚守一颗执着心，杜海亮向着他既定目标不断努力，终会到达希望的彼岸，去收获属于他的累累硕果。

那些激情燃烧的岁月

——记海军南海舰队退役大学生士兵李留孟

李留孟，男，共青团员，曾服役于海军南海舰队榆林基地勤务船大队，曾获优秀学员荣誉称号，参加过南沙补给、防恐演习、中俄联合军演。

座右铭 **路漫漫其修远兮，吾将上下而求索。**

男儿何不带吴钩，收取关山五十州

部队是一个神秘而令人向往的地方，小时候听着革命先烈们的光辉故事长大，正是因为他们的牺牲和奋斗，才为我们换来了今天的和平。李留孟从小就希望能成为一名军人，因为在他眼里军人是顶天立地的男子汉，没有什么比“我是一名军人”更令人骄傲自豪的了。带着对军旅生活的向往，李留孟离开了校园踏入了部队的大门。

初入军营，李留孟的心中充满了兴奋与激动，但也感到了巨大的压力，部队的生活对他来说是陌生的，如何快速融入部队的生活是每一个新兵面临的第一个考验。部队快节奏的生活让他很不适应，刚入伍的时候，感觉每天都在和时间赛跑，一刻都不能停下，起床的时候争分夺秒，吃饭的时候争分夺秒，洗漱的时候争分夺秒。李留孟曾问过班长，为什么部队里时间抓这么紧，他们做什么都要跑起来才能按时完成，班长说，当战争来临时，每一秒的时间都很关键，必须在平时保持高度的警惕才能在敌人来犯时展现出强大的战斗力。

想成为英雄，必先经历磨难。当一个新兵踏入军营，并不代表他换了身衣服就变成了军人。新兵连就是一座挡在李留孟和一名真正军人之间的大山，只有翻过这座山，他才有资格成为一名军人。新兵连的日子是漫长而又辛苦的，每天天还没亮，班长就吹哨，五分钟后楼下集合，开始了一天的训练，体能、队列、战术等各种训练任务应接不暇。平时不注重体能锻炼的李留孟感受到了身体的疲乏，跑步掉队、俯卧撑做不动等问题曾使他一度对自己失去信心，甚至感觉自己的体质不适合当兵。在和班长谈心的时候李留孟诉说了自己的苦恼，班长给他讲了一个故事，他现在都记忆犹新。之前隔壁班有一个入伍时两三百斤的大胖子，跑几步就气喘吁吁的，从来没有跟上过队伍，但是他就是凭着不抛弃、不放弃的劲头，一直坚持着训练，一遍不行，再来一遍，于是在操场上就出现了一个绑着沙袋不停奔跑的身影，从清晨到晚上，总能看到他在操场不停地奔跑着，最终在新兵连结束时，他没有再掉过队，各项体能考核全部通过。听过班长的话李留孟才发觉他所遇到的困难根本微不足道，要成为一名军人怎么能被这一点困难吓倒呢？于是他和一些同样体能较弱的战友组成特训小组，在日常训练任务完成后进行额外的训练提升自己的体能，战友们互相鼓励，一起奋进，体能较好的战友会在体能较弱的那个将要掉队的时候帮他一把，扶持他一下，让他跟上队伍。在战友和班长的帮助下李留孟的体能渐渐地跟了上去，跑步再也不会掉队，体能测试也都合格了。终于度过了新兵连迎来了授衔仪式，李留孟成为了一名真正的军人。

在李留孟入伍第二年的时候，他自己也带过刚入伍的新兵，看到他们稚气未脱的脸庞，李留孟仿佛看到了一年前的自己，同时也让他意识到一年的时间自己正在不断前行，同时也收获满满。在带新兵训练的过程中他体会到了带兵的不易，也理解了当初班长对他的严格要求和对他的严厉训斥中包含着更多的是关心和爱护。人总是在不断地成长、进步，当他们取得进步时他会为他们开心，不过不会让他们知道。

长风破浪会有时，直挂云帆济沧海

离开新兵训练基地后正式开始了在前线作战部队的生活，李留孟作为一名战士开始真正地保卫祖国，他来到南海舰队成为一名轮机兵，守卫着舰艇的心脏——发动机。来到作战部队后，他才更加真实地认识到现在国家的和平与安宁有多么的来之不易。

在海上执行任务，离开港口之后周围就只剩茫茫大海，只能在海天交接处远远地望见一些船只，跟在身后的只有一群海鸥。在海上的生活并不轻松，出海以后要24小时轮班守在机器旁边，保证军舰的正常运行，机舱内的工作又是最辛苦最枯燥的，面对轰鸣的发动机，面对面讲话都要对着耳朵吼，同时还有充满船舱的机油气味，还要克服船体晃动带来的晕船等困难，遇到天气不好大风大浪，晕船就更加严重，经常有士兵吐完去值班，值完接着吐。正是因为有这些人不畏艰难的坚守，才有强大的海军。虽然在海上的生活比较艰苦，却让李留孟领略到了美丽的西沙和南沙，也感受到了祖国的强大，感受到了人民海军的强大，李留孟的内心洋溢着幸福感。

在南海舰队这一年多，李留孟曾跟随军舰参与过西沙巡逻任务、南沙的补给任务，以及中俄联合军演等各种任务。在西沙、南沙他登上海岛，见到了驻守在祖国海疆的部队，他们不畏艰险，甘守寂寞，一代又一代的边疆卫士在偏远无人的海岛上坚守着，守卫着祖国的领土，李留孟为强大的海军和强大的祖国而自豪。

难忘的战友情

在部队的两年，李留孟不仅锻炼了自己的体魄和意志，更重要的是他还收获了满满的战友情谊，学会了很多和人相处的道理。回想起刚入伍的那段时间，刚从学校进入军营，在大家的眼中，他就是一个文弱书生，其他人不明白他为什么要来到部队，为什么要吃这种苦。确实，他刚开始进入部队遇到的困难比其他人多得多，跑步跟不上，站军姿没其他人坚持得久，紧急集合永远拖后腿。有战友笑着问他，后悔来当兵吧，在教室里读书学习不比在这舒服？他笑笑没有回答，这是他自己选择的路，他要坚持走下去。他的战友没有因为他拖了集体的后腿而责怪他，而是积极地帮助他适应，帮助他进步。看到他“豆腐块”叠得不好，下铺的战友主动过来教他怎么将被子叠平，怎么将四个角修成直角，不厌其烦地教了他一遍又一遍；跑步的时候战友看到他要掉队，体力好的赶紧来他身边教他跑步时如何换气会比较轻松，鼓励他不掉队；紧急集合时他动作笨手笨脚，动作比较快的战友没有先下楼集合，而是帮他把被子打包好，帮他背上再一起狂奔下楼，并告诉他自己总结的一些小技巧，正是因为有这些可爱、可敬的战友，李留孟才能一次又一次克服遇到的困难和挫折，不断地进步，不断地提升自己，因为有了这些战友，他感受到了部队是一个大家庭。不光战友们的关心让他感到温暖，他还发现那个严厉的班长每天半夜都会起来给新兵盖被子，他才意识到，班长才是那个起得最早睡得最晚，把心思都放在了新兵身上的人。入伍两年的时间，不管是在新兵连还是下连队之后，不论他走到哪，都能感受到那浓浓的战友情，他在部队这个大家庭里有了真正的归属感。

两年的军旅生涯，转眼间就结束了，那两年的时间里李留孟经历了很多，有苦累也有欢笑，有挫折也有成长，有迷茫但也让他坚定了方向。如今李留孟已经重新回到了熟悉的校园，继续学业，两年的军旅生涯让李留孟认识到了只有祖国强大了、军队强大了才能得到其他国家的尊重，才能带来和平。像所有退伍士兵一样，不论多么不舍，李留孟都不得不背上行囊，重新出发。老班长的教导、一起摸爬滚打过的战友情，他永远都不会忘怀，那段珍贵的时光，那段再也回不去的时光，已深深地烙在他的心中。

宝剑锋从磨砺出，战友情自苦寒来

——记陆军79集团军退役大学生士兵杨振年

杨振年，男，共青团员，曾服役于中国人民解放军79集团军，获得优秀士兵两次，担任过有线兵、文书等职务，参加过“雷雨1612”演习任务。

座右铭 **越努力，越幸运。**

蓟门巍巍，满井苍苍。2014年9月，杨振年成功考入了北京科技大学，沐浴着大学校园的芬芳，闻听着常青树下的歌声，一个懵懂无知的少年即将开始成长。

大一，在他眼中就是思想的解放，这一年，杨振年积极参加各种讲座，结识朋友，在知识的海洋中畅游。在火红的操场上挥汗如雨，对老师们渊博的知识和学长学姐们的耐心指引而感到崇敬和温暖。同时，他对图书馆书籍的热爱，使他在属于大一的迷茫中渐渐充实自己，学得越多，便感觉到自己的无知；见得越多，就愈发感觉生活的精彩，怎样实现人生的价值，成为杨振年大一一直在思考的问题。

这种思考直到一天晚上才揭晓了真正的答案。那是杨振年在黄昏的操场上听见了“一二一，一二一”国防生训练的呼声，他听着国防生们喘着粗气的声音，在那一刻，时间仿佛静止了下来，回忆起自己参加过对越自卫反击战的叔叔肩膀上的弹痕，伤疤是奉献青春对人生价值的注脚，叔叔便成为他心目中最敬佩的人。杨振年开始扪心自问，自己不一直想实现人生价值吗？与其苦想不得结果，何不将青春献与国防呢？于是，从那天起，他便开始了解参军的各种事项，经历一番艰难的抉择和努力准备，终于，如愿收到了入伍通知书，梦，已起航。

冰泉冷涩炼真情

“就他了。”一位拿着蓝本的干部绕着三十几个新兵走了一圈最后轻轻说道，“这就是你们的班长了。”杨振年旁边一个个头与他齐高，有着浓而直的眉毛，身上军装极为合体的大汉便成为了他两年的班长，此时杨振年的眼前还漂浮着汽车驶过笔直的杨树大道的来时景象，赤峰红山顶在夕阳下仿佛正在燃烧，树叶沙沙的响声也还在耳边回荡。但是，这种机缘巧合使杨振年和这位眉毛浓密的山东大汉的情谊扬帆。

“饿吗？我去给你打一碗饺子。”这个山东的威猛汉子却又温柔地对杨振年说道，小小的寝室里似乎还传着班长细心问候的回音。享受了班长给他端上的第一碗饺子，洗着班长给他打的洗脚水，听着关心的问候语，杨振年感觉仿佛又回到了家里，在部队的第一晚便在温暖中悄然度过。

刚进入部队的三个月是新兵连的生活，随着各地的兵已经陆续到齐，杨振年也开始了新训。训练是痛苦的，特别是对于那些体质较弱的战友来说尤其吃力，其中他的战友小胡是最瘦弱的一位，还记得第一次5公里，小胡跑了400米不到，便半跪在地上红的绿的吐了一地，杨振年与其他战友便急忙停下搀扶着他，但他却一拧那瘦得露出骨头的脖子，用全身的排骨挤着肺说：“你们，你们别管我，快冲。”最后，小胡一人步行完了5公里，瘦弱但坚强的身影一直烙印在杨振年的心中。

同时，新兵队伍里也不乏一些强健的人，战友陈鑫便是其中一位。那是一个大雪漫天的夜晚，外面没有月光，熄了灯的屋里更是伸手不见五指，在床上都能听见雪花压断树枝的声音。急促的哨音将杨振年从温暖的美梦中惊醒，他知道，这是半夜紧急集合哨响了，身体条件反射地弹起，迅速打背包，挎水壶。说时迟那时快，门外冲进一人，听着熟悉的喘息声，原来是陈鑫，陈鑫急忙跳上床，三下五除二把被子叠好，却听到“蹦”的一声，一根绳子好像断了。“班长，我的宽背包绳断了。”陈鑫说道。要知道，那根军用宽背包绳可是连200斤的重物都能吊起！陈鑫却因一次打背包就把背包绳给拉断了，由此可见这位战友的强壮。陈鑫虽是一名十足的猛男，但是猛如张飞也能穿线，他也有细心温柔的地方。赤峰一年只刮两次风，一次刮半年，战术训练场成为士兵们最不想去的地方。一次日常的训练在大风中开始，随着班长洪亮的口令，他们齐齐扑倒在空旷的沙地里，“预备，爬。”战士们像浪潮似的一个接一个向前推进，身后已经被他们的身躯卷起了沙尘暴，每个人都不想落在后面。突然，烟尘中发出陈鑫微弱的声音：“报告班长，前面有蚂蚁窝，是否继续。”班长哭笑不得，回答道：“继续。”陈鑫便绕过了蚂蚁窝，没有伤害到一只蚂蚁而爬了过去。

吃不饱是新兵的共病，最瘦小的小胡却也是一样，可是越是瘦小，越是善良。一天他半夜把杨振年叫醒：“老杨，要不要来个馒头，这是我从饭堂带回来的。”看着他从衣兜费劲地掏出半个馒头，杨振年狠狠咬了一大口，那晚的馒头是真香，香得他眼角湿润，原来这是战友情谊的芬芳。

新兵训练结束了，分配就在眼前，他顺利地还跟着自己的老班长，成为了一名有线通讯兵。杨振年想起儿时读过的书上有一幅插画，那是一个英姿飒爽的男兵，在漫天风雨中攀上高耸的电线杆，维修电路，狂风吹打着他黝黑的脸庞，因为淋了水，橡胶雨衣显出乌鸦羽毛一般油亮的光泽，高举的系线的右手，那是多么勇敢啊！他年轻的心在那时激荡万分。有线兵训练得特别苦、特别累，他又想起了那个夜里战友分给的馒头的香气，夹杂着泪水与汗水的、饱含着战友深情的香气。杨振年以别人能做到我也能做到来回应当初通讯兵的选择，于是，便有了那双满是老茧的手掌，有了上床都颤抖的双腿，有了累到睁不开眼的时候。苦心人，天不负，四个月过后的单兵训练结业考试中，他荣获全团第二的成绩，连平时都是不苟言笑的连长，都为杨振年竖起了大拇指。

慈能带兵是连长

杨振年所在的七连是以训练工作高标准而出名，而这个标准就是连长亲自定的，杨振年还记得，有次在团里除雪，全连人忙活了一上午，终于将大道上的雪除完了，都准备回营房歇息的时候，连长随便一瞥道路两旁那堆得人高的雪堆，说道："不行，这雪堆得太过杂乱，得把雪拍出棱角！"这就是杨振年的连长，对军纪军容有着极高的要求标准。

但在杨振年的心中，连长不仅是严师，更是慈父。连长从军十三年，可以说经历的事，吃过的盐，比新兵吃的饭还多，杨振年想起连长那如鹰般犀利的眼神、宽阔的肩膀，总能让人不自觉地升起一股服从感。连长带着新兵在炎热的丛林里驻训，在千里之外的海岸上演习，在茫茫大漠里植树，在每一个执行任务的地方都有连长的影子，让杨振年顶着烈日干活的是他，下命令让战士冒着风雪站岗的也是他，同时，战友生病住院的时候连长在身旁，战士想家的时候他也在身旁，杨振年及战友们已然休息的时刻，连长却在办公室加班到深夜研究全连的战术。连长的悉心关怀无处不在，无所不晓。

返校翻开新篇章

远方又响起驼铃声，路漫漫，雾茫茫，送战友踏征程，默默无语两眼泪，一样分别两样情。杨振年送走了两届老兵，最后终于轮到了他们自己，营房的杨树依旧在寒风中挺拔，树影在月光的照耀下敬着最后的军礼，擦拭过无数遍的玻璃这一刻却是那么漆黑，最后的集合没有急促的哨声，也没有匆忙的步伐，只有空气中弥漫的潮湿和眼角闪动的泪光，铁打的营盘，流水的兵。杨振年此时已然动容："再见了战友们，我的班长，我的排长，我的连长。"他也知道，回到学校的他，在经历过部队血与汗的锤炼后，已是个有灵魂、有血性、有本事、有品德的人，他不会忘了那馒头的香气，他不会忘记连长的悉心关怀，他也不会忘记部队里"掉皮掉肉不掉队，流血流汗不流泪"的寄语。

归校，这里的一草一木在杨振年看来还是那么熟悉，万秀食堂的鸡腿套餐仍香气扑鼻，九斋宿舍的房间还是那么宽敞舒适，操场上的人还在坚持锻炼挥洒汗水，长椅上也依旧依偎拥抱着的情侣。杨振年却暗自明白，他早已不再是过去的那个自己了，胸中怀着那么多漠北的风雪，眼中流转着塞外的冰雪茫茫，他已是一个真正的男子汉。

杨振年带着两年的军旅回忆，怀抱着满腔热血，大步迈向前方的人生。

军旅岁月　苦乐年华

——记战略支援部队某基地退役大学生士兵杨钰坤

杨钰坤，男，共青团员，数理学院信息与计算科学专业2013级本科生，曾于2015年9月参军入伍，在战略支援部队某部服役，参加过载人航天发射测控保障任务、某型号卫星发射测控及实时监测，曾获得过新兵训练标兵、嘉奖、优秀士兵等荣誉称号。

座右铭　人不可有傲气但不可无傲骨。

毅然抉择走上从军路

“不经一番寒彻骨，怎得梅花扑鼻香。”“人不可有傲气，但不可无傲骨。”男子汉就要顶天立地，不低头折节，面对困难和挑战，义无反顾，勇往直前。当征兵的号角吹响的时候，杨钰坤毅然选择了从军的道路，这是他人生的又一次重大的抉择。他认为，部队像一个大熔炉，能造就出一个更强大的自我，没有经历军旅的人生是不完美的。参军，不是每个人都有的机会，更不是每个在校大学生都有的经历，为了自己的人生更有意义，让生命更加光彩有力，他穿上了军装，携笔从戎，走上了不凡的人生路，成为了真正的军人，他以此为荣。

新兵三连　手足共勉

怀揣梦想、激情澎湃的他，跟随新兵队伍踏上南下的列车来到神圣的渭南军营，第一次感觉到自己是多么的渺小和脆弱。初来乍到，军营里的一切都是那么陌生，孤独感悄悄爬满心头，刚到部队就开始想家想学校了。记得刚到的那天晚上十一点多，被分配到新兵三连的杨钰坤，思绪万千，百感交集，躺在床上久久不能入睡……

军人以服从命令为天职，且听安排吧。

新训正式开始，让杨钰坤印象最深的是部队的必修课——“叠被子”，这也是他和战友们面临的第一道难关。也许你会说：“叠被子，不就是家常便饭，小菜一碟吗？”其实不然，部队的被子要叠成方方正正、棱角分明、尺寸精准的“豆腐块”。为了解决这个难题，大家专心致志地一边倾听班长的讲解，一边仔细观察每一个操作示范动作，战友们积极交流经验，互相取长补短，共同进步。大家在训练之余都会拿一个小板凳在地上“推被子”，把被子压实压平之后就开始按照班长所教的方法叠，叠好之后，如果不满意就拆开再推再压，这样周而复始地进行很多遍，就算达到班长的要求也不会停下来。大家把如何叠好被子作为一个焦点热点话题，就像高考前复习冲刺那样专注，那样投入，一有空就会站在叠好的被子旁边对照修整，生怕有丝毫的不足之处，就像精心雕琢一件工艺品那样一丝不苟，锲而不舍，尽管这样，也免不了受到班长的严厉批评。杨钰坤沮丧过，也怀疑过，是不是自己真成了人们常说的那种“高分低能”呢？他不愿示弱，不甘落后，静心琢磨，虚心请教，终于，滴水能把石穿透，万事功到自然成。当被子在他手里也能神速变成合格的“豆腐块”的时候，他的心里乐开了花，一种强烈的成就感油然而生，“原来，我也能行”。

在后续的训练中，杨钰坤和战友们接受了各种各样的军事技能训练和思想政治教育。在新兵连的三个月里，他和战友们经历了人生前所未有的莫大痛苦与煎熬，上缴了手机，就像“婴儿断了奶”，高强度的军事体能技能训练，汗水和着泪水往肚里吞咽。在最困难的时候，有部队领导的亲切关怀，有好教官的严慈有度，大家咬紧牙关，握紧拳头，合抱成团，互相关心，互相安慰，互相帮助，互相鼓励，共同面对一切困难，一起分享进步的喜悦，谁也不会嫌弃，谁也不会放弃，情同手足，彼此关爱着。还记得有一次，天下着蒙蒙细雨，泥泞的山间小路坑坑洼洼，大雾笼罩山野，深秋的阴雨平添了几分寒意，战士们背着沉甸甸的行囊，全副武装，匆匆步行在千山万壑之间。一路上，除了行军，还要开展各种各样的军事科目训练，泥水裹满了裤腿，汗水夹着雨水湿透了他的衣背，在高强度的训练下，杨钰坤感到头晕目眩，腿脚发软，浑身上下像被蚁蝎噬咬般难受。他一声不吭，强忍着，坚持着，脚步沉重而匆匆，紧跟队伍，生怕掉队，任凭冰凉的汗水从每个细小的毛孔涌遍全身，向来不善运动的他，不敢相信自己竟有如此顽强的毅力。当行军到一个驻扎地休整时，亲爱的战友发现杨钰坤脸色苍白，嘴唇干裂，表情痛苦，随即关切地问：“你怎么啦？让我帮你吧。”当时大家都围过来，递给他热水喝，喂给他食物吃，还要帮他拿东西，替他分担背上的重量，从未有过的感动使杨钰坤热泪腾涌而出。看着大家都累得气喘吁吁，每个人都有自己的背包，杨钰坤不想成为同伴的累赘，便婉拒了所有的好意。喝了点热水，吃了点东西之后，体力慢慢恢复过来，歇息片刻，继续行军与训练，一路上，大家热忱地关心他，鼓励他，不断地询问状况，走在身后的战友甚至不声不响地用双手帮他托着背上的背包。从战友们的目光中，杨钰坤感受到了莫大的支持和鼓舞，一股暖流再次涌上心头，涌遍全身，倍增了战胜困难的勇气和力量。谢谢亲爱的战友，感谢可爱的新兵三连，在这里，杨钰坤收获了人间最真最纯的情谊——战友情。在这里，他第一次尝到了最大的苦头，也第一次历练了意志品质。新训结束时，杨钰坤被光荣地评为“新训标兵”。这段经历，让他终身受益无穷，指引他在前行的路上不断播种友善，更加勇往直前。

不忘初心　不辱使命

下连之后，正好赶上了单位改革，杨钰坤很荣幸作为一个义务兵进入技术室参与卫星测控任务，这是一次前所未有的体验，这在之前是不敢想象的。他感到既兴奋激动又忐忑不安。激动的是，之前只能在电视上看到的东西，今天竟然就在眼前，而且还能亲自操控。不安的是，面对全新的环境、全新的领域，面对如此复杂的系统和深奥的理论，他有些不知所措，这时才真切地感受到“书到用时方恨少”的意义。组长鼓励他说：“有我，你能行的。”为了不辱使命、不负重托，杨钰坤下定决心要掌握卫星测控的理论知识和专业技能，于是勤学苦练，废寝忘食地工作和学习。白天，他跟随组长在机房里学习复杂精细的卫星测控操作技能，有时一干就是十几个小时，每一个数据，每一个操作步骤，每一个细节及关键都必须熟记于心，了如指掌。晚上，当别人已进入甜蜜梦乡，他还在灯下翻阅相关资料，学习相关的理论专业知识。慢慢地，他掌握了设备运行模式及操作流程，逐渐适应了这一全新领域。

为了能够熟练操作设备，争取早日独立上岗，每次跟随组长执行任务时，杨钰坤都会在旁边仔细地观摩学习并记录下每一个过程的操作顺序、注意事项及应急处置流程。他不放过每一次完成任务后的间隙零散时间，进行模拟演练，确保操作零失误，确保测控系统处置快速得当有效。有志者，事竟成。勤学苦练了几个月后，他成功参与执行了人生第一个发射任务，任务结束时，一根紧绷的心弦终于可以松懈一下了。

那时的杨钰坤心里十分激动，能够亲身参与，成功完成祖国航天事业发射任务，是他今生莫大的荣幸，他的心里自豪满满。

深深眷恋 依依惜别

时光老人脚步匆匆，两年的军旅生涯就要结束，就要离开生活工作两年的大营院时，多少离愁别绪瞬间爬满心头，多年珍藏的眼泪如泉水般直往外涌。蓦然回首，一切仿佛就在昨天，刚刚深爱却又要离开。伴随着《送战友》的歌声，彼此握手再握手，拥抱再拥抱，在泪眼蒙眬中，句句祝福，声声珍重，谁也不愿松开，谁也不忍离去。再见了，亲爱的战友。再见了，亲爱的军营。“列车呀，请慢些开，让我再看一眼军营的兄弟，让我在这曾经洒过热泪和汗水的土地上多停留片刻。铁打的营盘流水的兵，不管今后我身在何方，渭南的这座山岗，这段岁月，都会令我刻骨铭心，时常魂牵梦萦。我把青春最美好最深刻的记忆留在了渭南卫星测控站，我的青春是无悔的。”

2017年9月，杨钰坤回到校园，两年的光阴已逝去，这里的一切让他感到既熟悉又陌生，校园里的花草树木长高变老了，曾经的老师添了白发，昔日的同学各奔东西，搁置了两年的课本早已尘埃累累，往日所学内容也已渐行渐远，他的心里空落落的，一片茫然，迷糊了前行的方向。躺在宿舍的床上，身上盖着刚从包里打开的军被，进入了梦乡，在梦里，军营中的棵棵花草、根根树木、片片落叶，乃至那一口口“天锅”，还是那么熟悉，如此亲切，和战友们一同训练，一同生活，一同学习和玩笑的场景，竟是如此清晰可见，触手可得。不知不觉，梦醒了，现实就在眼前，各种各样的不适应，毫不客气地向他袭来。“我是谁？我该干什么，我该怎么做？”静心思考后，杨钰坤重拾课本，拂去灰尘，更新了人生下一站的导航。纠结再三，他依然选择了原来的学习专业，以很快的速度融入到2015级信计2班，适应了新宿舍、新同学、新老师、新课程，开始了本科阶段大三的学习生活，踏入了新的人生旅程。

时光易流逝，岁月易蹉跎。杨钰坤在人生最美好的时间成为了一名解放军战士，让青春在熔炉中得以锤炼，在风霜雨雪中得以打磨，迷彩军营成长了他。迷彩脱下，色彩依旧，向着理想，扬帆起航，直奔向未来人生的一个又一个远方。

热血消防无悔青春

——记武警原北京消防总队退役大学生士兵张宇盟

张宇盟，男，2015年9月参军入伍，曾服役于武警原北京市公安消防总队，在部队参加灭火抢险救援任务500余次，以及高峰论坛的保卫任务，并荣获优秀士兵、嘉奖各一次。

座右铭 **年轻最不畏惧挑战与失败，而是一眼就能看到自己的上限。**

谈起张宇盟的军旅生活要从震惊全国的“8.12”天津大爆炸事件说起，当时，张宇盟还在家享受着入伍前的最后一个暑假。看到电视里那些出现在爆炸现场的最美逆行身影，他心中有种说不出的感觉。那时还没有出最后的分配结果，张宇盟的妈妈看完新闻红着眼圈对他说：“儿子，如果被分配到当消防兵，咱们就不去了啊！”他若无其事地安慰父母说，“放心吧，在我们学校征兵十几年了，都没有被分配当消防兵的呢。”学校武装部的电话如期而至，得知自己即将是一名消防兵时，张宇盟的第一想法是如何向父母解释。最终，父母被他硬生生地劝服了，即使心里还是担忧儿子的安全，但作为父母他们更尊重儿子的选择。

回到北京以后，张宇盟有条不紊地进行着一切准备：政审、领被装、入伍宣誓大会。终于踏上了去部队的大巴，因为他所分配的部队就在北京，所以没有那么多的颠簸。路上有个少校给同学们讲消防兵的新鲜事，给张宇盟印象最深的是少校说的这段话：“你们即将成为的是一个特殊的兵种，解放军是养兵千日，用在一时，咱们是养兵千日，用在千日，你们没有周末、没有节假日，甚至没有春节，也许连除夕夜的热乎饭都吃不上。我们的使命就是为党中央站岗，为首都人民守夜。”少校说得那样慷慨激昂，以至于张宇盟现在都能一字不差地复述出来。当时的张宇盟认为这番话太夸张了，哪里有那么多火需要救，但是后来他真切地感受到了这句话的真实性。

像所有的部队一样，先是新兵连的日常的枯燥训练及日常的内务养成，完成一名普通的地方青年向一名合格的军人的转变。班长的严苛、训练的乏累，还有制度的森严让一部分人选择了放弃。张宇盟印象最深的训练就是踢正步，当过兵的人都知道要想正步踢得好，那可是要脱一层皮，练习完踢正步，下楼比上楼难。有一次因为班里的战友一不小心脚点了地，班长愤怒之下让战友们硬生生地端了一个小时，那是张宇盟在部队第一次哭（其实并不想哭，也许是某种身体的反射吧），现在他回想起来，十几个铁血汉子在那里哭不禁觉得有点儿可笑！

三个月结束了，张宇盟本以为可以稍微地放松一下，但紧接着进入了第二个阶段，这是消防兵特有的阶段，即疯狂的体能训练。12月份正是北京最冷的时候，他庆幸这个阶段的训练只有40天，悲催的是没有周末。40天的训练只做一件事情——跑步，早晨跑、白天跑、晚上跑。60个兄弟互相拼也是蛮有激情的，越是苦、越是累，越懂得珍惜那片刻的快乐。苦中作乐成了那40天的常态，现在的张宇盟有时回想起来，觉得那也是部队教给他一种独特的修为。

经过刻苦的训练，终于达到了一名合格消防兵的标准后，张宇盟和战友进入了最后一个阶段——下中队。这意味着他们到处辗转的生活终于得到了安稳，也意味着他们即将可以像老兵一样参加灭火战斗。张宇盟和战友们每个人都满心欢喜地想出警，想象着每当警铃响起的时候总是飞奔着穿好衣服第一个登车，坐在豪华消防车里鸣着警笛逆行特别威风，感觉自己像英雄一样。但是实际和理想是有差距的，没有人喜欢穿着棉袄在三十九度的高温炙烤下再进入另一个火炉，数九寒天穿着结冰的战斗服在寒风中奔跑，沉浸在美丽梦乡的时候被刺耳的警铃吵醒然后去拯救世界。但这就是消防兵的使命，和平年代最辛苦也是最危险的职业，哪有什么岁月静好，只不过有人替你负重前行。

张宇盟的消防兵生活丰富多彩，当刺耳的警铃打破了一切正在有条不紊的安排，比如吃饭、洗澡、睡觉，等等，45秒的登车时间让他必须瞬间精神抖擞。尽管付出了许多，他和战友们并没有抱怨或者不满，当为人民服务成为一种习惯，内心的责任感也就越来越重，让他们把最饱满的热情投入到灭火战斗中。当自己的存在被他人认可的时候，应该是最幸福不过的事情了，这种幸福无关金钱也无关物质性的收获，仅仅是精神上的满足。有一天正在晚饭时间的他们被一阵刺耳的警铃声夺去了晚餐，匆匆忙忙地像往常一样快速穿衣登车，车上大家讨论着这已经是第几次被火警夺去了晚饭的权利。突然听到电台里的声音得知前面地下室起火并有人员被困，大家立刻准备好个人装备准备一场硬战。离起火的地方很远便见到有黑烟涌出，战友们按照事先的分工开始进行火势压制，就在张宇盟快速运送水带的路上，他听到："围观的群众都散了吧，消防官兵过来了肯定不会有事的！"这句话让他顿时有了动力，忘记了自己饿着肚子，加快了自己的脚步冲向前方。"谢谢大家那么信任我们，我们当然不会让大家失望。"虽然只是一句简单不过的话，但是里面饱含着信任与认可。最终那场火灭了两个小时，张宇盟和中队长第一个冲进现场，一杆水枪灭了一整个屋子的火，他只记得烟很大，只能摸着墙才能进去，越往里走温度越高，烤得让人喘不上气。那时张宇盟的脑子里只有那句简单不过的话，是大家的信任支撑他完成灭火任务。出来的时候，他的脸被烟熏得焦黑，身上都是泥水，这时过来一个围观大叔拿了一瓶水递给他，"累了吧，小伙子，好样的！"当时的他头晕目眩，记不清那位大叔的容貌，但是大叔的声音一直留在他的脑海里，每当遇到困难，都会回想起那个鼓励的声音。

大家可能认为消防员的天职不就是灭火吗？曾经的张宇盟也那么认为，但是经常看新闻的可能都会知道消防员的生活可谓是"千奇百怪"——抗洪抢险、捅马蜂窝、救猫救狗、开锁、救要轻生的人、取戒指等好多好多人民群众有需要的时候，总会看到耀眼的橙红色身影上下奔波，让这些一线消防战士不得不集十八般武艺于一身。攀爬横渡、高空速降、挂钩梯上四楼、开锁，还有耐高温技能，当然除了这些外在的技能之外最有意义的便是那种博爱的奉献精神。有一个美国教授给中国留学生出了一道题，在一个商场发生了火灾，被困500人，逃出来200人，又进去了8个消防官兵，最后死了多少人？中国学生说死了8个人，美国教授说："你不懂数学！"留学生说："你不懂中国军人！"这个小段子虽然有些夸张但是反映出一个深刻的道理：中国军人永远不会在危难时选择逃跑，更不会弃人民群众安危于不顾，即使这个代价是死亡！相信全中国的现役士兵及5700万名退役士兵都会把这个优良传统发扬下去。因为曾经都是共和国的军人，时代不同但是军人的使命永不变。2018年3月21日，四川绵阳的一个19个月大的儿童掉入河中，一名90岁高龄的抗美援朝老兵跳入河中将孩子救起，老人称"救人时也没多想，自己淹死也没关系。"总有一些人做着自己觉得正确的事，哪怕时光荏苒岁月蹉跎，哪怕牺牲自己！一日为军人，终身有军魂。只愿所有的奉献都不求回报，希望所有的善良都会修成正果。

两年的青春无怨无悔，张宇盟退伍半年便得到改革的消息，他曾经的战友不得不脱下他们那用生命捍卫的军装。有句俗语说得好：铁打的营盘流水的兵，而消防部队则是铁打的兵流水的营盘。请记住曾经有一支英勇的公安消防部队，他们守卫着和平时代祖国的安宁。卸下肩章，卸不掉责任，摘下帽徽，摘不下荣耀。张宇盟相信新时代的进步必将经历这一系列的改革措施，即使脱去了军装，他们的使命依然是赴汤蹈火、舍己救人。以后也许电视上的报道不再是以消防官兵的身份出现，但他相信军魂永远不会脱离这支队伍，军人的使命与担当将会被一代代消防员传承下去。

两年时光如白驹过隙，转眼间便回到了校园，仿佛还是昨天那个胸前戴着大红花满怀期待把兵当的少年。重回校园，一切的一切都显得那么亲切而自然，除了对军旅生活的不舍还有对未来道路的满怀期待。两年下来虽然张宇盟比之前的同学少了两年对知识的积累，曾经的同学已经开始了工作、读研，还有的出国深造，虽然有时他也会心生羡慕，但是仔细想想这也是自己的选择啊。鱼与熊掌不可兼得，每个人的经历都有其独特的价值。希望张宇盟可以在这浮躁的社会环境中脚踏实地，不忘初心，把善与正义践行到底！

脚踏实地，稳扎稳打

——记战略支援部队某基地退役大学生士兵柏玉栋

柏玉栋，男，北京科技大学原土木1401班，曾服役于战略支援部队某基地，是一名防暴队员，同时还兼任连文书、营出纳等多职，在部队获取过优秀士兵一次、新训表彰一次、嘉奖一次。

座右铭 不经历风雨怎能见彩虹。

懵懂少年志参军

初入大学时，柏玉栋是一个来自青藏高原的汉族孩子，落后的教育条件和学校低分的录取，让他一度十分自卑。别人轻轻松松考了一个好成绩，自己努力学习却连及格也达不到，学习没有激情，他开始自暴自弃，一日日地虚度、一步步地陷入迷途。

他感觉到体内的生机在自己每天赖着的床铺上流失，感觉到对生活的激情在夜夜面对的电子屏幕前消失。“我要尝试改变！”不甘的声音在他的心底嘶吼。也许是一个巧合，他看到了校园征兵的广告，他发现了生活新的希望。他告诉家人想要参军，家里却出乎意料地没有出现反对的声音，他还清晰地记得妈妈说：“去吧，去吧，路是你自己走的，不是坏事我们就不会反对。”他与好友相约参军，那时起，他踏上了一条截然不同的路。

华山初砺稚新兵

9月13日的夜里，北京的一批新兵被送到了华山脚下，他们要经历三个月的初训，柏玉栋就在其中。在这三个月里，他对军营生活充满未知的恐惧。以前听人说部队有

“死亡名额”，也就是说，就算几率很小，自己也有可能会死。这个“傻孩子”是抱着迎接死亡的心参军的，可是没人愿意随随便便就献出自己的生命。所以每天早上五点整，他会准时起床一遍一遍地叠他那床被子，直到自己满意为止。他一丝不苟地完成队列里的每一个动作，不会的地方就一遍一遍地练，他不甘心拖别人的后腿，也从没有给班里抹黑。起先他在跑3公里时永远跑在最后，可他一直都在追逐前方队伍，后来他慢慢地成为了排头，踏实是他在连队里的代名词，他放弃以前的羞涩，大胆地在100来号人前放歌，他渐渐地变得开朗，对生活充满了向往。在新训结束的那天，连长点名说他是一名合格的新兵，之后，大家抱着哭了一场就被分到了祖国各地。

忠骨留在羊达曼

经过长达六个小时的航班后，柏玉栋和同行的新兵们到达了祖国西边的小县城喀什噶尔。之前在陕西的新兵连时，有一位来自喀什班长开玩笑说：“喀什的戈壁里有很多狼，如果一个逃兵跑了，他们都不会追，就当喂狼了。”因为那个班长的作风很硬，新兵蛋子们都信了，而知道自己所在的地方不是班长所说的那样也是一个月后的事情了。

在这一个月里，他们进行了一个月的磨合训练，因为新兵连只是一个纠正士兵行为规范的地方，所以这个月的训练主要有两方面，一是适应喀什的近三个小时的时差和日常生活，二是锻炼身体，磨炼意志品质。可能电视剧很假，可是支撑着柏玉栋的内心的却是一句很简单的台词，它出自《士兵突击》中的许三多：“有意义的事就是活着，活着就是做很多有意义的事。”《士兵突击》的有些内容虽然夸张，但却有着部队真实的写照。柏玉栋咬牙坚持着每日枯燥的体能训练，做到了令行禁止，严格服从命令。施训的六个班长都对他赞叹有加，因为他能忍。

后来，柏玉栋在一个月的磨合训练中表现优异，在战友和领导的共同肯定下与另外两个人被选为这一批新训之星，有优先选择从事岗位的权利。他们一人选择了测控、一人选了政治部编辑，而他选了训练最严格、日子最苦的警卫连。没有《士兵突击》中许三多加入“钢七连”的神圣仪式，但同样是全军优秀连队的警卫连，也足以满足一个男孩的军人梦。

“来了拼，走了恋，忠骨留在羊达曼。”是警卫连门前的大标语，代表着这个小站警卫的情怀。从踏入警卫连的那一刻起，柏玉栋做好了一切吃苦的准备。进入警卫连的那天领导如是说："我们站是副师级单位，担负着国家的航天测控任务，设备多、任务重，而又地处暴恐袭击多发的喀什地区，虽然我们没有见过这些发生在身边的骇人听闻的暴恐案件，但我们担负的使命任务不允许我们放松警惕，你远方的家人也不允许我们放松警惕。虽然我们的训练很艰苦，但我们今日的付出可能就是我们今后不流血的资本。"这句话像压在他背后的一块大石头，沉甸甸的。柏玉栋在警卫连的日子里，事事争先，埋头苦干。他在夜里一遍一遍地练习班长教授的技能，成为了最先掌握枪战术、枪械分解结合、擒敌拳、格斗拳、应急棍、解脱擒拿等一系列警卫技能的新兵。除此之外，他每日坚持比别人多跑5公里，多做100个俯卧撑，多举50次圆木，多做100个仰卧起坐。在一次心理障碍训练中，由于双手脱力从三米高的板面上摔下，磕掉了嘴上的一块肉，被送到医院缝合七针，战友们在他负伤期间帮他分担了他所有的岗，让他感受到了部队的战友的关怀，嘴上的疤是永久的不可消除，他把他的疤当作军旅的纪念。后来，他踏实和拼搏的劲儿得到了连领导的赏识，连领导任命他为警卫连的文书。在任连文书时，他除了日常的警卫训练外，还每日发小篇幅新闻3篇，每周大篇幅新闻1篇，使自己单位的新闻数量一直稳居第一，受到了副师级领导的表扬。在营教导员的教导和帮助下，多次写出优质新闻，代表基层连队发声，也创下了基层连队在总部网上报道新闻的首例。柏玉栋成为了喀什测控站有名的"警卫连一支笔"。由于表现突出，营领导也非常喜欢他，让他越级负责管理营部的党费收缴、外出采购等多项业务。因为他做的事情比较多，所以也体会到了部队生活的丰富多彩。

"柏玉栋办事有分寸，踏实，是一名合格的'钢小伙'。"在北科大陈永光老师到部队探访时，营领导这样评价了柏玉栋。在他军旅生涯结束的时候，站里评选他为优秀士兵，记嘉奖一次，为他两年的军旅画上了一个完美的句号。

航天梦里归故乡

柏玉栋所在的航天测控部队，是一支伴随着中国航天事业一起成长的测控站。当年在接收到东方红一号的反馈信号时，这个西北边陲的小站，就被称作"中国航天测控第一站"，去年还多次上了新闻联播。革命先辈们怀着满腔热血在茫茫的沙漠戈壁里修建起了这个小站，吃着苜蓿、喝着涝坝水，在艰苦奋斗中撑起了祖国的航天事业。后来这个小站也走出了好几位将军，他们的故事始终激励着柏玉栋他们这一辈的航天测控兵。

虽然柏玉栋从事着又苦又累的警卫岗位，可他仍旧认为自己做的事是有意义的，自己在为国家出力、出汗。这支部队里有着行业专精的兵王，也有着世界顶尖的科学家，这些优秀的人始终是柏玉栋这辈士兵们学习的榜样，每天听着这些杰出的人的故事，不知不觉间也被他们的故事而感动。部队里有为了爱情而双双投身戈壁的模范夫妻，有着默默奉献在深处水源不足的黑孜戈壁的无名战友，再回想过去的安逸生活，这个小站主张奉献和奋斗的天山精神，扎根在了柏玉栋的心里。每一个安逸的社会背后总有一群人在默默奉献，两年的时光，让他体验到了奉献的感觉，一群人在艰苦中奉献过后，看着代表着自己这一群人的心血的卫星被一颗一颗地发射上天和精确测控接轨后，那种喜悦真是无法形容，是发自内心的满足。

回首那两年，虽然充满了艰辛的磨炼，但是战友情和内心的信念一直支撑着他，让他一路拼搏。虽然地方偏远，可是学校的老师也不远万里来到新疆探望。人生总是苦甜相伴，没有人会永远地陷在苦难中，也没有人会永远快乐，珍惜当下才是最应该做的。虽然回到北京的柏玉栋仍然会梦到喀什的天、梦到战友们一起看神十一飞天时的欢乐，但是学校的生活也是有意义的生活。珍惜学校的生活，脚踏实地地走好每一步，笨鸟也能先飞。